欄杆拍遍

——楊國成讀書思想隨筆

認識大陸作家系列

■ 楊國成　著

目次

第一輯　浮生瑣思 1

鳥人的故事 3

喜新厭舊 7

東山妓即是蒼生 10

人民辯 13

忍把浮名換了淺斟低唱 18

都市夜歸人 21

午間行走 24

法律的超驗之維——自然法 27

從實證法肇端到法治國鐵籠 32

英國法，一個繞不開的話題 39

第二輯　夜讀偶記 47

啟蒙運動的最後追隨者 49

煙籠寒水月籠刀——閒說《水滸》 53

學佛參禪話曹溪 55

小家碧玉 60

牛布衣、科舉和學科規訓 62

以身飼虎的韓非 66

對科學的科學理解 75

對科學的科學理解（續篇） 80

偉大的演員和平庸的剪輯師 89

第三輯　小說小說 95

紅顏命薄兼情癡——讀浮生六記 97

採陰補陽和虛幻正義 107

i

欲採蘋花不自由 111

一個現代─性的寓言 115

一部放逐了價值關懷的小說 121

男兒本自重橫行 132

在自身中看見神 145

小磨盤，瘋癲和文革 151

第四輯　在城邦中成人 157

獨自莫憑欄，無限江山 159

施特勞斯：二十世紀的柏拉圖人 166

蘇格拉底之死（上） 172

蘇格拉底之死（中） 180

蘇格拉底之死（下） 189

夫子何為者，棲棲一代中 201

遺編一讀想風標 213

後記 223

第一輯

浮生瑣思

鳥人的故事

新近拿到綠卡，入了賽伯（Cyberspace）籍，成為網民，少不得要入鄉隨俗，替自己取個網名。因為潛意識裏總忘不了孔夫子他老人家「必也正名乎」的遺訓，所以應了清末翻譯大家嚴幾道的話，「一名之立，數旬踟躕」。叫「阿狗」、「阿貓」罷，則憂其忒俗，叫「秦磚」、「漢瓦」罷，則憂其忒雅，是則俗也憂，雅也憂，真正難煞至人哉。

情急之下，抽籤似地胡亂在書架上抽出一本書，隨手在桌上攤開，定睛一看，卻是《水滸傳》第六回，回目為「花和尚倒拔垂楊柳，豹子頭誤入白虎堂」。只見這一頁上寫道：智深先居中坐了，指著眾人道：「你那夥鳥人，休要瞞洒家。你等都是什麼鳥人，到這裏戲弄洒家？」於是從中抽出「鳥人」二字做了我的網名，得來全不費功夫。同「鳥」字對應的英文 bird，以及同「人」字對應的英文 man，可巧都落在我腹中有限的幾個英文單詞範圍內，於是，便望文生義地把「鳥人」譯成英語 birdman。日後查了《英漢大詞典》，還真有 birdman 這個詞，不過它的意思是「捕鳥人」，犯了鳥類保護主義者的大忌。

鳥人者，何許人也？查《辭海》，找不到「鳥人」辭條。單知「鳥」字有二義。其一，讀如 niao，第三聲，注為：飛禽的統稱。其二，讀如 diao，第三聲，注為：通「屌」。罵人的粗話。查「屌」字，義為：男子的外生殖器。[1]

---

[1] 佛洛依德在《夢的釋義》一書中寫道：「在飛行和小鳥意念間的密切聯繫使人們可以理解到，男性夢者的飛行夢通常應具有猥褻的肉慾意義。」英譯本在這句話的後面注道：「德文俚語『Vogeln』（交媾）的出處來自『Vogel』（鳥）。」可見無論古今中外，人心是相通的。又上海譯文版《英漢大詞典》bird 條下有義項：〔常作 the bird〕（美俚）〈忌〉中指單獨朝上伸出的下流手勢。事實上，這是一個中外通用的象徵男性外生殖器的手勢。據晚報報導，英國球星貝克漢姆即因在賽場作此手勢而受罰。

先說第一義：按西方傳來的動物分類學知識，飛禽屬鳥綱，人屬哺乳綱，生物進化史上從未有過「鳥人」這一物種。據中國古書《大戴禮記》記載，鬧不清是儒家還是道家的祖訓，飛禽劃歸羽蟲一屬，「羽蟲之精者曰鳳」，人劃歸倮蟲一屬，「倮蟲之精者曰聖人」。至於「鳥人」，無論其鳥首人身或人首鳥身，想來既不受鳳凰管轄，又不受聖人拘束，雖未能像孫悟空似地跳出三界外，不在五行中，但畢竟少了許多煩惱。

再說第二義：《水滸傳》第三回中描寫魯智深因為出家在五臺山文殊院，三月不知肉味，直覺得嘴裏淡出鳥來。現今晚報上有一類豆腐乾文章，專供人酒足飯飽之後消食用，內中經常提及，如何食不厭精之後嘴裏反而淡出鳥來的話頭。可見得在村夫舌尖上飛出鳥兒來便是粗口，在文人筆下孵出鳥兒來便是雅謔。

又見第三十七回中描寫黑旋風李逵初次見宋江，撚指間吃了三斤羊肉，宋江看了道：「壯哉，真好漢也！」李逵道：「這宋大哥便知我的鳥意，吃肉不強似吃魚？」李逵稱自己的心思為「鳥意」，分明在「宋大哥」面前自謙是「鳥人」了。由此可見，「鳥人」的稱呼可以謔人，也可以自謔，可以「及人」，也可以「推己」。[2]

無論取第一義或第二義，鳥和人，特別是鳥和男人，總有數不清的牽絲攀藤的關係。在我少年時代讀過的希臘神話裏，就有一個關於「鳥人」的故事。那就是代達羅斯（Daedalus）和伊卡洛斯（Icarus）父子倆逃出克里特島的故事。他們用蠟把鳥的羽毛粘成翅膀模樣，套在自己的胳膊上，像鳥一樣扇動羽翼，向著自由之地疾飛而去。故事中，年輕的

---

[2]　《水滸傳》中另有一句極其惡毒的官罵曰「你這個賊配軍」。如果一個人不幸觸犯了刑律，發配遠惡軍州，被人罵作賊配軍，只有自認晦氣，不大會想到犯人亦享有不受人格侮辱的權利。問題是，既未犯案，又未發配，連犯罪嫌疑人也沾不上邊的好人被罵作「賊配軍」，這口氣端的難忍。《水滸傳》有一節便是描寫東京幫閒的破落戶高俅，一朝做了殿帥府太尉，上任伊始，因屬下八十萬禁軍教頭王進患病在家，未曾前來參拜，隨即差人捉拿了來，先是喝斥他目無領導、託病偷閒，然後是破口大罵「你這賊配軍」，虧得眾人勸說，才寄下一頓棍棒。王進只得收拾了行李衣服、細軟銀兩，扶著老娘，遠走延安府避禍了。

兒子伊卡洛斯，因為得意而忘形，飛得太高了，強烈的陽光烤化了翅膀上的蠟，終於墜入海中淹死了。後來的我，不太滿意這個故事了，理由是，故事把做翅膀的細節交待得太多，反而不肯花一點工夫描述一下父子倆在蒼穹下自由翱翔的美妙滋味，我自己不止一次地在夢中親歷過做鳥兒飛翔的滋味。更糟的是，我有時會忍不住用學到的物理學知識皮毛，去審視代達羅斯父子倆振翅高飛的可能性。

我讀過的另一個關於「鳥人」的故事，出自蒲松齡的小說《聊齋志異‧竹青》。這是一則人而鳥、鳥而人、鳥人相戀的纏綿悱惻故事。一個名叫魚客的湖南窮讀書人，科考落第、還鄉途中，餓昏在香火冷落的吳王廟廊下，昏昏沉沉中被一人引去見吳王。那人跪著奏告吳王道：「黑衣隊中尚缺一名士卒，可將此人去填空額。」吳王欣然准奏，即命人授一件黑衣給他。魚客穿上這件黑衣，立時化為一隻黑色鷗鳥，拍拍翅膀飛出庭院，與鳥友們成群結隊地飛向檣檣林立的洞庭湖畔。船上的旅客大約為了慰解旅途寂寞，紛紛向空中拋擲肉丸，逗群鳥接食。魚客入鄉隨俗，也張口接食，不一會兒便覺得肚子飽了，就近棲息在江岸的樹杪上，甚是悠然自得。不知不覺幾天過去了，做鳥的滋味還真是不錯。倒是吳王見他形只影單，怪可憐的，便許配了一頭雌鳥給他，名喚竹青。魚客從此和愛侶雙宿雙飛，樂不思蜀。魚客只知道天上掉肉丸，鳥兒們便可去接食，根本不了解這中間包藏著的兇險。竹青每每規勸他，可他總是一隻耳朵進，另一隻耳朵出。這一天恰好有滿人的兵船經過，魚客被彈弓擊中胸脯，幸得竹青銜著他飛離險地，才未被捉去。雖經竹青嘴對嘴地餵水餵食，魚客終於因傷勢沉重，一天之後就死了。這時，魚客恍然從大夢中醒來，身子仍然躺在廟廊下。周圍村民們原先見他昏死過去，因不知他的來歷，摸了摸身子尚有熱氣，便不時派人來照看一下。待他醒後，問知了他潦倒的因由，便湊集了幾個盤纏助他回鄉。

三年後，脫了貧的魚客路過此地，參拜了吳王廟，並撒食招待群鳥，暗暗禱告，希望能見到竹青，卻未能如願。後來，業已小康的魚客又一次路過吳王廟，乃大宴群鳥，並再次禱告，盼見竹青。當夜，他借宿在湖邊一個小村落裏，剛剛點燭坐定，忽然見到桌前有飛鳥飄落，仔細一

看，卻是一位二十來歲的佳麗，悠悠地問道：「你好嗎？」魚客大吃一驚，「請問你是誰家小姐，到此有何貴幹？」來者反問：「你難道認不出我是竹青嗎？」魚客大喜過望，並且知道了竹青現為漢江神女，不常回鄉，因鳥兒使者兩次傳信告知自己的一番情意，所以趕來相聚。（悲哉，既做神女，又回不了鄉。蒲公下筆何其無情？）於是兩人如久別夫妻，恩愛異常。此後，魚客只要穿上舊時吳王授下的那件黑衣，頓可兩脅生翼，乘風捷飛到漢江畔，與竹青相會，更勝似朝朝暮暮的夫妻。

這樣美麗蘊藉的鳥人相戀故事，不是我在中學課堂上得來的物理學知識皮毛所能解構的，不是我道聽塗說、一知半解的，據說是無所不能的經濟學博奕理論所能解釋的。

從今天起，我將杜撰一個新的鳥人故事，一個關於鳥人在賽伯空間習飛的故事。人們常說，自從萊特兄弟的第一架飛機上天起，人類就學會飛了。但我認為，那是一具金屬製造的機械在空中飛，而我要的是像鳥兒一樣，用自己的肉翅在天空中自由自在地飛。如果白晝赤身裸體地在空中飛來飛去有礙風化，那麼當黑夜降臨時，讓我在夢中酣暢淋漓地飛吧。如果我的羽翅為雨雪所濕或為雷電所折，不能在歐幾里德的三維空間裏飛，那麼就讓我的思想變成比特串，在賽伯空間裏，或像鯤鵬一樣，或像麻雀一樣，或像野馬一樣，或像塵埃一樣飛吧。總之，有得飛就好，方不負鳥人本色。

喜新厭舊

上世紀八十年代，大陸廠商有一條最得意的廣告語曰「全國首創」，用來讚美自家產品無與倫比的新，以迎合一般喜新厭舊客的心理。隨著市場上商品越來越豐富，買家也越來越聰明，明白了新到極點的東西其實是不太成熟的東西，這條廣告語從此壽終正寢。可見新的未必就是好的，至少不等於是最好的。

時至新世紀的今天，我們仍免不了經常拿「新」和「舊」作對比，經常不加思索地認為新的比舊的好，現代比古代好，並且認為這是一條不證自明、放之四海而皆準的真理。多年來，我們從未深入思考過「新」和「舊」這一對詞語的確切涵義，有時是人云亦云，有時是想當然。

查《現代漢語詞典》，「新」字條下有多個義項，歸納起來不外乎以下四種：

1.剛問世的，剛經驗到的：如新技術，新髮型，新消息。新技術未必是最完善的技術，新髮型也未必是最適合我的髮型，新消息對我來說更可能是個壞消息。

2.剛到手的、未使用過的：如新書，新衣服。這書可能在書店裏躺了幾年，這衣服的款式可能是過時的、落伍的。

3.剛擔綱的角色或剛建立的關係：如新幹部，新領導，新女友。新幹部不等於是年輕幹部，新領導在別處可能是老領導，新女友也許有過婚史；也不存在「新幹部」與「老幹部」，「新領導」與「老領導」，「新女友」與「前女友」之間隱含的好、壞比較。

以上三種釋義，都表明了這些以「新」相冠的人與事物，之所以與當下在場的「我」發生了密切關係，是因為使用了同一只時鐘。以「我」當下在場的時刻為坐標軸原點，這些「新人」或「新物」都是遲到者。

他人或許只認衣衫不認人，或者只認銀子不認人，「我」則只認時鐘不認人，姍姍來遲者為「新」，捷足先登者為「舊」。

4.以某些歷史事件為時間坐標軸原點，不僅區分遲到者與早到者，而且隱含了善與惡、落後與進步、光明與黑暗的對比：如新時代、新社會、新中國。

除此之外，「新」、「舊」這兩個詞語尚有與時間無關的用法，試舉幾例。

李煜《相見歡》：「無言獨上西樓。月如鉤。寂寞梧桐深院鎖清秋。」這個如鉤的月亮便是「新月」或「殘月」。因月相變化是循環往復的，所以新月或殘月與直線時間座標無關，與世道治亂更無關，只與詩人的心境有關。

杜甫《清明》詩：「朝來新火起新煙，湖色春光淨客船。」蘇軾《憶江南》：「休對故人思故國，且將新火試新茶，詩酒趁年華。」唐、宋時代，俗稱寒食節前之火為「舊火」，節後之火為「新火」。新火未必比舊火更旺，恰恰相反，老房子一旦著火，如同中年人之慾火，撲救更難。

晏殊《浣溪沙》：「一曲新詞酒一杯，去年天氣舊亭台，夕陽西下幾時回？」詞應是新詞，酒當為陳酒，時代在進步，天氣未必進步，舊時亭台比摩天新樓更值得流連徘徊。

杜甫《先寄嚴鄭公》詩：「新松恨不高千尺，惡竹應須斬萬竿。」老杜愛松不假，並不表示他入了新松黨，對竹子也無刻骨仇恨。只為做律詩少不得湊兩副對子，順手牽了竹子來陪斬，不存在松與竹誰代表新生力量的問題，更不存在新善舊惡的問題。

王安石《元日》詩：「千門萬戶曈曈日，總把新桃換舊符。」今天換下的「舊符」，曾經也是「新桃」；今年的「新桃」到了來年，同樣成為「舊符」。「新桃」並不代表未來，更不代表善，代表光明，「舊符」也不代表過去，代表惡，代表黑暗。

孔子云：「四時行焉，百物生焉，天何言哉？」中國的「天道」從來不開口說話，更不會動手干預塵世間的人和事。西方的上帝不僅創造世界，不僅隱身在西奈山的雲頭裏發號施令，不僅派了神子來拯救他的子民，而且一直在緊鑼密鼓地籌備最後的審判。為了準確掌握作業進程，

上帝說：要有鐘。於是就有了鐘。十八世紀啟蒙運動的思想家們從上帝手裏奪過這只鐘，裝進了一根叫做「進步歷史觀」的發條，使之變成了一只現代鐘。晚清以降，馬克思主義和自由主義，還有別的什麼主義，紛紛揣著這只現代鐘漂洋過海來到中國，不僅受到「日出而作，日落而息」的窮人歡迎，也受到「晝短苦夜長，何不秉燭遊」的富人歡迎。漢語中的「新」和「舊」這對詞語，原來可以與時間有關，也可以與時間無關，但與善惡絕對無關。自從舶來了現代鐘，「新與舊」這才成為「善與惡」、「進步與落後」、「光明與黑暗」的指代符號。

東山妓即是蒼生

　　史學大師陳寅恪會通中西，融政治史與文化史於一爐的史學體系，與馬克思的經濟決定論固然頗多扞格，但作為一代自由主義史學大家，他必然會留意到人類經濟活動對社會政治和文化生活的影響。關於明末江南一帶伎業發達之原因，陳寅恪說：「吳江盛澤區區一隅之地，其聲伎風流之盛，幾可比擬於金陵板橋。其故蓋非因政治，而實由經濟之關係有以致之。」（陳寅恪《柳如是別傳》）

　　伎業作為一種最古老的職業之一，關於其起因有種種解釋。文化人類學家認為伎業起源於娛悅神明；道德家認為伎業起源於少數女性的自甘墮落，革命家認為伎業起源於男權社會的政治迫害，經濟學家認為伎業起源於資源稀缺。我認同經濟學家的說法。據說「人權」概念內涵中最主要的義項是「生存權」。從純生物學的角度考慮，女人和男人一樣，只要有稀飯喝，有窩頭吃，有襤褸遮體，生存便基本無虞了。可是，女兒家的需求除了溫飽外，還包括一點點胭脂、宮粉、刨花油，換句話說，她除了有生存權外，至少還有打扮權（隨著社會進步，她可能還因宣傳女性主義的需要，主張言論、出版、集會、遊行、結社權）。而打扮是要花錢的，女兒家沒有錢。為了滿足自己的雙重需求，她利用上帝賜予她的姣好面目和身體曲線，來換取稀飯和窩頭，換取胭脂、宮粉、刨花油，這便是伎業的由來。早在茹毛飲血的初民社會，女兒家因為肚子餓身上冷，或者純粹因為嘴饞要漂亮，用身體取悅於男性以交換他手中多餘的鹿肉和毛皮，想來不會顧慮尚未問世的「三從四德」而生出任何心理障礙和招來道德譴責。

　　進入文明社會，特別是進入男權社會，伎女不僅依靠上天賜予的美貌與曲線攬客，更有後天習得的種種技能如琴棋書畫（當然也包括性技巧在內）而優於小家碧玉或大家閨秀，以招得男子的青睞。伎業的發達

與蕭條雖因時而異，伎女社會地位之低下卻是一以貫之的。道德家說：餓死事小，失節事大，用性服務交換稀飯、窩頭（生存權）尚且不可，僅僅為了像城裏女兒家一樣享用胭脂、宮粉、刨花油（更不用提口紅、香水、玉蘭油）而賣春，更是人人得而誅之。政治學教授說：凡千金買笑者，其中相當部分是有權力者，或有能力接近權力中心者，可見壞女人尤其是伎女對政治權力的腐蝕作用不可小視。醫學專家說：「利劍勿近手，美人勿近身，利劍傷人手，美人傷人身」，帶有愛滋病毒的「美人」則是一招奪人命。

至於普通民眾反對伎業，除了受上述輿論導向外，因為做丈夫的怕妻子受比自己有錢的男人誘惑，做妻子的怕丈夫受比自己美麗的女人誘惑，從而導致家庭瓦解。語云：鴇兒愛鈔，姐兒愛俏。事實上，伎女一般不可能穿透家庭倫理的森嚴壁壘，輕易侵入他人家庭生活。如果一個風塵女子一旦下決心脫離平康，爭取成為別人丈夫的「真愛」，整個故事便演繹為很普通的「第三者」通俗劇了。

伎業在文明社會裏或盛或衰、或明或暗的存在本是一個歷史事實，不需要我們為它找任何合法或非法的藉口。讀書人可歎復可笑之處在於，不為世上萬事萬物找一點存在的理由，心裏便覺得空空的，實在找不出理由，說一聲「存在即合理」也痛快。前面所說的女兒家用色相（色和相都是佛學中極精微的概念）作本錢，換取她憑現有的社會地位、體能、學識所無法取得的享用，在經濟學家看來並無不名譽之處。我們還可以為古代中國伎業存在之合理性找到另一個理由，即明代末季的民間結社運動往往採取挾伎宴游、文酒詩會的形式以掩人耳目。以江南文雄陳子龍為中堅的幾社為例，陳寅恪說：「幾社諸名流之宴集於南園，其所為所言，關涉制科業者，實居最少部分。其大部分則為飲酒賦詩，放誕不羈之行動。當時黨社名士頗自比東漢甘陵南北部諸賢。其所談論研討者，亦不止於紙上之空文，必更涉及當時政治實際之問題。故幾社之組織，自可視為政治小集團。南園之宴集，復是時事之坐談會也。河東君之加入此集會⋯⋯不僅為臥子之女膩友，亦應認為幾社之女社員也。」（陳寅恪《柳如是別傳》）春花秋月，良辰美景，「對如花之美女，聽說

11

劍之雄詞，心先醉而身欲死矣。」公共批評空間的拓展居然穿了一件狎伎冶遊的馬甲，這是皇權專制時代的悲哀，抑或中國男人的悲哀？

　　毋須諱言，伎業與文明社會，特別是與現代文明社會的倫理衝突總歸是一個事實。因受明末民間結社運動熏習，具「天下興亡、匹婦有責」之襟懷的柳如是本是一個異數。陳寅恪吟詠道：「興亡江左自關情，遠志休慚小草名。我為謝公轉一語，東山妓即是蒼生。」（陳寅恪《柳如是別傳》）遠志，藥材名，性溫、味苦辛，小草為其異名。柳如是原本婉孌倚門之女，不過是棵小草，只因她參與社黨運動，具沉湘復楚之志，遂為遠志。末句引龔自珍《己亥雜詩》現成句「東山妓即是蒼生」，大有佛家眾生平等之悲憫情懷。世上操神女生涯的何止萬千，能有幾個作柳如是？倘使她不得已或自甘今生今世為小草，現代社會便默許紳士、淑女們舉起倫理的石頭向她砸去。倒是上帝在頒布了「十誡」之後，派神子諭示人們說：「你們中間誰是沒有罪的，誰就可以先拿石頭打她。」（《新約‧約翰福音》）

人民辯

人民是什麼？

首先，人民不是個體的人。人民不是你，不是我，也不是他或她。官商時代，店堂內外貼滿了「為人民服務」的標語，但從不提供一種叫做「服務」的商品。假如有顧客以毛澤東的名篇《為人民服務》為正當性依據，要求營業員提供滿意的服務，往往會遭到營業員的反唇相譏：「為人民服務並非為個別人服務，你能代表人民嗎？」營業員未必學過邏輯學，但他或她很懂得區分作為個體的「人」與「人民」這兩個概念之間的差別。作為顧客，即使是邏輯學教授，即使是真的「人民代表」，受此詰問，恐怕也會理屈詞窮，落荒而逃。

其次，人民不是全體的人。人民不包括領袖。領袖是人民的引路人，所以他總是走在人民隊伍的前面。人民不包括敵人。敵人是人民的擋路人，所以他總是站在人民隊伍的對面。

已知人民不是個體的人，不是全體的人，唯一符合邏輯的結論只能是：人民乃部分的人。換一種更為確切的說法，只有這部分的人獲得了一種叫做「人民」的政治身分。在革命的年代裏，有這個政治身分和沒有這個政治身分是大不一樣的，是關係到一個人身家性命的頭等大事。

然而，就我有限的閱讀所知，「人民」作為一種政治身分，是晚近才賦予的涵義。在古代，先秦典籍中，「人民」二字並列使用的情況並不多，更常見的是「人」和「民」分門別戶，各有各的涵義。

先談「人」。「人」的對極之一是「禽獸」。在孔、孟二子為代表的儒家看來，禽獸之所以不如人，不是因為「自然不僅給予動植物以規定性，而且親自實施這種規定性」（席勒語），而是因為它們「無君無父」，也就是說，達不到人類社會的倫理標準。儒家認為，遵守「君君、臣臣、父父、子子」的社會倫理秩序，是防止社會失範乃至解體的必要條件，同

13

時也是維持個體生存和繁衍的必要條件。連「舉世而譽之而不加勸，舉世而非之而不加沮」的莊子也認為，「子女愛父母，這是人的天性，無法解釋的；臣子事君主，這是不得不然的，無論任何國家都不會沒有君主，這是沒法逃避得了的。」（《莊子‧人間世》：「子之愛親，命也，不可解於心；臣之事君，義也，無適而非君也，無所逃於天地之間。」）

「人」的另一對極是「天」。孔子說：「獲罪於天，無所禱也。」（《論語‧八佾》）「天」以及「天命」，究竟如何解釋，孔子沒有說。據我猜測，「天命」是不講道理的，既不講邏輯，也不講因果。例如在二十世紀三十年代史達林統治下的蘇聯，在一場血腥的大清洗運動中，作家帕斯捷爾納克拒絕在擁護大清洗的集體聲明上簽名，結果安然活了下來；同是作家的科利佐夫誠惶誠恐、百依百順，反而橫遭處決。又如，曾經做過蔣介石「老頭子」的上海灘流氓大亨黃金榮，能在共產黨掌權後壽終正寢，而曾經與蔣介石作對的自由主義知識人儲安平，卻在文革中生不見人、死不見屍。上述兩個例子中，截然不同的兩種結局，除了歸諸「天命」，難道還能有別種解釋嗎？然而，儒家的「天命」不同於俄狄浦斯殺父娶母的不可抗力，也不同於佛家「一飲一啄，莫非前定」的宿命。所以有「知命者不立乎岩牆之下；盡其道而死者，正命也」（《孟子‧盡心上》），所以有「道不行，乘桴浮於海」。（《論語‧公冶長》）

在孔子的原典思想裏，「君子」與「小人」之間的差別只是心性修養上的差別，並非後人所說腦力勞動者與體力勞動者之間的差別，統治階級與被統治階級、剝削階級與被剝削階級之間的差別。孔子說：「君子懷德，小人懷土；君子懷刑，小人懷惠」，「君子喻於義，小人喻於利」。（《論語‧里仁》）孔子的這幾句話是針對民間身分的君子和小人而言的，他們之間的差別僅在於價值取向不同。君子關心的是德政教化，小人關心的是稅賦優惠。有恆產者有恒心，衣食足而後知榮辱，此小人也。可以託六尺之孤，可以寄百里之命，此君子也。人各有志，不存在對與錯的問題。所以孔子只是勸諭：「汝為君子儒，毋為小人儒。」相反，孔子倒擔心：「君子有勇而無義為亂，小人有勇而無義為盜」。比起小人來，君

子更可怕，小人不過擾一方而已，君子足以擾天下。所以乾隆和毛澤東自始至終都對讀書人抱有戒心。

再說「民」。「人」依照他的社會地位，可以是「君」，可以是「大夫」，可以是「吏」，可以是「民」。可見「人」與「民」的區分，既非階級地位的差別（趙紀彬語），也非單數、複數的差別（李澤厚語）。然而，一國之內，國君只有一個，大夫只是少數，吏也只是少數，占人口絕大多數的是民。根據職業的不同，民又可分為士、農、工、商，統稱為四民。民在平時要輸捐納稅，在戰時要「保家衛國」，必要時拿自己的命去拼掉別人的命。必須注意的是：這裏所說的「國」是君的封地，如「千乘之國」，不是現代的民族國家。這裏所說的「家」是大夫的封地，如「百乘之家」，不是現代的三口之家。

「民」是最可寶貴的資源，不僅諸侯之間即君與君之間要爭奪民，而且君與大夫之間也會爭奪民。在孔、孟時代，強大的「家」是對「國」的一種牽制，有時簡直是一種威脅，因此孟子說：「民為貴，社稷次之，君為輕」，把民的地位抬得很高。後世一批食古不化的讀書人，在四海一統的專制皇帝面前哼哼唧唧地引出孟子「君輕民貴」之類的話頭，不要說自討沒趣，丟腦袋都是活該。民間出身的明朝開國皇帝朱元璋火氣上升，乾脆把亞聖逐出孔廟，連冷豬頭肉也不給他吃，這都是死讀書的呆子惹的禍。「愛民如子」雖說是嘴上說說的，但我猜想，再糊塗的君，殺雞取卵的事是不大會做的。朝代的興衰，除了天災，主要是人禍，這中間「了卻君王天下事」的官吏往往是罪魁禍首，所以民從來是「反貪官不反皇帝」。

「民」的對極之一是「君」。為君之樂，莫過於「四方善惡，在予一人」。孟子曰：「古之人（君）與民偕樂，故能樂也。」（《孟子・梁惠王下》）古書上常用「城開不夜、金吾不禁」來形容君民同樂。古書上也記載著，不願與君同樂的「刁民」唱道：「時日害喪，予及汝皆亡」。（大意是：太陽灰飛煙滅之日，即「刁民」與「人君」同歸於盡之時。）不討朱元璋喜歡的孟子還說：老百姓「簞食壺漿，以迎王師。豈有它哉？避水火也。如水益深，如火益熱，亦運而已矣」。（《孟子・梁惠王下》，意

思是老百姓提著食籃，挑著水桶，迎接威武文明之師，不過是做做樣子罷了，深心裏只盼望水深火熱的亂世有個盡頭，如水益發深，火益發熱，也只能怨自己命不好了。）

「民」的另一對極是「吏」，後世稱為「官」。為官之樂，莫過於「堂上一呼，堂下百諾」。官有清官（古代稱循吏）、貪官之分。民諺云：一任清知府，十萬雪花銀，可見「千里做官只為財」是常情，要名不要錢的清官是特例。明朝的海瑞更是清官中的稀罕之物，身後只留下白銀二十兩，不夠殮葬之資。但他拿了四書中的話斷案，說什麼「事在爭產業，與其屈小民，寧屈鄉宦，……事在爭言貌，與其屈鄉宦，寧屈小民」，這樣的清官在我看來不要也罷。上世紀五十年代的官風之清廉是有口皆碑的。但當時的清官們，有的為了保自己的清譽，有的為了邀功升遷，不惜把大批知識人打成「右派分子」。更有個別清官在大荒之年，不管自己治下路有餓莩、戶無雀糧，一味地謊報五穀豐登、六畜興旺，以迎合上之好大喜功。諸如此類的清官，在我升斗小民看來，其為害之烈，尤甚於貪官。

「軍」雖然可與「民」對舉，如「軍工產品」對「民用產品」，但「軍」其實是一種特殊的「民」，好比豬肉絞碎後灌入腸衣內，便不再稱豬肉而改稱為香腸。《水滸傳》中說，大名府留守梁中書，上馬管軍，下馬管民，最有權勢。民國時期，割據地方的各路「諸侯」也好，南京政府的領袖蔣介石也好，都是上馬管軍，下馬管民的，只因是亂世。毛澤東統治下的文化大革命時期，各級革命委員會主任中也有不少人是上馬管軍，下馬管民的，因為也是亂世。

「匪」也可與「民」對舉，但其實是一種更特殊的民。「軍」打了敗仗後的散兵遊勇往往成為「匪」。「民」餓極了或被「官」逼急了，也會成為「匪」。「匪」成了一定的氣候，打出「替天行道」的大旗，便具備了進中學歷史教科書的資格，稱為「義軍」。「匪首」一旦黃袍加身，坐了龍廷，望之便似「人君」了。所以開國皇帝身上往往帶有匪氣，如劉邦在儒生的帽子裏撒尿，朱元璋動輒殺人如麻。我以為，秦末的草頭王之一陳涉之所以名垂青史，是因為他說過一句「王侯將相寧有種乎」，一語勘破了民與匪、匪與君之間的關係。

16

　　先秦典籍中也有少數「人民」並用的情況。如孟子說：「諸侯有三寶，人民、土地、政事。」（《孟子‧盡心下》）又如韓非子說：「上古之時，人民少而禽獸眾，人民不避禽獸蛇蟲」。（韓非《五蠹》）但他們所說的「人民」仍是指上述意義上的「民」，而不是作為一種政治身分的「人民」。其用法彷彿孟子口裏常提到的「人君」，將「人」和「君」並稱，所指仍是口銜天憲的「君」，而不是鼓勵人人都去做舜做堯。

　　在現代學科規訓下，「人」與「民」的分野似乎是不言而喻的。無論是作為哲學、神學的研究對象，還是作為文化人類學的研究對象，人總是自然界的對立物。（唯有生態主義者一直存在著浪漫的幻想，渴望人能像動物一樣，與周圍世界保持親密無間。）所以，人很為自己有「人工授精」、「人工流產」一類巧奪天工的手段而驕傲。

　　「民」作為政治學的研究對象，指稱的是「公民」，作為社會學的研究對象，指稱的是「民間」，其對極即通常所說的「官方」。現代漢語中與「民」組合的語詞頗多，如流民、刁民、村民、居民、選民、貧民，都是指稱民眾中的特定群體。唯有「民工」一詞不好懂，單從字面上很難看出它所指稱群體的特徵，也不存在可與之對舉的「官工」（或許「公務員」差相彷彿）。關鍵在於：「民工」雖然與其他自然人並無二致，一是為現代經濟共同體所包容，二是以出賣自己體力或腦力的方式謀生，卻始終未能擺脫「農民」這樣一種非地域、非政治、非職業的特定身分。

忍把浮名換了淺斟低唱

　　閒來翻《董橋散文》（浙江文藝版），內有《讀今人的舊詩》篇，饒有興味。現代人，從遷客騷人到革命領袖，會寫舊詩詞的不少，以我淺見陋識，寫得好的並不多。膾炙人口的名篇中，記憶較深的有郁達夫《釣台題壁》：「不是尊前愛惜身，佯狂難免假成真。曾因酒醉鞭名馬，生怕情多累美人。劫數東南天作孽，雞鳴風雨海揚塵。悲歌痛哭終何補？義士紛紛說帝秦。」

　　寫舊詩詞必須協韻律、調平仄、工對仗、善辭藻，借用聞一多的話，是戴著鐐銬跳舞。董生說：「根據瑞士語言學家索緒爾的定義，文字是用聲音和形象表達事物的符號，一個語種就是一個『符號系統』。借這個定義推而廣之：文言詩歌的音韻、節奏、對仗、意象和句法，已經很鮮明地流露出詩歌語言結構的特性，也自成一種符號系統。」董生舉《漱園詩摘》裏一聯：「長日閉門來燕子，一春浮夢到梅花」為例，指出：「『閉門』是隱居的符號；『燕子』聯想來客；『浮夢』有萬種幽思；『梅花』既指時節，也喻操守。」這是典型地藉他人之酒杯，澆己胸之塊壘，也即藉傳統的意象符號來傳達現代大都會隱士的閒適胸次、富貴氣象。董生又舉《漱園詩摘》裏另一聯：「山館酒搖千載夢，雨窗書掩一天秋」，盛讚：「『掩』字固佳，『搖』字更妙，晚飯後用矮腳圓玻璃酒杯盛法國白蘭地酒少許，食指中指夾住杯腳，五指與掌心合而托杯，輕輕搖晃杯中醇酒，酒香撲鼻，偶一呷之，心領神會，自有一番思古幽情。」漱園主人的律句固然佳妙，董家才子的解讀更出心裁。可見舊詩詞作為一種符號系統既可以發思古之幽情，也可以表現代之風雅。

　　回想幾年前，飄泊至江南小鎮上的一家港資小廠，其實落腳處距小鎮尚有二三里之遙。案牘勞形之隙，憑窗獨眺。只見窗外沿上遺屎狼籍，想來屋簷下定是密密掛滿了蝙蝠。隔了一條雜草與亂花叢生的

羊腸小徑，有一口活水魚塘，時見「細雨魚兒出，微風燕子斜」。此時此刻，代表「現代」的機器轟鳴聲識趣地沉下去、沉下去，久違了的古老符號系統在吞雲吐霧中顯了身：

> 春潮平泥岸，紫燕剪花陰。夜雨垂楊綠，曉寒薄露侵。
>
> 長鋏輕莫彈，恨賦不堪吟。杜宇聲聲喚，離愁日日深。

五言八句吟成，自知漫無新意，卻是彼時心緒的真實寫照：老闆待我不薄，「食無魚、出無車」之類的牢騷自然不可亂發，只是杜鵑聲聲，思鄉之情難抑。幸而古人為我們留下了這等可以寓情寄懷的調調，足以打發離鄉別居的枕前蕭索、酒後寂寥。

羿日，故技重演，忙裏偷閒，又填成浪淘沙一闋：

> 脈脈夕陽沉，煙鎖層林。遠村曖曖晚涼侵。古渡無舟歸不得，月湧波心。
>
> 白髮莫登臨，舊夢難尋。新詩賦罷共誰吟？吳地嬌娃千媚好，不是鄉音。

不經意間仍押了十二侵韻，不像是巧合，大約與心情的沉鬱有關，也與自己對韻部的生疏有關。循照舊例上片應寫景，下片當抒情。所謂「煙鎖層林」，所謂「古渡無舟」，其實子虛烏有，不過是傳達一種茫然無助心緒的符號罷了。過片「白髮莫登臨」之後，句句實話。小鎮女兒，天然嫵媚，雖然一樣是吳儂軟語，終非同調，思鄉之情溢然於胸。

其後一發不可收，審音協律成了每天必做的功課，終於走火入魔，學會了無病呻吟。僅舉一例，因見陸游和唐琬的《釵頭鳳》寫得好，便也搜索枯腸湊成一闋：

> 曉風烈，槳聲咽，水寒山瘦星明滅。煙籠岸，雁離伴。幾多蕭索，一腔幽怨。散！散！散！
>
> 西湖雪，揚州月，洞庭秋雨驚天裂。花枝顫，雲鬢亂。鄉音爭似，同心難綰。幻！幻！幻！

　　看似中規中矩，畢竟是缺乏真情實意的無腸公子，自己也覺無趣。
可見舊體詩詞作為一種符號系統，就像一壇陳酒，既能助興，也能亂性。

都市夜歸人

　　抬腕看了看手錶，已經相依為命地走過四分之一世紀的時針和分針準確地指向五點整，與索然無味的數目字毫無心肝地纏綿了一整天之後，終於又可以向它說「再見」了。急急走出分隔成牛欄似的辦公室，不失時機地鑽進一隻叫做電梯的大吊桶裏，假裝不知道上司的目光像兩隻牛虻一樣叮在我背上。吊桶滿載著淑女和紳士——連帶她（他）們身上的脂粉氣和煙草味，穩穩地降落在地面上。我像一隻鳥，從一棵大樹飛到另一棵大樹，起初，尚有良禽擇木而棲的傻念頭，後來純粹是為了找蟲子吃，從來沒有真正愛上過哪一棵樹。無論何時何地，我與上司及同事們的關係都算過得去，不太好，也不太壞。我坦率地承認，自己從來沒有愛上過某一處的上司和全體同事。我知道這是一種可笑的表白，沒有人會用愛或不愛來描述超出「男歡女愛」範疇的人際關係。人人都認為人際關係是一種技術，可以用某種方式來測量、調整和校驗，就像兩隻柔性齒輪之間的嚙合，又像不同程式語言平臺之間的通訊協定。我從容不迫地融入了街頭的人流，思想卻像一架紙風車，一刻不停地在冬夜裏轉動著。

　　這是一個少有的暖冬，沒有凜冽的北風，只有靜穆的清冷。街燈似水的柔輝，咖啡座如夢的燭光，法國梧桐的疏枝，窈窕淑女的裸膝，交織成大都市西區冬夜特有的浪漫氛圍。我喜歡都市之夜，就像所有的男人都喜歡看電視廣告上的年輕漂亮女人一樣。只要不是喝醉了酒，或者是熱昏了頭，像我這樣領子漂得不夠白的男人們其實心裏都很明白：無論大都會的夜生活還是電視廣告上的年輕漂亮女人，兩者都是可望而不可即的。但是自古至今，有哪一條司法或道德的律令，禁止人們心馳神往「寶馬雕車香滿路」的都市夜生活呢？

　　我像往常一樣慢吞吞地，堅定不移地沿著回家的路走去。在我的生命體驗中，回家即意味著走進一間能為我遮風雨、蔽喧囂的斗室，回家

即意味著擁有一張能供我粗茶濃、菜飯香的的餐桌，回家即意味著擰亮一盞能助我賞奇文、析疑章的檯燈，回家即意味著展開一床能送我夢高唐、憶湘江的布被。我走過一家熱賣中的新樓盤，售樓小姐派發的是「宜家宜室」的廣告單，但那裏不是我的家。我走過一家名叫「家常菜」的餐館，農家女打扮的知客秀色可餐，但那裏不是我的家。我走過一家燈飾市場，璨爛奪目的華燈長明達旦，但那裏不是我的家。我走過一座家俱展示廳，富麗堂皇的席夢思床勾人無限綺夢，但那裏不是我的家。

再往前走是一家倒閉的家用縫紉機廠，那裏曾經是我的第二故園。和大多數職工一樣，我幾乎在潛意識裏愛上了這個大家，廠裏的頭領就是我們的家長。許多年來，我見過慈眉善目、和顏悅色的頭領，也見過橫眉豎目、聲色俱厲的頭領。但沒有一任頭領不把全廠男女老少看作是自己的兒郎，沒有一任頭領不為自己兒郎的終極信仰、婚喪嫁娶、生兒育女，操碎了心，勞白了頭。甚至瑣細如肥皂、手紙的按月發放、雞鴨魚肉的逢節分派，頭領們無不臘月飲涼水——點滴記心頭。常言道：天下沒有不散的筵席，這個不說「詩禮簪纓、鐘鳴鼎食」，也堪稱「豐年留客足雞豚」的大家庭，終於敗落乃至破產了。

在它緊閉的大鐵門前，隔離快慢車道的鐵柵欄開有一個以往供車輛出入的大缺口。為了節省上下人行天橋的時間和腳力，我經常從這個缺口穿過快車道，穿過路對面的弄堂，直達另一條馬路。這一刻，當我一隻腳剛邁下人行道，一個憂鬱的念頭突然在腦海裏浮了上來：我會在穿過馬路的一剎那間被一輛飛馳而來的汽車撞倒，剎車吱吱尖叫著，車輪輾過我的腹部，遲遲疑疑地停住了，肝臟破裂，鮮血湧入腹腔，臉色凝成了白霜，思想成為一個巨大的空洞，靈魂輕易地掙脫了軀殼，像一陣煙一陣霧一陣風無聲無息地湮沒在大氣中，司機雙肘撐在方向盤上，驚恐地抱住了自己的腦袋，潮水般的行人圍了上來，警車的呼嘯聲從遠處趕來……。於是，我改變了主意，決定再向前走四十米，緩步登上人行天橋以躲過眼前這一劫。

隨著周圍的景像變得越來越熟悉，憂鬱的念頭像賊一樣溜得無影無蹤了。馬路轉角上有一家飯店，三開間門面，從前是家點心店，名叫長

短亭，取李白「何處是歸程，長亭更短亭」詞意。後來換了店東，連帶店名也更換了，叫作泰山飯店，辦酒席兼賣點心，在附近一帶大有「一覽眾山小」之意。再後來，店東乃舊，酒席停辦了，於是正名為風雷飲食店，典出龔自珍的己亥雜詩「九州生氣恃風雷」。十年過去了，在偉人眼裏原不過是彈指一揮間，在凡人眼裏卻不知過了幾多冬寒夏暑。某天，路人偶而抬頭一瞥，「泰山飯店」的匾額又回來了，再透過玻璃彈簧門張一眼，酒桌上座無虛席。大約幾年前或者更早，聽說又換了店東，並且恢復了原名——長短亭，酒席上也新添了生猛海鮮、靈蛇俏蛙。新店東沒有讀過李白的《菩薩蠻》，何況據後人考證，這首詞也非李白所作，但新店東喜歡「長短亭」這個名字，寄寓「政策長則財運長，政策短則財運短」之意。因此，「長短亭」店名的輪迴，並不能證明店東們的「實迷途其未遠，覺今是而昨非」，更非尼采所謂的「永劫之回歸」，或者老話說的「六十年風水輪流轉」。

從前的雅韻書場，現在是香格里拉歌舞廳，樓頂上，烈焰騰騰一般火紅的霓虹燈勾勒出一支碩大的薩克斯管，不間斷地吐出一串串幽綠色的英文字母 SHANGRILA。門前三三兩兩的人叢中不介意地站著一名嬌小的女子，一身溫潤輕暖的淺灰色套裝，斂而不揚的裙擺和烏黑的長靴之間，裸露出一小段膝蓋，是刻下時行的冬裝打扮。一張薄施脂粉的娃娃臉上天生一副好眉眼，活脫脫一個剛跨出校門的白領淑女，只是顧盼之間別有一種成熟女人的風情和「依了王法打殺，依了佛法餓殺」的楚楚可憐。

走進弄堂，昏黃的路燈僅供人能讀清山牆招帖上的大字，一幅是「捐衣捐被，支援災區」，另一幅是「專治性病，一針見效」。我小心地繞過一輛停在後門口的小推車，車上爐火正旺，茶葉蛋和豆腐乾散發出誘人的香味，與正欲推車上街做夜市的前客堂嫂嫂互相招呼致意。邁進門檻，依稀聽得灶披間裏傳出前樓阿婆一邊叮叮鐺鐺地洗碗一邊神秘兮兮地對人說：「客堂間嫂嫂在外白渡橋上賣茶葉蛋給外國人，一晚上能賺百把塊錢呢。」

我疾步上樓，木扶梯在黑暗中發出羞怯的咯吱、咯吱聲。拐角處，亭子間的門悄無聲息地打開了，射出一道祥光，妻女的笑靨如桃花般在那光裏灼灼綻開……

午間行走

我棲身的公司寄寓在滬西一幢商住兩用樓的第十七層。站在東窗前，只見筆立高聳的樓宇森林遮蔽了東南方的天空，車輛像成隊的甲蟲蠕行在林中路上。北邊是一大片連綿起伏的舊瓦房，四月的陽光在黛青色的魚鱗瓦上流動著，在錯落有致的屋頂天窗間撲朔著……春天並不因為足下是尋常巷陌而踟躕不前。倒是從蘇州迤邐而來的河水，像一條羅帶柔柔地攔住了房產開發商興沖沖的腳步。孔子云：知者樂水，仁者樂山。然而這一帶除了街心花園裏有一塊半人高的太湖石之外，再無山可樂，於是，我思量自己常在河邊走動，興許能在智者隊裏湊個數。某日，經理外出訪客，我趁便在電腦上用新裝的撞球遊戲自娛兼自測智商。熬戰約一個時辰，私下以為戰績不俗，忍不住八方打探青春年少的 Tom 和 Mary 們的歷史記錄，旋即明白自己赤了足也難望人項背。看來自己真個是心雄命窮，不僅愚不及人，連智也不及人。（孔子稱讚寧武子，「其知可及也，其愚不可及也。」可見「愚」是一種「大智」。）

午間到「姑蘇人家」吃過橋麵，無論何種澆頭（如鱔絲、爆魚等）都另盛在一小瓷碟內，食時必越過面碗上方，然後入口，故謂之「過橋」。餐後照例作午間行走，只為在樓上坐了大半天枯禪，想多沾點地氣而已。與常見諸報端的行走西藏、行走大漠、行走黃河的壯舉相比，也算是聊勝於無，但絕對不可歸入「行為藝術」一類。

附近有一家書報亭，年過四十的老闆娘笑容依舊粲然如少女，遺憾的是，我除了每週買一份《南方週末》外，沒有更多的機會飽餐她的笑容。相反，我每天必定在一家自行車修理鋪前佇足望一眼，看看兼有一身修車好手藝和好棋藝的佝僂漢子是否在偷閒與人過招。我早已立誓戒棋，但只要看見人在出將入相、驅車趕馬，仍會忍不住春心蕩漾。

　　偶爾，我也會走進那片暫時被房產開發商遺忘了的都市村莊，以喚醒對遙遠的童年時代的記憶，這記憶常常會以重新剪輯後的形式出現在我的夢境中。「村莊」裏有四通八達的小巷，其分布就像手掌的紋理，沒有什麼規律可循，極狹處一個人雨天舉傘行走尚嫌逼仄，疏朗處足可駛得一輛賓士。大約隨手佈施垃圾的過境遊客少，加之有各人自掃門前雪的積習，比起有官派清潔工時時勤拂拭的通衢大道來，惟其陋巷、方是乾淨。一家門首，四個鶴髮雞皮的老太太圍坐著，在一張矮几上抹三十二張骨牌，各人面前擺有一疊四五個壹元的硬幣，壹百四十四張麻將牌對她們來說是太奢華也太現代了。小巷深處，有一家小店，貨架上無非是香煙、啤酒、肥皂、手紙之類，一隻虎皮貓趴在櫃檯上打呼嚕。誰家院落，施施然飄出一個妙齡少女的倩影，畫眉深淺，一般入時，她僅用眼角的餘光掃一眼我這個生人，便在小巷的拐角處消失了芳蹤。

　　「村莊」背後有一條直奔橋堍的大路，約有二輛卡車寬，兩傍商店鱗次櫛比，但鋪面格局都不大，裝潢格調也不高，不過是些自給自足的小飯館、小五金店、小百貨店、照相館、音像製品店、迷你髮廊、性保健品店、香燭壽衣店……，大體上能滿足一個人從食到色、從生到死的各種需求，如果他或她要求不是特別高的話。

　　市場經濟進退之道，本如《易經》中所說的「致天下之民，聚天下之貨，交易而退，各得其所」。於是，不知是哪個敢為天下先者挑了一擔新鮮蔬菜來此叫賣，日長時久，應者雲集，一個自生自發的馬路菜市場就此形成了。此地雖非交通要衝，卻是喜歡抄近道的計程車司機所愛的一條路，如今行不得也，自然把氣出在喇叭上，雜訊格外擾耳。菜市散罷，遍地狼籍，環衛工人怨從心頭起，怒向膽邊生，與菜販們口舌不斷，原在情理之中。兩傍商鋪老闆們則是喜憂參半，喜的是人流帶來了商機，憂的是菜販時時堵塞了店門。市政當局對於非法集市早有耳聞，因其危害之烈畢竟不及非法集會，也就眼開眼閉，寄希望於市民自覺地不上非法集市買菜，菜販們無利自然不會起早了。如今政府號召公民們做有車一族，愛車和愛國一樣不分先後，只是不爭氣的道路網絡越來越不堪交通流量的重荷，於是痛下決心肅清馬路菜場。

　　這天雖是正午，菜市上依然人頭濟濟。突然，擾動從馬路兩端傳來，在中間疊加成真正的紊流，雞從籠子裏跑了出來，土豆在地上打滾，年輕力壯的菜販們端起整筐的菜飛也似地跑進了就近的小巷，年老體弱者神情木訥地護住自己的錢袋，一個婦女心煩意亂地哄著號淘大哭的孩子……原來是公安、工商聯合執法隊的鐵臂從兩邊環抱攏來，大簷帽們個個鐵青著臉一言不發，把凡屬菜販所有的東西，蔬菜也罷，籮筐也罷，桿秤也罷，自行車也罷，統統往卡車上扔，拉了就走，只留下呆若木雞的物主。我知道按照不成文法，戴大簷帽者（我一直想為電視臺綜藝節目製作者提供一個創意：即在演播廳裏站一溜「大簷帽」，讓佳賓們猜一猜他們的職業）在執法時有權保持沈默，但我確實不知道執法者在扣留或罰沒物品時毋須出示收據。菜販們眼睜睜地看著自己的財物被沒收，沒有作出任何身體的本能或條件反射動作，沒有發出任何有意義或無意義的音節，婦女們甚至沒有流下一滴眼淚以示些許的抗爭。他們知道自己當街設攤是非法的，若與執法者發生衝突則是妨礙公務罪，在此意義上他們真正是法治社會的好公民。他們明白自己是外來者，在這個城市眼裏，只具有統計學上的意義──被稱為外來流動人口，或許還是麻煩製造者（但他們不是陳水扁，不僅不鬧獨立，還巴不得統一）。他們明白自己在這個城市裏沒有名分，不是完整意義上的市民，但他們執著於自己的生存，於是第二天，他們的菜攤又出現在這條路上了。過一段日子，也許是幾天，也許是幾周，同一幕貓捉老鼠的默劇再度公演，情節設計和舞臺調度絲毫未改，唯一變動的是作為道具之一的蔬菜品種，它向觀眾暗示了季節的推移……也許，新一輪房地產開發高潮將很快淹沒這座都市裏的村莊。屆時，這一片土地上所有的是非恩怨，所有的悲喜情仇，將永遠永遠地埋葬在水泥森林的深處。

　　一場細雨隨風潛入我的思緒，伴我匆匆結束了午間行走。電梯發出令人放心的「營營」聲，負責地把我送回十七樓，我卻忘恩負義地聯想到蘇軾的一句詞：「長恨此身非我有，何時忘卻營營？」我明知道此「營營」並非那「營營」。

法律的超驗之維──自然法

漢語的長處是簡約。無論何時，國人總能找到朗朗上口的四字令，如毛澤東時代的「抓綱治國」，又如後毛澤東時代的「依法治國」，等等，其傳神達意程度遠勝於學人們關於現代中國秩序範式正當性的長篇論證。不幸的是，漢語的短處恰恰也是簡約。將原生於西方社會的法律秩序範式簡約為「法治」二字，固然是峻潔到極致，並有可能與本土資源中源遠流長的「王法」傳統相嫁接，卻也因此簡掉了「憲政意義上法治」（the rule of law）和「行政意義上法治」（the rule by law）之間的區別，簡掉了關於「法律秩序是如何可能的」追問，從而將秩序範式的現代轉型視同在戊戌喋血的菜市口添置紅綠燈和繪製斑馬線一樣快捷方便。

關於「法律是什麼」或「法律秩序是如何可能的」的追問，一種兼有實證主義和形而上學雙重色彩的「標準」答案為：法律即是國家按照統治階級的利益與意志制定或認可，並以國家強制力保證其實施的行為規範的總和。唯其「標準」，因此有意或無意間掩蔽了現代法律秩序發軔於西方社會的歷史事實，掩蔽了法律的超驗之維──自然法在西方法律秩序發生和演化過程中的動力作用。從發生學意義上看，一部西方法律思想史和制度史，正是自然法與實在法之間充滿張力的關係史，二者共同孕育了現代西方社會的法律秩序範式。

早在西元前三百多年的古代希臘，柏拉圖和亞里斯多德就提出了「正義」和「理性」──一對同時具有哲學、倫理、政治和法律含義的概念（作為西方政治思想源頭之一的《理想國》又稱《論正義》），並視之為形而上學的、超驗的、神諭的理念。亞里斯多德第一個將「自然法」和「人定法」對舉，認為自然法是自然存在的秩序，一種基於人類善良本性的道德規範，是理性和正義的體現；所謂的良法，即是合乎正義的法

律，所謂的惡法，即是違悖正義的法律；強調法律不是對自由的奴役，而是對正義的拯救。在柏拉圖和亞里斯多德時代，自然法和習慣法（實在法）之間的界限是模糊不清的，換言之，正義理念和社會秩序之間僅僅存在一種弱張力關係。

同在軸心時代，以孔子為代表的儒家提出了以「親親、尊尊」為核心的「禮」，具體地說就是「周禮」，是對一種歷史實在法（習慣法）的描寫性陳述，而不是關於社會秩序的正當性論證。在一個禮崩樂壞的時代，作為一種歷史殘存的「禮法」和方興未艾的「王法」──兩種實在法之間只能形成外部的衝突而非內在的緊張。我以為中國和西方的「法治」路數恐怕在那時就分道揚鑣了，而不必像劉小楓所論，非等到超絕的位格神理念問世不可。

以「十二銅表法」為標識的羅馬法，以及與之相伴而生的法學──一套關於法律秩序的系統知識，可以說是古代羅馬對西方文明的重大貢獻，並使「法治」傳統成為西方文化的核心傳統之一。羅馬法的價值前設是斯多亞主義的自然法理念。斯多亞主義認為，自然法是自然的秩序，是理性的體現，是正義的本原，是關於一切神事與人事的的普遍法則，其核心則是關於「正義」和「理性」的超驗信仰。正如古羅馬法學家烏爾比安所說：「法律是善良和公平的藝術，在這項藝術中，我們（法學家）稱得上是教士，我們尊崇公正，並且信奉這善良而公平的知識，區分正義和非正義，分辨被禁止的和被允許的，期望能使人善良，不僅僅是為了畏懼刑罰，也是由於報償和真正的感動，如果我沒有錯，這是真實而非偽善的哲學。」

正是斯多亞主義富於泛神論色彩的自然法理念與世俗的羅馬法之間構成了內在的緊張，使羅馬法傳統不僅沒有隨西羅馬帝國的覆滅而湮沒，而且經東羅馬帝國皇帝查士丁尼組織編撰的《國法大全》而得以繼承和發揚。西塞羅認為：自然法是普遍存在的，是一種至高無上的法則。它的作用遠遠超過人類領袖所制定的法律。而人類現行的法律與正義相符就是真正的法律。國家實施「有害」的法規，理所當然地不配被稱為法律，而只能被稱為一夥強盜在其集團內指定的幫規。

　　中世紀的基督教吸收了斯多亞主義的自然法理念，並使它逐漸脫離泛神論前設，轉而成為唯一位格化上帝的基督教自然法（神法），並與世俗實在法構成張力關係。劉小楓援引伯爾曼的觀點，強調近代西方法律秩序的發生來源於兩個重要條件：其一為「基督教會是自由的多元利益集團的最初原型，教會法的產生，帶來了西方法律傳統的革命，成為世俗法的藍本。可以說，教會法是第一個世俗法，教會是第一個世俗利益集團，受教會法治理的教會，也是第一個現代型國家。」（劉小楓：《現代性社會理論緒論》第 124 頁）其二即是教會自然法──神法與世俗實在法之間的緊張；「教會的法律無疑是人法，但它也被認為是自然法和神法的反映。但是，世俗秩序是更欠完善、更原始更囿於塵世之見。所以，它的法律與非理性的因素、權力、迷信和墮落有更多的聯繫。……教會有助於使它更充分地與自然法並最終與神法相一致。教會法可用作各種世俗法律秩序仿效的樣板。」（同上）

　　劉小楓的分析結論顯然與他所持文化基督徒立場不無淵源關係。但基督教會作為一個社會學實體，使西方兩大法律傳統源頭之一的羅馬法（另一源頭是英國法）在中世紀得以保持和延續，總是一個不爭的事實。不僅如此，基督教會還為羅馬法的發展作出了很大貢獻：（1）它打破了羅馬人與外邦人、自由民與奴隸之間的界限，使羅馬法成為適用於所有基督徒的普世性法律。（2）經院哲學家將亞里斯多德的邏輯分析方法和《聖經》解釋學方法運用於羅馬法的研究，使之成為高度形式理性化的法律體系。（3）「上帝面前人人平等」的超驗信仰為羅馬法提供了新的自然法理基礎。

　　一般認為，近代西方所謂「古典自然法學」，其超驗前設已從神義論轉向人義論，即從斯多亞─基督教前設轉向（哲學）人類學前設。但我以為，以「天賦人權」論為核心的近代自然法，在某種意義上說，仍然是一種超驗的理念，既非實證的，也非思辨的。古典自然法學強調國家作為一種政治共同體源自「社會契約」。人類從自然狀態進入文明狀態，從自然秩序過渡到社會秩序的過程中，人民雖有必要向國家讓渡部分自然權利，但決不包括洛克所提出的三種基本人權──生命權、財產權和

自由權。傑弗遜為此把生命、自由和追求幸福的權利作為基本人權寫入了美國《獨立宣言》。古典自然法學強調主權（治權）在民的原則，人權高於主權（治權），如果政府不能保護甚至踐踏人權，則人民有權推翻舊政府，重訂社會契約，建立新政府。古典自然法學為了保障天賦人權，遏止治權的濫用，創立了權力制衡原則。漢密爾頓為此將孟德斯鳩的三權分立理論引入了美國的立憲實踐，並進一步限制了人多勢眾的議會立法權，擴大了無財無勢的法院司法權。古典自然法學的法治理論強調：「法治」（the rule of law）是與「專制」對舉的一整套憲政制度，而非與「人治」對舉的治國手筋。

上述天賦人權、社會契約、主權在民、權力制衡、法治原則等理論前設都源自永恆的自然法，源自正義和理性的「絕對命令」。一部十八世紀的立法史可以說是古典自然法學說不斷轉化為歐美各國實在法（包括公法和私法在內）的歷史。法國 1789 年《人權與公民權宣言》第一條和第二條分別宣稱：「在權利方面，人們生來是而且始終是自由平等的。」「任何政治結合的目的都在於保存人的自然的和不可動搖的權利。這些權利就是自由、財產、安全和反抗壓迫。」美國 1776 年《佛吉尼亞權利法案》第一條規定：「一切人生而同等自由、獨立，並享有某些天賦的權利，這些權利在他們進入社會的狀態時，是不能用任何理由對他們的後代加以褫奪或剝奪的；這些權利就是享有生命和自由、取得財產和占有財產的手段，以及對幸福和安全的追求和獲得。」美國 1776 年《獨立宣言》則明文宣告：「人人生而平等，造物者賦予他們若干不可剝奪的權利，其中包括生命權、自由權和追求幸福的權利。為了保障這些權利，人類才在他們之間建立政府，而政府之正當權力，是經被治理者的同意而產生的。當任何形式的政府對這些目標具破壞作用時，人民便有權力改變或廢除它，以建立一個新的政府。」由傑弗遜起草的宣言實則是對近代自然法理論的一個經典總結。

新湯瑪斯主義者雅克‧馬里旦指出：「人權的哲學基礎是自然法。」以（天賦）人權理論為核心的自然法，過去和當下都是一切實在法（包括習慣法和制定法在內）的超驗之維，是憲政意義上法治（the rule of law）

的超驗之維。在當代中國，建構和維持自然法和實在法之間的張力關係，是實現中國社會向著現代法律秩序轉型的決定性動力之一。法律界常把「送法下鄉」作為佳話傳誦。我以為「送法下鄉」的涵義，既不應該也不可能是送實在法下鄉，意在鼓勵農民上公堂打官司或搶律師們的飯碗，而應送自然法理念下鄉，讓農民知道自己的天賦權利，知道社會契約的原理，知道主權在民的原則，並進而知道憲政意義上法治（the rule of law）的種種好處。

從實證法肇端到法治國鐵籠

　　人是天生的社會動物。用亞里斯多德的話說：凡人或出於本性或由於偶然而不歸屬於任何社群的，他如果不是一名懦夫，就是一個超人；不是一頭野獸，就是一位神祇。人類社會從混沌到有序的過程，即是一個「從身分到契約」的法律秩序建構過程。早在兩千多年前，先秦法家韓非就說過：「以法治國，舉措而已矣。」（《韓非子·有度》）換成現代西方法學家凱爾森的話說：法律是一種社會（控制）技術。無論中西古今，法律實證主義者的思想是靈犀相通的。

　　一般認為，作為法律實證主義兩翼之一的分析法學（另一翼是社會法學，亦稱法律社會學），其源頭雖可上溯到古羅馬共和國時期的注釋法學，但就近代西方而言，應以邊沁和奧斯丁為濫觴。

　　邊沁（Jeremy Bentham，1748～1832）出生於律師世家，卻不願走父親為他選擇的由名律師至大法官的光榮之路，而專注於法學和倫理學的研究。邊沁畢生的願望是為本國或外國編纂一部法典，以貫徹他在《道德和立法原理》一書中闡述的功利主義原則。邊沁認為：為避苦求樂實行最大多數人的最大幸福，才成立國家，並透過制定法加以保證。政府的活動主要是立法活動，透過立法活動以滿足人們的個人利益。如果說，功利主義原則代表了一種積極自由主義倫理的話，那麼，邊沁另一席不無矛盾的話表明他內心深處依然恪受著英國古典自由主義的可貴傳統——任何法律都是一種惡行，因為各種法律都是對自由的一種違背。尤其是，快樂和痛苦，都僅僅是個人的感覺。最後所要憑藉的僅僅是個人的感受，以至於每一個人「主要地並按一般常識是他自身幸福的最好裁判官」。漢語法學界曾認為，深受邊沁影響的德國法學家耶林（Rodolf Von Jhering，1818～1892）先「社會福祉」後「個人利益」是一種歷史進步。在我看來，恰恰相反，耶林的社會功利論其危險正在於：

放逐了自由主義的個體倫理，必然招來一個「專門家沒有靈魂，縱欲者沒有心肝」的時代。

原則上作為立法學家的邊沁，之所以在法學思想史上享有分析法學始祖的榮耀，是因為他在《道德和立法原理》的最後一章中提出了若干法律形式理性化的命題，例如：法是主權者的意志和命令，而非意志本身；法律「命令」並非針對人的單一行為，而針對人的普遍行為；應區分法律的「應然」（to be）和「實然」（ought to be），即區分「立法學」和「法理學」等等。套用韋伯的分析概念，在邊沁身上，「實質理性」和「形式理性」之間的分化，或者說法律形式化和倫理理性化之間的分化已經開始了，但二者之間還沒到「恩斷義絕」的地步，依然有「剪不斷、理還亂」的關係。用王怡的話說，邊沁尚未打算從此「繞開一個正義的檸檬」，這個檸檬的名字叫做「功利主義」。

事實上，生前功不成名不就的奧斯丁（John Austin，1790～1859）才是分析實證主義法學的真正奠基人，並以實在法的「主權、命令和制裁」三位一體說聞名於世。奧斯丁的「法律命令說」一百多年來曾遭到後來者的嚴厲批判，卻至今可在大陸法系國家（包括新加坡這樣的普通法系國家）中找到「於我心有戚戚焉」的知音。奧斯丁比邊沁進一步嚴格區分了法律秩序和倫理秩序之間的界限，並視實在法為法理學的唯一研究對象，從而把實質理性與形式理性之間的緊張逐出法理學。「法律命令說」為後人所詬病的原因是，奧斯丁的邏輯一旦貫徹到底，很容易從「王國」推廣到「綠林」，即承認「此山是我開，此樹是我栽；若要從此過，留下買路財」也是法律；作為一個推論，「惡法亦法」當為題中應有之義。其實，奧斯丁對「主權」一詞是有嚴格界定的，並和「獨立政治社會」視為同一概念，由此不難區分國王的命令和強盜的命令。

奧斯丁的「主權說」對臣民「習慣性地服從」統治者（政治優勢個人或團體）的邊沁思想，對「王權不受法律限制」的霍布斯命題，是一種更精巧更系統的發皇；並由此得出幾項推論：第一，憲法不是嚴格意義上的法律，而是一種實在道德。所以「違憲」只是道德上的問題。第二，政府並無好壞之分，自由政府和專制政府的區分只能反映人的主觀

偏好。第三，權利和責任相生相滅，嚴格地說，王權既不享有對臣民的權利，也不承擔對臣民的責任。

後人對奧斯丁「主權說」的批評基本上可分為兩類：一類批評從外在視角，即從發生學視角指出：西方法律秩序之所以可能，是因為自由的多元利益集團的存在，因為其中沒有一個社會集團擁有永恆的支配地位或與生俱來的統治權利。另一類批評從內在視角指出：「主權說」的缺陷恰恰在於形式理性化程度不夠。如新分析法學的代表人哈特（Herbert L. A. Hart）認為：首先，「習慣服從說」無法解釋「道統」的連續性——如從國王一世的主權到國王二世的主權如何可能，故需要一個「繼承規則」以證明國王二世主權的正當性。其次，「習慣服從說」無法解釋「法統」的連續性——即國王一世的法律在國王二世治下的效力如何可能，同樣需要一個規則，以證明「蕭規曹隨」的正當性。第三，許多法律體系對立法者的道德、法律有所限制，無限制立法權的主權不是一個法律體系的必要條件。哈特對奧斯丁「主權說」的最後一條批評意見其實是經驗實在的而非邏輯實證的。

一旦繞開奧斯丁「法律三位一體說」的實質理性殘餘，形式理性化之路立即一馬平川；從奧斯丁的「法律主導術語」到費霍爾德的八個「基本法律概念」，從奧斯丁的「一般法理學」到凱爾森的「純粹法學」，一切都變得清晰明朗了。於是，自由也從 freedom，從一個神學、哲學和人類學的概念，變成了 liberty，變成一個法律的概念。奧斯丁的學生薩爾蒙德（John Salmond）認為，法律自由（liberties）是從加在我身上的法律義務空缺中推演出來的利益，而權利（rights）是加在他人身上義務的一種利益。王怡寫道：「我傾向於相信歷史上的華萊士，臨死前並不會高呼 freedom。因為英國人的優點就是遠離激情，沒有把這種抽象價值掛在嘴邊的習氣。」（參見王怡：《自由的觀念：繞開一個正義的檸檬》，《讀書》2002 年第 6 期）我的看法恰恰相反，作為蘇格蘭獨立運動領袖的華萊士，若在身受凌遲酷刑的情況下呼喚法定自由（liberty），肯定是神智不清了。

一部西方法學思想史的吊詭在於——風行於英美近二百年的分析法學，卻對普通法系的司法理性貢獻相當有限，對十九世紀英國法律制度

改革的影響同樣有限。包括其肇始人如奧斯丁和集大成者如凱爾森在內，自始至終在以羅馬法為淵源的大陸法系語境中思考和寫作，即「身在曹營心在漢」者大有人在。奧斯丁做過執業律師，在大學開過法理學講座，結果都無疾而終。其原因也許應歸咎於：身為英國人的奧斯丁卻對英國法（普通法）不甚了了，他曾說：「從英國法的研究轉向羅馬法的研究，你就好像從一個混沌和黑暗的國度中逃脫出來，進入了一個比較起來，充滿秩序和光明的國度。」凱爾森（Hans Kelsen，1881～1973）原籍奧地利，先後就讀於海德堡大學、柏林大學、維也納大學。曾任維也納大學教授，奧地利最高憲法法院法官，德國科隆大學教授。二戰期間移民美國，歷任哈佛、加州大學教授。可見凱爾森的學術背景與大陸法系更是血濃於水。因此，英美分析法學之花結出的卻是大陸的立法理性之果，既在意料之外，也在情理之中。原生於普通法系的分析法學傳統終於在「忍無可忍」之下，走向了法律實在主義，並歸結為霍姆斯的著名命題——「法律是經驗而非邏輯」。

凱爾森的純粹法學可以說是把法律的形式理性發揮到了極致。凱爾森將康德的先驗邏輯看成是「最低限度的自然法」，從而徹底消解了實質理性與形式理性之間的緊張。凱爾森認為：正義是一種主觀的價值判斷，因此不能用理性的認識方法來加以回答。正義的問題取決於情感因素的價值判斷，因而在性質上是主觀的，它只對判斷者有效，從而是相對的。凱爾森說，唯有實在法才能成為科學的對象，只有這才是純粹法學的對象。它是法律的科學，而不是法律的形而上學。它專注於實在法，既不捍衛什麼正義，也不反對什麼正義。它所追求的是真實和可能的法律，而不是正確的法律。如果我們要在實證主義的領域確立一種正義的概念，那麼它只能是一種「合法性」，即將一般規則實際應用到應該適用的一切場合，那便是正義的；把它適用於不應該適用的場合，那便是非正義的，「只有在合法性的意義上，正義的概念才能進入法律的科學中」。（凱爾森：《法與國家的一般理論》，百科全書版）王怡用詩性語言表達了同樣的理性觀念：程式正義是「法律眼中惟一一種『看得見的正義』。在關於社會正義的喋喋不休的爭論中，法律謙虛地退了出去，掩上門戶，並

在外面堅持為論辯者站崗。」（引文出處同上）李猛寫道：在一個諸神不和、價值多元的祛魅時代，唯有割斷倫理理性化與社會秩序理性化之間的直接關聯，才能保證價值自由。（參見李猛：《除魔的世界與禁慾者的守護神：韋伯社會理論中的「英國法」問題》，載《韋伯：法律與價值》上海人民版）我以為：承認價值多元也好，強調程式正義也罷，其本身即是一種柏林式的自由主義倫理觀，即是一個「正義的檸檬」。依我看，「正義」更像是法律理性的情人，實證法學若將她從前門趕走，她一定會從後窗跳進來。

概念法學曾是分析法學的德國「分舵」，後隨同第三帝國的艦艦灰飛煙滅。也有法學思想史家認為概念法學是德國的土特產，將之革出分析法學的教門。概念法學的精髓，一言以蔽之，法律就像一架自動售貨機，只要在投幣口塞入起訴狀（事實陳述），取貨口就會自動吐出判決書（規範陳述），法官的作用至多像一塊八位元控制晶片，按有限的幾條指令工作。哈特一針見血地揭示概念法學的哲學前設：假如我們生活的世界只有有限的特點，而且這些特點的結合方式是我們所熟知的，那麼針對每一個可能性的規定就可以直接事先作出。我們能夠制定出這種規則，這些規則在適用到具體案件時不需要作出任何進一步的選擇，每事每物都是可知的，因為它是可知的。哈特批評道，顯然，這個世界不是我們的世界，人類的立法者根本不可能具有將來的知識，不可能規定適用於所有具體情況的法律，「因為我們是人，不是神」。（參見哈特：《法律的概念》，中國百科版）

對法律形式理性的迷思已成為時代的通病，尤其以長於思辨的德國人為烈，韋伯寫道：「第一，每一項具體的法律決定都是某一抽象的法律命題向某一具體『事實情景』的『適用』；第二，在每一具體案件中，都必定有可能透過法律邏輯的方法從抽象的法律命題導出裁決；第三，法律必須實際上是一個由法律命題構成的『無縫』體系，或者，至少必須被認為是這樣一個沒有空隙的體系；第四，所有不能用法律術語合理地『分析』的東西也就是法律上無關的；第五，人類的每一項社會行動都必須總是被構型為或是一種對法律命題的『適用』或『執行』，或是對它們的『違反』，因為法律體系的『無縫』性必定導致對所有社會行為的沒有漏洞的『法律排序』。」

　　韋伯支配社會學的三種理想統治類型之一——法律－理性型，事實上與德國的「法治國」（Rechtsstatt）觀念難分伯仲。「法治國」正是利用形式理性法來整合強力治安、行政管理和正當性訴求這三種功能，從而有效地維持日益複雜的多元社會中的社會秩序。在現代「法治國」中，形式理性法使暴力以文明和理性的方式滲透到社會的各個層面，全面影響著人類的生活。傳統社會和克里斯瑪型領袖統治的集權社會中那種直接暴力所能觸及的深度和廣度遠遠無法同「法治國」中的法律強制力相比。而且，理性的、客觀的法律還使暴力披上了正當化的外衣，使「哪裡有暴力，哪裡就有反抗」這一規律失效。觸犯法律的人在法律的強制力面前是無法反抗的，因為社會已將其視為「罪人」。在法律之網面前，「罪人」只有兩條路可以選擇：「認罪」或者「躲避」。「行政性法治」（the rule by law）原則使經過正當程式制定出來的法律無須再為自己的正當性尋求外在的支持，而且，它還成為評價政治正當性的依據。在「法治國」中，「合法」（legal）與「正當」（legitimate）成了一對同義詞。（參見鄭戈：《韋伯論西方法律的獨特性》，載《韋伯：法律與價值》，上海人民版）

　　雖然「一般法理學」的研究對象是各種法律體系的共同原則、觀念和特徵，但法學顯然不同於自然科學，更像是一種「地方性（local）知識」，用一句中國老話來形容，是一種淮橘成枳的知識。二十世紀初，晚清政府的短命新政可以說是中國特色「法治國」的肇端。民國時期，南京國民政府的「法治國」也與時俱進，開啟了一個「司法黨化」的新時代。國民黨元老、國民政府最高法院院長居正 1934 年發表《司法黨化問題》一文，系統闡述了國民黨繼承孫中山「以黨治國」的遺訓，建設黨化「法治國」的構想。居正首先界定了「司法黨化」的基本內涵：一是「司法幹部人員一律黨化」，二是「適用法律之際必須注意黨義之運用」。所謂司法幹部人員的黨化，並非要求所有的司法官員均由黨人來充任，而是要求「一切司法官從那明瞭而且篤行黨義的人民中選任出來。不一定他們都有國民黨的黨證，卻要他們都有三民主義的社會意識。質言之，司法黨化並不是司法『黨人化』，乃是司法『黨義化』。」居正認為：必須肅清「十八世紀自然法論之餘毒」。他用馬克思主義口吻寫道：「法律是社

會上層建築,他並不是空中樓閣,他必與社會結構之下層基礎相適應。質言之,就是與經濟制度相適應。」居正同時援引凱爾森的純粹法學觀念來論證「三權絕對區分之舊學說」的荒謬,論證司法官在具體辦案過程中,必須時刻注意黨義之運用,即所謂「裁判黨化」。(參見賀衛方《司法獨立在近代中國的展開》,載《學術思想評論》第七輯,吉林人民版)

　　拉茲(John Raz)是繼哈特之後又一新分析法學領軍人物,並且是少數對「憲政性法治」(the rule of law)打破沈默的分析法學家之一。拉茲認為:憲政性法治的對極是專橫的權力,而不僅僅是人治;在某種情況下,法律也可能是一種專橫的權力。拉茲為此提出了憲政性法治的八項基本原則,其中不僅包括了司法獨立原則,而且包括了「遵循自然正義的原則」。拉茲的新分析法學雖未能繞開一個「正義的檸檬」,卻有希望躲避「法治國」的鐵籠。

英國法,一個繞不開的話題

　　國門開放後的銀幕和螢屏上多了香港影視劇中法庭抗辯的場景,控辯雙方頭戴假髮,身披黑袍,面對法官裝束的資深同行和普通衣飾的市民陪審團,或引經據典、聲情並茂,或唇槍舌劍、口若懸河。於是,儘管實際社會生活中,律師們在一招之間敗下陣來、甚至束手就擒為階下囚的個案屢有所聞,國產影視劇的導演們仍熱衷於照貓畫虎,把沒完沒了的對抗訴訟引入了本就拖沓的情節,而觀眾(包括我在內)也樂意過屠門而大嚼,享受「形式正義」的快感,猶如包公的鍘刀至今給觀眾以「實質正義」的慰藉。由此可見,現代觀念(無論其為敘事、實證或思辨形式)的力量並不亞於現代工業的力量,至少普通百姓已隱隱喜歡上了抗辯式訴訟和大陪審團,雖然多數人未必意識到二者都是現代法治不可或缺的部分,是源遠流長的英國法(普通法)饋贈給全人類的法治文明瑰寶。

　　繼馬克思之後,經過帕森斯「現代化」論的仲介,馬克斯·韋伯大約是中國學界中聲名傳播最廣的德國人(巧的是第三匹「馬」,哈貝馬斯也是德國人,隸屬世稱「新馬」的法蘭克福學派)。韋伯以「形式理性化」和「實質理性化」程度為標準,對法律制度進行了類型學劃分。所謂形式理性法,是指該法律制度內含了一套高度透明化、系統化和模式化的獨立司法程式,訴訟各方哪怕是對司法程式的些微誤置或偏離,都將導致救濟的喪失、乃致整個案件敗訴。所謂實質理性法,是指該法律制度內含了一張由規範陳述句織成的命題體系,可對法律規範區域內的每個人、每種社會行為「依法排序」(legal ordering),甚至門外漢都有可能透過邏輯演繹的方法,從該法律命題體系導出針對具體案件的裁決。在韋伯眼中,英國法的缺憾在於「形式理性」有餘而「實質理性」不足。例如在十二~十三世紀形成,被稱為「整個英國法依存基礎」的令狀制度曾是一項嚴格形式化的訴訟程式。在多達五百餘種司法令狀中,如何選

擇正確的令狀以啟動法律救濟，簡直比初到倫敦的中國人選擇正確的公交線路以達目的地還難；搭錯車不過費時費錢，購錯令狀則直接導致敗訴。又如英國法中的陪審制度，由於陪審團成員幾乎由清一色的法律檻外人組成，控辯雙方鼓舌如簧的目的無非是要撥動陪審團成員的心弦與己共鳴，定被告「有罪」或「無罪」，故遺有濃重的「卡迪司法」（Khadi-justice）痕跡。令韋伯覺得吊詭的是，「沒有任何跡象表明英國法律制度會在資本主義經濟的推動下向大陸模式轉變。相反，每當兩種司法模式和法律教育方式有機會一較長短時（比如在加拿大），普通法總是占盡上風，並且很快挫敗大陸法。」由此生發了韋伯思想研究中所謂的「英格蘭問題」，事實上的「英國法問題」。（參見《韋伯：法律與價值》上海人民版）

批判法學領軍人物之一的 R・M・昂格爾深受韋伯社會科學方法論的啟迪，將人類社會的法律秩序劃分成三種類型：習慣法、科層法（官僚法）和自治法。雖然昂格爾的法律三分法不僅含有類型學的義蘊，而且含有發生學的義蘊，但以此來勘察英國法的發生、發展，卻多有扞格。其原因也許如昂格爾自己所承認的，他對「每一種主要的法律類型得以產生的歷史條件」，採用了「思辨的『分析』方法」（參見昂格爾：《現代社會中的法律》，吳玉章、周漢華譯，譯林版第 44 頁），也許昂格爾的法律三分法存在著根本的邏輯缺陷，故限制了它的適用範圍。

昂格爾首先對「習慣法」下了一個描述性定義：「在最廣泛的意義上講，法律僅僅是反覆出現的、個人和群體之間相互作用的模式，同時，這些個人和群體或多或少地明確承認這種模式產生了應當得到滿足的相互行為期待。」昂格爾在註腳中意識到上述定義必然招致異議，因為「從廣義上講，所有的法律都是『相互作用的』。」（前揭，第 46 頁）由於習慣法未能明確區分法律秩序的正當性與倫理秩序乃至宇宙秩序的正當性，未能區分針對觀念的約束規範與針對行為的約束規範，未能區分應該如此這般的規範與實際非此不可的規範，因此，昂格爾將「習慣法」與「習慣」劃上了等號，認為它不是「公共性」和「實在性」的法律。

然而英國法恰恰是一條以古代盎格魯—撒克遜法為源頭，先後彙入了古代丹麥法和諾曼封建契約法的習慣法長河；從十二世紀中葉普通訴

訟法庭的建立和普通法概念的形成,到十九世紀英國司法的「現代化」改革,可以說英國法從未溢出過習慣法的河床,作為普通法系主要特徵的判例法乃法官創制的習慣法。

我以為昂格爾過於強調了習慣法與「習慣(社會習俗)」混同的一面,卻忽略了它與「法」同質的一面。習慣法之所以是「法」而非「習慣」,乃因它本質上屬於一種約束社會共同體成員外部行為的秩序規範,是由暴力強制實施的事實規範,無論此種暴力的「正當性」來自國王、封君,或來自氏族部落的頭領、宗族大家的家長、宗教門派的領袖,甚至來自黑道幫會的魁首。一個人觸犯了「習慣」,無非招致他所在共同體族群的「道義」譴責,觸犯了「習慣法」,則會招致肉體懲罰乃至殺身之禍。以此勘察古代中國的禮制,正確的結論應該是:「禮」是中國先秦封建社會的習慣法,而非昂格爾所稱的社會「習慣」。

昂格爾定義「科層法」為:「由一個具有政府特徵的組織所確立和強制的公開規則」,「有效地確定著不同群體相互間可以行使的不同權力」。(前揭,第48頁)上述定義的含糊之處在於:它幾乎適用於從古至今一切地緣政治共同體的一切法律。昂格爾提出的科層法發生學前提——「國家與社會的分離」和「社會共同體的解體」,前者構成法律的「公共性」,後者構成法律的「實在性」——只是必要條件而非充分條件。昂格爾儘管對中國先秦社會由禮制向法制演化的過程作了相當細緻的分析,卻依然落入前人舊窠,陳述了一個中國為什麼沒有產生自治法的假問題。

根據昂格爾的描述性定義,法律的「自治性」表現在實體內容、機構、方法與職業四個方面。所謂「實體內容的自治性」,即是政府確立和強制實施的法律必須是一種遠離宗教戒律和神學觀念的世俗秩序規範。所謂「機構的自治性」,即是法律規則由那些以審判為主要任務的專門機構加以實施,亦即司法獨立。所謂「方法的自治性」,即是司法機構論證自己行為合理性的方法——法律推理——具有一種區別於科學、倫理、政治、經濟論證的獨特形式及風格。所謂「職業的自治性」,即是操縱法律規則、充實法律機構、參與法律訴訟實踐的人員必須來自一個由其活動、特權和訓練所確定的法律職業共同體。(前揭,第53頁)如果對昂

格爾的「自治法」類型作狹義理解，即專指現代歐美自由主義社會的法律秩序，那麼，以此勘察古代中國法制的發生就是一個假問題；如果作廣義理解，那麼，它就無法繞過英國法問題。

一部英國法的發生史告訴我們，它的「自治性」從盎格魯—諾曼時代起就已經深深內化於英國人「心智」之中，內化於「個人安寧」和「國王安寧」之中。早在五世紀中葉，來自北歐的盎格魯—撒克遜人幾乎踩著最後一批羅馬人撤離的腳印入侵了不列顛島，他們在英格蘭地區建立起一系列的封建小王國，於是，在古代日爾曼人社會習俗的基礎上，產生了英國早期習慣法。此後，在長達幾個世紀的相互爭霸和共同反抗丹麥人的鬥爭中，各王國逐步融為一體，形成統一的英吉利國家，並建立了賢人會議、郡法庭、百戶區法庭、村鎮法庭等保持著史前民眾議事會特徵的司法審判機構，由此踏上了英國法治文明的歷史進程。牢牢植根於貴族和平民心智中的習慣法，主要是私法（我在這裏借用了羅馬法概念）和侵權法，在社會生活中享有崇高權威。國王雖然是凌駕於全社會之上的最高統治者，法律禁止和懲罰一切破壞「國王安寧」（king's peace）亦即危害國王個人利益及其所轄地區秩序的行為，但王權始終在法律之下並受法律的制約。自八世紀起，英王在登基之際都要舉行加冕宣誓，誓詞內容包括：保證教會和境內人民享有持久和平；遵守法律，公正裁判，懲惡揚善。國王若背信食言即有可能被廢黜甚至招致殺身之禍。

1066 年，諾曼第公爵威廉征服英格蘭，建立了當時歐洲最強大的諾曼封建王朝。但威廉一世以及他的後繼並未或者說「不敢」將諾曼封建習慣法全盤取代盎格魯—撒克遜法，而在司法實踐中採用「屬人法」原則，即在盎格魯——撒克遜人中實行盎格魯——撒克遜法，在諾曼人中實行諾曼封建法。況且諾曼封建法本身也並非是一種單向的支配和服從的封建科層法，而是一種雙向契約性的封建自治法，即以政治經濟契約方式確立封主與封臣之間權利—義務關係的自治法。倘若「契約」任一方單方面拒絕履行自己的義務，或者要求「契約」規定之外的權利，則被視為「違法」行為。這時，另一方有權通過法律程式要求對方改正，即投訴於封主法庭，透過判決獲得救濟。倘若法律程式於事無補，受害

一方有權解除封建契約關係：封主一方可收回其封地，封臣一方可放棄效忠義務。質言之，國王與貴族之間的封建法權關係本身即是孕育法治原則——「王權有限，法律至上」的母體之一。

一般認為，英國普通法的進程發軔於諾曼王朝，但是在一百年後的安茹王朝開國君主亨利二世（1154～1189）時期方有了長足的進步。到十三世紀末，既愛德華一世時代，以三大中央固定法庭（普通訴訟法庭、王座法庭、財政法庭）和定期巡迴全國的巡迴法庭確立為標誌，宣告普通法概念及其物化形式的誕生。這套由精通法律的專職法官組成，並且相對獨立於王權的司法組織，透過令狀制度和陪審制度，將司法理性引入審判程式，受理來自全國的各種民事和刑事案件，有力地促進了各地習慣法的融合，形成了通行於全國的普適性世俗法律。普通法保持了習慣法和判例法的不成文法形式，始終是英國法的主體，後起的衡平法和少量制定法中只是補充而非根本改變英國法的普通法性質。

從某種意義上說，普通法是伴隨著英國法律職業共同體的形成而發生發展的。法官們集法律執行者、解釋者和創立者於一身；律師們既是法官的候選者，也以辯護人的身分直接介入法庭審判，他們的意見往往能左右法庭的最終判決。法律職業階層以實施普通法為業和謀生，以此博取巨額收益和崇高社會地位，故他們是普通法權威的本能捍衛者，是英國法治傳統的天然維護者。十三世紀的布萊克頓代表法律職業者將法治思想概括為一句世代傳誦的名言：「國王不服從任何人，但應服從上帝和法律。」

普通法中的陪審制程式則是提升英國司法制度乃至整個政治制度法治化的一項偉大創造。採用陪審制後，案件審判過程被劃分為「事實審」和「法律審」兩部分，二者分別由陪審團和法官完成。換言之，先前由法官一手獨攬司法審判大權的局面變成了由陪審團和法官共同分享，「法官只有在陪審團定罪的基礎上才能判刑，這對法官及任何想以權壓法的人都是一種制約。」在中世紀，法官由國王任命，他們代表國王行使司法權，有「王座下的雄獅」之稱，因此對法官司法權的限制也就是對國王專制權力的限制。陪審制使普通百姓有機會參與司法實踐，增強政治

參與意識和法治觀念。陪審制還使普通百姓學到了民主代議制的基本原理。我認為，把陪審制視為英國民主自由「奠基石」的說法決非過譽其詞。（參見程漢大主編《英國法制史》，齊魯書社版第 84 頁）

「王權有限，法律至上」可以說是自古以來即內化於英國法中的憲政原則。當 1199 年繼位的約翰王肆意踐踏封建契約、虐殺貴族、迫害教士、橫徵暴斂時，英國人民毫不猶豫地拿起刀劍發動了反約翰大起義，並於 1215 年打敗了暴君，迫使約翰在 63 條《大憲章》上簽字畫押。《大憲章》首次把封建成規集中在一個統一的文件中，要求國王明確接受，保證實行。它「從頭至尾給人一種暗示，這個文件是個法律，它居於國王之上，連國王也不得違反。」（溫斯頓‧邱吉爾）將一般原則寓於具體條款之內，正是《大憲章》的奇妙之處；隨著斗轉星移，大部分具體規定都失去了法律實效，但《大憲章》一直作為國王必須守法的象徵而矗立於世。

《大憲章》首先為議會徵稅權提供了法律依據。按照「國王自己養活自己」的英國古老傳統，管理國家原是國王的私事，王室和政府的財政開支應由國王自己的經濟收入解決，不得隨意向臣民徵稅。十二世紀以降，由於對內政務日趨紛繁，對外戰爭屢屢發生，政府財政支出越來越大，國王便經常開徵額外賦稅以轉嫁赤字，且有愈演愈烈之勢。《大憲章》規定國王徵稅必須經「全國公意許可」，也即經為此召開的大會議（即議會前身）許可。此後歷屆國王為了取得徵稅的合法性，一再重申了對《大憲章》的尊崇。議會牢牢掌握了徵稅權，即掌握了國王的錢袋，遂真正有可能干預和影響政府政策。

其次，《大憲章》在保護貴族人身和財產權利不受國王侵犯的同時，也規範和約束了他們自己對下一級封臣的行為，從而相應維護了廣大自由農和市民的人身和財產權利。《大憲章》第 39 條規定：「凡自由人除經其同等者依法判決或遵照王國法律的規定外，不得被逮捕、監禁、沒收其財產、褫奪法律保護權、流放，或加以任何其他損害。」第 40 條規定：「國王不得向任何人出售、拒絕其應享之權利與公正裁判。」愛德華三世時期，議會於 1331～1368 年間先後頒布了六個法令，作為對《大憲章》

第 39～40 條的法律解釋。原來的「自由人」概念被置換為「所有人」、「任何人」，原來含義模糊的「王國法律」被明確為「普通法的合法程式」。於是，《大憲章》的法治原則進一步內化為普通法的司法實踐。

透過對英國法發生歷史的事實性描述，可以看出，昂格爾關於法治形成得益於兩種歷史條件的解釋或多或少要打折扣，更談不上是充分必要條件。昂格爾認為：首先，存在一種社會結構，其中沒有一個集團在社會生活中永恆地占據支配地位，也沒有一個集團被認為具有一種與生俱來的統治權利。其次，存在一種社會觀念，即自然法觀念，它以某種普世的或神聖的超驗秩序為依據，以此論證或批判實在法的正當性。（參見昂格爾：《現代社會中的法律》，吳玉章、周漢華譯，譯林版第 63 頁）劉小楓則援引伯爾曼的思路，將昂格爾的「兩種歷史條件」點化為：基督教會是多元利益集團的最初原型，教會法即是世俗法的藍本，而「神法（教會自然法）與現世法之間的緊張，是西方法律形態演化的決定性動力因素」。（參見劉小楓《現代性社會理論緒論》，上海三聯版第 124 頁）

事實上，正如英國著名法學家密爾松所說：「普通法是在英格蘭被諾曼人征服後的幾個世紀裏，英格蘭政府逐步走向中央集權和特殊化的進程中，行政權力全面勝利的一種副產品。」質言之，沒有強大的王權，就沒有普通法。首先，諾曼征服後，國王將「國王安寧」的概念抽象化、擴大化，無論何時、何地、何種破壞社會秩序的刑事犯罪行為都被視為破壞了「國王安寧」，從而將司法權收歸國王所有，為普通法——英國自治法的形成提供了必要的前提條件。其次，基督教雖在 597 年即由奧古斯丁奉教皇之命傳入英格蘭，但教會法對英國法的影響是極其有限的，甚至在十七世紀後期，英國法官還「以自己不知教會法為何物而深感自豪」。

如果說，一件偉大的藝術作品可以改變一個人對世界看法的話，那麼，英國法作為法治藝術的傑作，同樣使我改變了對世界的看法。可以說，任何法學家，任何法學理論都無法繞過英國法這塊試金石，以檢驗其知識的成色。自從韋伯提出新教倫理和資本主義發展關係的著名命題以來，宗教與法律、宗教與藝術……甚至宗教與性愛，已成了百說不厭

的話題。但我將古代英國法與古代中國法作比較時，卻很高興能夠繞過關於超驗宗教的話題。

我明明知道，勘問中國法為什麼沒有走英格蘭之路，或英國法為什麼沒有走中國之路的問題，一不小心就可能滑向類似於飛禽為什麼不在地上疾走或走獸為什麼不在天上高飛的假問題。因此，我只能小心翼翼地去猜想，同屬圓顱方趾、耳聰目明的人類，中英兩國的古代法律秩序為何走上了兩條截然不同的路徑？

我的答案是：支撐英國封建王權和盎格魯—諾曼法的是自由的個體倫理秩序，強調的是「個人安寧」，即每一個自由人的人身、財產、住所都是神聖不可侵犯的，因此，隨著王權擴張和強化，分裂的習慣法向統一的普通法轉換時，個體倫理秩序進一步外化為「王權有限，法律至上」的法治秩序。

支撐中國先秦時代王權和禮制的是封建的宗族倫理秩序，強調的是君信、臣忠、父慈、子孝，當新王朝用王法（科層法）重新規範「禮崩樂壞」的社會秩序時，宗族倫理既無力量也無正當性理據對抗「真命天子」，只能回撤到縣城以外的鄉村世界（所謂「禮失而求諸野」），而王法也從不主動下鄉；除非是謀逆大罪，官府絕不干預宗族家長們依習慣法在廣大鄉村懲惡、揚善、施肉刑、菅人命。其間儘管有秦皇、漢武、唐宗、宋祖、洪武、康乾「亂哄哄，你方唱罷我登場」，王法秩序和宗族倫理秩序卻「相看兩不厭」了兩千多年，直至辛亥革命。

毛澤東的豐功偉績不僅在於建立了一個現代民族國家，而且在於他透過兩次土地革命，一次是將地主的土地轉分給農民，另一次是將農民的土地收歸國有，徹底粉碎了鄉村世界的宗族倫理秩序。毛澤東熟讀《韓昌黎集》，滿心以為「破字當頭，立也就在其中了」，卻終於未能將理想中的「革命」倫理秩序立起來並傳下去。中國社會就像南極上空的臭氧層，出現了一個倫理秩序的大空洞（劉小楓稱之為「倫理虧欠」）。我以為能填補這個空洞的只有英國式的個體自由倫理，並由它支撐起一個法治的中國、一個憲政的中國。只是已經等待了太久的中國歷史（假定它有意識的話），是否有耐心再等它幾百年甚至幾千年？

第二輯

夜讀偶記

啟蒙運動的最後追隨者

　　卡爾‧波普爾（1902～1994）可稱是二十世紀最具影響的哲學家之一。我知道波普爾的名字是從他的一本講演集《通過知識獲得解放》（范景中、李本正譯，中國美術學院版）開始的。在一個「知識」及「理性」都受盡西方及本土後現代主義奚落的時代，波普爾在這本書中自始自終堅持自己是「啟蒙運動最後一名追隨者」，堅持自己是一名「理性主義者」，「信仰真理與人類的理智」。當然，這不意味著波普爾「信仰人類理智的全能」，並不意味著他希望自己和別人都成為「純粹理性的存在物」。（《西方信仰什麼》）更重要的是，波普爾自始至終堅持「批判理性主義」立場：「你可能是正確的，我可能是錯誤的；即使我們的批評性討論不能使我們明確決定誰是正確的，我們仍會希望在討論後對事物看得更清楚。我們都可以互相學習，只要我們不忘記真正重要的不是誰正確，而是我們更接近真理。」（同上）

　　波普爾作為啟蒙運動追隨者和批判理性主義者，堅持從康德「人為自然立法」的科學理性立場出發，進而認為是人賦予生活、賦予歷史以意義，從而同黑格爾之流的歷史理性主義者劃清了界線，後者往往為「預言家」和「救世主」們提供了合法性論證。（《通過知識獲得解放》）另一方面他堅持，個人的尊嚴只有在自由批評的氛圍中才能得到體現，具有真理意味的見解只有在公共批評空間中才有可能自由形成，從而同專以「知識即權力」論（尤其在漢語語境中）攪局的後現代主義者劃清了界線，後者把人們對「真理」的探索偷偷換成對各自「動機」的探索。（《框架的神話》）

　　在人類的各種權利中，思想自由可說是唯一真正的天賦人權。我們有理由像斯賓諾莎一樣驕傲：能對國家主席生殺予奪的文化大革命卻無法剝奪顧准的思想自由。然而，波普爾指出：思想自由「至少能在很大程度上受到壓制。我們需要別人，以便使我們的思想受到檢驗，弄清我們的哪些

觀念是正確的。批評性討論是個人思想自由的基礎。但是這意味著，沒有政治自由，就不可能有真正的思想自由。因此，政治自由成為每個人充分運用他的理智的條件。」（《西方信仰什麼》）儘管誰也無法剝奪我們的思想自由，但萬馬齊喑的時代究竟是悲哀的，沒有一個公共批評空間，沒有思想者之間的自由交流，思想自由必然是殘缺的、不充分的。

　　處身於西方語境裏的波普爾認為，「批判理性主義」因其內在邏輯註定要與一切傳統相衝突相決裂，但歸根究底，「理性主義是建立在傳統之上的：批評性思考的傳統、自由討論的傳統、簡單清晰的語言的傳統和政治自由的傳統。」（《西方信仰什麼》）在波普爾看來，自由主義是一種傳統，並非政治革命和社會革命的產物，更非灑熱血拋頭顱的產物。於是文化相對論者底氣十足：既然本土缺乏自由主義傳統（但從不缺少莊子式的「自由」），那麼，國人命中註定只能談「紀律」，不能談「自由」了。我以為漢語語境中的自由主義傳統雖然「稀薄」了點，卻並非全無血脈。且不說自孔子倡「有教無類」以來綿延幾千年的私學傳統，單是明清之際遍及江南的文人社黨運動，晚清維新變法以降的結社辦報熱潮，多種詮釋版本的五四新文化運動，毀譽交加的上世紀八十年代新啟蒙洪流，九十年代至今的學院派自由主義思潮（我先前在一首小詩裏譏之為「罐裝自由主義」實在有失厚道），無一不在為本土自由主義傳統培本固元。我們雖然無法預測本土自由主義傳統何時才能長成一棵根深葉茂的大樹，卻能斷言：自由主義作為人類普遍倫理之一決非任何風刀霜劍所能戕害的。

　　波普爾信奉「批判理性主義」，卻從不認為它是唯一的普世宗教或普世真理，從未主張把它載入憲法條款。前蘇聯領袖赫魯雪夫問當時的英國外交大臣麥克米倫：西方人究竟信仰什麼？後者回答是信仰基督教。波普爾認為這是一個錯誤的回答，西方社會「不是基督教社會，和它不是理性主義社會一樣。」「基督教要求我們達到只有聖徒才能達到的行為和思想的純潔性。建立富於基督教精神的社會的大量嘗試歸於失敗，其原因即在於此。它們總是不可避免地，導致不容異說，導致狂熱。不僅羅馬和西班牙可以講述這樣的故事，日內瓦、蘇黎世和許多美國基督教

的實驗也如此。這些實驗教導我們，敢於實現人間天堂的那些人多麼容易地會到達地獄。不待說，不是基督教的觀念導致了恐怖和殘忍，而是關於唯一的統一觀念的觀念，對一種統一的和唯一的信仰，導致了殘忍和恐怖。由於我自稱為理性主義者，我認為，指出理性主義的、羅伯斯庇爾的理性宗教的恐怖主義，如有可能，甚至比基督教或伊斯蘭教或猶太人的狂熱的恐怖主義更糟。」(《西方信仰什麼》)波普爾的告誡不僅對因小安或大富而有意無意地忘卻文化大革命者，對因無知和憤激而莫名其妙地憧憬文化大革命者，是一劑不可或缺的良藥，且對一切奉「市場」為唯一宗教，奉「發展」為唯一真理的偽自由主義者，是一帖不可多得的清醒劑。

針對柏拉圖提出的「誰應當統治」這個政治哲學的基本問題，波普爾指出：無論是「哲學家為王」的柏拉圖式答案，還是「人民為王」的盧梭式答案都是錯誤的，因為問題本身是錯誤的。正確的提問應該是「應當授予政府多大權力？」或「我們如何才能這樣發展我們的政治制度，即甚至無能的和陰險的統治者也不能造成過多的危害？」換言之，政治哲學的基本問題是約束與平衡的問題，政治權力的獨斷專行如何用制度控制的問題。(《西方信仰什麼》)

由此得到一個推論是：沒有什麼理想政治、理想政體、理想國家。波普爾說：「對我們來說，只有兩種政體：被統治者不用流血就可以擺脫他們的統治者的政體，和被統治者若想擺脫他們的統治者，只能透過流血才能擺脫的政體。這兩種政體中的第一種我們稱作民主政體，第二種我們稱作暴政或獨裁。」(《西方信仰什麼》)西方人選擇民主政體的理由，不是因為它能最大程度地行善，而是因為它能最少程度地作惡。

時至二十一世紀，漢語讀書界在英美經驗主義哲學和自由主義經濟學中，在「新馬」和「後學」的知識社會學中流連忘返，幾乎不再提起波普爾的名字了。「歷史主義」彷彿已成為一架古董風車，而波普爾正是與風車作戰的愁容騎士。不幸被波普爾言中的是，當我們開口閉口生活在資訊時代、數位時代、網路時代、讀圖時代、全球化時代、後工業時代、空間科學時代、生命科學時代……等等，我們已經不知不覺地又一次淹沒在歷史主義的洪流中了。(《歷史哲學的多元傾向》)

作為啟蒙運動最後一名追隨者的波普爾指出：啟蒙運動的中心觀念即是「通過知識而自我解放的觀念」。(《通過知識獲得解放》) 所謂啟蒙，並非是要努力說服別人，或等著被別人說服，而是透過學習知識，使自己從種種舊瓶新酷或新瓶陳釀的歷史主義和一元論迷思中解放出來。為此，波普爾說：知識文明，或作為知識載體的書籍文明，「它的傳統和它的本源，它的嚴格性和它的理智責任感，它的空前想像力和它的創造力，它對自由的理解和對自由的關注——這一切都以我們對書籍的熱愛為基礎，願時尚、傳媒和電腦永遠不會破壞或者鬆弛個人對書籍的這種親切的依戀！」(《書籍與思想》)

煙籠寒水月籠刀──閒說《水滸》

幼時讀《水滸》後做的第一件事，逢人便考校梁山泊一百單八將的綽號。比如人說楊春，我便答是白花蛇；我說朱貴，人若答不出是旱地忽律，這一回合他就算輸了。私心裏仰慕煞梁山泊眾好漢仗義疏財，卻學不來。一年到頭，算來只有新春裏能得幾個壓歲錢，天生老鼠不藏隔宿糧的性子，一朝用完，只能眼巴巴地等來年了，再無財可疏。又兼生小身架單薄，伸出小拳頭只怕蒜也搗不爛，「路見不平，拔拳相向」就不用提了。更可恥的是，至今見不得人施暴，路遇一小偷被眾人揍得鼻青眼腫、口角流血，我的同情心便偏了向。可見自己讀《水滸》只得其皮，劉歡的勁歌「該出手時就出手」方得其髓。

年前，為女兒買了一套上海書店版的《水滸》，是明末金聖歎腰斬了的七十回本。女兒向來不耐煩讀長篇小說，況且是寫古人作張作致。我教她個偷懶法子：只須讀到第四十九回「吳學究雙掌連環計，宋公明三打祝家莊」就可歇手。一部《水滸》，有眉有眼、有性有情的人物，不過魯智深、林沖、楊志、武松、李逵、石秀、顧大嫂等寥寥數人，全在前四十九回裏先後粉墨登場，極盡其妍。待得上了梁山，饒你豪氣干雲，饒你奸鑽似鬼，少不得個人服從組織，下級服從上級，人人都成了「沒面目──焦挺」，個性都泯滅在「替天行道」的宏大敘事裏了。

旅美教授夏志清在《中國古典小說》一書中，對《水滸》透露的中國民族心性黑暗面──一種嗜血濫殺殘忍野蠻的集體潛意識衝動，給予相當嚴厲的批評。聞此一說，頗有些後悔教女兒讀《水滸》了。金庸和古龍筆下的大俠也殺人，因為武功超塵脫俗，究竟殺得乾淨些，也殺得飄逸些。《水滸》中的英雄殺人，尤其是殺女人，往往開膛剖肚，寫實，然而血腥撲鼻。

金本《水滸》七十回，其中武松故事占了十回，說書人稱之為「武十回」，驚堂木一拍，半年的衣食全靠這十回了。武松是打虎的英雄，也是

殺嫂的英雄。金聖歎贊道：獅子搏象用全力，搏兔亦用全力；武松殺虎用全力，殺婦人亦用全力。第三十回「血濺鴛鴦樓」，武松一口氣殺了十五個人，其中倒有九個是女人。金本《水滸》中月夜場景頗多，正面寫月色的卻只有兩回，一回是宋江殺閻婆惜那晚，「別了劉唐，乘著月色滿街，信步自回下處來，卻好的遇著閻婆」。再一回便是血濺鴛鴦樓之夜了：

武松先殺了個馬夫，「卻將一扇門立在牆邊，先去吹滅了燈火；閃將出來，拿了樸刀，從門上一步步爬上牆來。此時卻有些月光明亮。」

武松一氣殺了兩個丫鬟，「卻把這兩個屍首，拖放灶前，滅了廚下燈火，趁著那窗外月光，一步步挨入堂裏來。」

武松「右手持刀，左手揸開五指，搶入樓中。只見三五處燈燭熒煌，一兩處月光射入，樓上甚是明朗，面前酒器，皆不曾收。」

「武松按住（夫人），將去割頭時，刀切不入。武松心疑，就月光下看那刀時，已自都砍缺了。」

語云：「月黑殺人夜，風高放火天。」這話是專對膽怯心虛的宵小之徒說的。革命英雄向反革命及其家屬（包括替反革命打工者）復仇從來就是理直氣壯、日月可鑒的。所以武松在「月上柳梢頭」時分殺人，方不脫英雄本色。

金聖歎推崇《水滸》，譽為第五才子書，認為子弟讀後可領會新概念作文的方法。事實上，做古代人最最要緊的不是識字斷文，而是要有一具強壯的身胚做底子──天下有道，奉王法為信條，挨得起板子；天下無道，奉樸刀為信條（火槍時代稱之為「槍桿子裏面出政權」），殺得死人。天下讀書人的通病是手無搏雞之力，只為多識了幾個字，說話就有些不中聽。金聖歎入清後，嘴仍閉不住，終於在順治朝哭廟案中丟了腦袋（有的說是腰斬）。據說老金臨刑前不忘過把癮，大呼：殺頭至痛，無意間得此，不亦快哉！然而這只是傳聞而已。真實情況是：臨刑前「背插招旗，口皆塞栗木，挾而趨走如飛」，哪裡還容得他開口說話。（《哭廟紀略》）

學佛參禪話曹溪

從小受弄堂文化的濡染，會喊「萬歲」之前，就會口宣「南無阿彌陀佛」和「上帝保佑」了。成年後，為衣食奔波的同時，也瞻仰過幾座名寺古剎。只是無人接引，無緣進得教堂門。最早讀《紅樓夢》第二十二回「聽曲文寶玉悟禪機，製燈謎賈政悲讖語」，這才知道佛門中有一派叫做禪宗的。

（寶釵、黛玉、湘雲）三人果往寶玉房裏來。黛玉先笑道：「寶玉，我問你：至貴者寶，至堅者玉；爾有何貴？爾有何堅？」寶玉竟不能答。二人笑道：「這樣愚鈍，還參禪呢！」湘雲也拍手笑道：「寶哥哥，可輸了！」黛玉又道：「你那偈末云『無可云證，是立足境』，固然好了，只是據我看來，還未盡善。我還續兩句在後。」因念云：「無立足境，方是乾淨！」寶釵道：「實在這方悟徹！當日南宗六祖惠能初尋師至韶州，聞五祖宏忍在黃梅，他便充役火頭僧。五祖欲求法嗣，令徒弟諸僧各出一偈，上座神秀說道：

身是菩提樹，心如明鏡台。時時勤拂拭，莫使有塵埃。

彼時惠能在廚房春米，聽了這偈，說道：『美則美矣，了則未了！』因自念一偈曰：

菩提本非樹，明鏡亦非台。本來無一物，何處染塵埃？

五祖便將衣缽傳於他。今兒這偈語亦同此意了，只是方才這句機鋒，尚未完全了結，這便丟開手不成？」黛玉笑道：「他不能答，就算輸了。這會子答上了，也不為奇。只是以後再不許談禪了：連我們兩個所知所能的，你還不知不能呢，還去參禪呢！」

從此激發起我的好奇兼好勝心（兩者皆是佛家大忌），於是購得三大冊《五燈會元》，試圖從傳燈錄入手，參悟禪宗遞代相承的系譜和機緣。

禪是梵語禪那的音譯化簡，意為坐禪或靜慮，包括修定和智慧兩個方面。禪定原是佛門的三大修持方便——戒、定、慧之一，如天臺宗的

55

「止觀」也是禪的一種。禪宗的「禪」卻專指菩提達摩初祖西來中土所傳的「如來禪」，一部燈史（禪宗史）即是「直指人心，見性成佛，一花五葉，心心相印」的傳宗系譜圖。為示禪宗源遠流長，宗譜圖從「靈山法會，世尊拈花，迦葉微笑，付法傳衣」敘起，摩訶迦葉成為西天初祖，遞代相傳共是二十八祖，這是後世禪師的「史筆」，苛求不得。東土六祖由菩提達摩而慧可、僧璨、道信、弘忍，至慧能，都是內傳法印，以契證心，外付架裟，以定宗旨。

慧能以下，高足如林，法嗣眾多，於是不再稱祖，也不再傳衣。為相標榜，法名前常加山名、地望或寺名。如六祖慧能常住曹溪寶林寺，故稱曹溪慧能，所傳禪法世稱曹溪禪。如慧能高足之一行思住吉州青原山靜居寺，世稱青原行思。他的法嗣傳立曹洞、雲門、法眼三宗。如慧能另一高足懷讓居衡山般若寺，世稱南嶽懷讓。他的法嗣傳立為仰、臨濟二宗。曹溪禪從東山（弘忍）門下一脈，到融攝北宗禪和牛頭禪，直至「天下凡言禪皆本曹溪」（柳宗元語），其間，慧能高足（洛陽）荷澤（寺）神會功不可沒。他於唐玄宗開元二十二年（西元 734 年）正月在河南滑台大雲寺設無遮大會，一舉扳倒曾是「兩京法主，三帝國師」的神秀一系的北宗禪法。惜乎時移世遷，今日之佛門再也無緣得見如斯盛會了。

多年前，一個「花氣薰人欲破禪」的季節，踏訪昆明西山華亭寺，求得《童蒙止觀六妙法門》一冊，原是天臺禪的接引方便之一。可憐我六根未淨，四大不空，哪能懂得「定慧雙修，圓頓同得」的妙諦。滬上萬丈紅塵中雖有靜安、玉佛、龍華三大寺院，想必大和尚們整天忙於數香火券，接引海外檀越，未見得肯超度我這六道輪迴中人。至於正式申請度牒，在此花柳繁華之地，富貴溫柔之鄉，削髮出家，只怕比考研究生還難些。誠如《紅樓夢》裏王夫人所言：「佛門也是輕易進去的麼？」（參見第七十七回「俏丫鬟抱屈夭風流，美優伶斬情歸水月」）

年前，在特價書市裏求得《金剛般若波羅蜜經》一部，忽發奇想，準備走曹溪禪的路子，自修成佛。據燈史記載：「（六祖惠能）一日負

薪至市中，聞客讀《金剛經》，至『應無所住而生其心』，有所感悟。」（《五燈會元》中華版第五三頁）遂信以為自達摩初祖西來，六代傳燈，皆以說《金剛經》見性。後來讀印順大師的《中國禪宗史》，方知上了南宗家譜即傳燈錄的當。事實上，達摩傳法，並非純以心傳，而以四卷《楞伽經》闡無相，破妄念，顯真如。（至於金大俠在《楞伽經》內夾帶《九陽真經》，外送一部《易筋經》，自然是小說家言，不足為訓。）《金剛經》的流行，雖是禪宗的一般趨向，其大盛於天下，應是唐玄宗「御注」詔頒之後的事。

柳宗元說：「天下凡言禪，皆本曹溪。」一部中國禪宗史即是來自印度的達摩禪法向中國本土的曹溪禪法轉化的過程。「慧能的簡易，直指當前一念本來解脫自在（『無住』），為達摩禪的中國化開闢了道路。」（印順《中國禪宗史》）在此過程中，「曹溪禪融攝了江東的牛頭（禪），也就融攝老莊而成為——絕對訶毀（分別）知識，不用造作，也就是專重自利，輕視利他事行的中國禪宗。」（同上）

一說到曹溪禪法，便會想到南頓北漸的對峙。所謂「放下屠刀，立地成佛」現已成為人人會說的口頭禪。就「理入」而言，一切大乘法門，都是「悟理必頓」的。就「行入」而言，東山法門的「即心是佛」，便是發心即入佛道，幾乎是南北宗的共識。那麼，曹溪禪法的頓悟特色又在哪裡呢？這就是「直指人心見性成佛」。「頓與漸，是根機的利鈍問題，不是『法』的不同。鈍根累劫漸修，等到悟入，還是一樣的『自性般若』。從應機的利鈍說，直捷的開示悟入，是頓；須種種方便，漸次修學而悟入的，是漸。」（同上）

曹溪禪的重要典籍應是《壇經》，是慧能晚年的開緣說法記錄。同在曹溪門下，接引方便是因時因地因人而演化的，所以有種種不同禪風，並非輿論一律的。大體上，禪風的不同趨向可從以下四個方面分述：

一、直說與巧說

直說是定期或不定期的開堂普法，對象是不分僧俗的一般學眾，也有當場答疑，直至見性的，受眾可多至百千萬人。巧說則著重於僧眾的

陶冶，更關注個別的啟發，以機緣問答為主，包括棒喝在內。以呵佛罵祖出名的德山宣鑒主持德山精舍時，開堂示眾曰：「道得也三十棒，道不得也三十棒」，是為有名的「德山棒」。(《五燈會元》)

二、隨相與破相

隨相是指僧眾持受戒律，如禪林的「百丈清規」。慧能自己受的是具足戒，弘揚的卻是「無相戒」，開了破相的先河。走極端者則破到「所住之院，不置佛事」的田地。更有丹霞天然住洛陽慧林寺，遇天大寒，燒木佛取暖，院主訶曰：「何得燒我木佛？」師以杖子撥灰曰：「吾燒取舍利。」主曰：「木佛何有舍利？」師曰：「既無舍利，更取兩尊燒。」(同上)

三、尊教與慢教

尊教是要人「依佛語，信佛教」，「廣讀大乘經典」，方能頓悟成佛。慢教即是不重經教，不立言說，甚至不許人看經，「不將一法與人」，「說似一物即不中」。然而為接引學人，禪師終究要開口說話，於是「專在日常生活，當前事物，一般語言，用反詰、暗示、警覺……去誘發學人的自悟，終於形成別有一格的禪語禪偈。」(印順《中國禪宗史》)甚至以綺詩開示，如汀州報恩法演禪師，上堂，舉俱胝豎指因緣，師曰：「佳人睡起懶梳頭，把得金釵插便休。大抵還他肌骨好，不塗紅粉也風流。」(《五燈會元》)

四、重定與輕定

定是禪定，是身心的修證，一般是「因定發慧」，以坐禪為主。曹溪門下認為，只要「於一切法上無有執著」，活潑潑的「一切無礙」，行住坐臥都是禪。開元中有沙門道一在衡嶽山常習坐禪。南嶽懷讓知是法器，往問曰：「大德坐禪圖什麼？」一曰：「圖作佛。」師乃取一磚，於彼庵前石上磨。一曰：「磨作什麼？」師曰：「磨作鏡。」一曰：「磨磚豈得成鏡邪？」師曰：「磨磚既不成鏡，坐禪豈得作佛？」(同上)對於根微智劣者，若不以安禪為方便，怕是不得契入的。

　　末了，自修成佛，在理論上不是一個問題。所謂「自性清淨」，所謂「一切眾生皆有佛性」，本是大乘教的常識。然而至今為止，即使官辦佛學院的畢業生，做局級方丈、處級住持的或許有個把，證悟成羅漢果或辟支佛的，尚未見諸傳媒報導。在禪宗史上，曹溪門內，也找不到自我印證成佛的先例。如此看來，自修成佛究竟只是一句空話，參了半天，也不過野狐禪而已。

小家碧玉

長夏炎蒸，讀不進正經書，只能邊搖葵扇，邊翻《玉台新詠》（華夏版，傅承洲、慈山等注），聊以消暑。

《玉台新詠》十卷，係南朝梁陳間有名的詩人、駢文作家徐陵（507～583）所編，專收題詠閨情的詩歌，「即所謂言情綺靡之作是也」（梁啟超語）。因此，無論在古代中國還是現代中國，《玉台新詠》都不夠「主旋律」的資格。值得一提的是，文學史上著名的長篇敘事詩《古詩為焦仲卿妻作》，即「孔雀東南飛」故事首見於該書。據說晚清嚴復伏案迻譯密爾《論自由》一書，為對譯 liberty 一語搜索枯腸，躊躇旬月，直至偶然吟誦柳宗元詩句：「欲採蘋花不自由」，恍然大悟：「所謂自由，正此意也。」彼時，嚴復若翻《玉台新詠》，重讀焦仲卿母親訓兒語：「吾意久懷忿，汝豈得自由」，同樣會有所悟的。

消夏翻書，彷彿風吹草低，見得或見不得牛羊是沒有定規的。此刻信手翻到《玉台新詠》卷十，讀孫綽的《情人碧玉歌》，兀自歡喜：小說家筆下常見的「小家碧玉」四個字的出典原來在此。孫詩共二首：

其一：碧玉小家女，不敢攀貴德。感郎千金意，慚無傾城色。

其二：碧玉破瓜時，相為情顛倒。感郎不羞難，回身就郎抱。

內中「破瓜」二字，歷來有誤解的。瓜字形似兩個八字，喻女孩二八芳齡，即碧玉是個正當十六歲花季的小女生。

就詩論詩，實在是清湯寡水，無味得很。第一首寫小家女羞頭羞腳，偶然遇到個貴公子，也不問是不是正牌貨，便自愧形穢，先低了一頭，令人為之難過。第二首則寫小女生為情所癡，換成現代背景，甚至敢在公共巴士上與小男生擁吻。

我的興趣在於「碧玉」如何與小家女掛上了鉤。同書卷七，蕭綱《雞鳴高樹顛》詩，注「碧玉」為「姣好的女子」。卷六王僧孺《為人有贈》

詩：「碧玉與綠珠，張盧復雙女。」注碧玉為宋汝南王妾，綠珠為石崇歌伎，善吹笛。（89 版《辭海》引杜佑《通典》，「宋汝南王」應為「晉汝南王」。）碧玉與綠珠並舉，同是面容姣好、出身寒門，同是做人姬妾的命。《辭海》釋「小家碧玉」為「貧家女子」，似欠準確。因明代小說如「三言二拍」中多數女主角是只能稱為小家碧玉的，但她們大多薄有家財、衣食無虞，甚至不乏有父兄腰纏萬貫的。

小說家筆下常與「小家碧玉」對舉的語詞有「大家閨秀」。古代所謂大家，是指儒學傳家的文化士族。陳寅恪說：「所謂士族者，其初並不專用其先代之高官厚祿為唯一表徵，而實以家學及禮法等標異於其他諸姓。夫士族之特點既在其門風之優美，不同於凡庶，而優美之門風實基於學業之因襲。故士族家世之學業乃與當世之政治社會有極重要的影響。」（轉引自王焱《陳寅恪政治史研究發微》）按此標準，除了東晉的詩人謝道韞名列崔、盧、王、謝四大士族，我實在記不得還有誰可稱得上大家閨秀了。唐元稹著小說《會真記》裏的鶯鶯假託崔姓，據陳寅恪考證，原是小家碧玉。故張生（元稹化身）「始亂之，終棄之，固其宜矣」，毫無懺悔之心，當時人也不以張生為薄情寡義。「蓋唐代社會承南北朝之舊俗，通以二事評量人品之高下。此二事，一曰婚。二曰宦。凡婚而不娶名家女，與仕而不由清望官，俱為社會所不齒。」（陳寅恪《元白詩箋證稿·讀鶯鶯傳》）我們生為現代人，自然是站在鶯鶯一邊的。無論是《會真記》裏「棄置今何道，當時且自親；還將舊來意，憐取眼前人」的決絕，還是《西廂記》裏「聽得道一聲去也，鬆了金釧；遙望見十里長亭，減了玉肌：此恨誰知」的委曲，無不透出鶯鶯追求獨立自由地位的心氣。

殘唐五代以降，隨著鐘鳴鼎食、詩禮簪纓之家風流雲散，嚴格意義上的大家閨秀已不復存在。《紅樓夢》裏的幾位「大家閨秀」中，同是出身皇商的薛寶釵也就馬馬虎虎了，桂花夏家的金桂——呆霸王薛蟠的老婆無論如何是算不得大家閨秀的。現代社會縱有千般不是，女兒家的地位在某種意義上說，卻是一律平等的。無論寫字樓裏的白領麗人，還是流水線上的打工靚妹，彼此都是碧玉小家女。即便家中偶爾有父兄鑄了一座金山或做了省部級高官，女兒家也不好意思自稱大家閨秀。

61

牛布衣、科舉和學科規訓

　　牛布衣何許人也？中國古典長篇小說《儒林外史》中一過場人物耳。牛布衣在小說第十二回中略露了露臉，此後蹤跡全無。到了第二十回，牛布衣突然間獨自搭江船來到蕪湖，尋在浮橋口一個叫做甘露庵的小庵內寄寓。他日間外出尋朋訪友，晚間在燈下吟哦些詩詞。本庵老和尚見他孤蹤，時常煨了茶水送在他房裏，陪著談古論今到一二更天，甚是相得。不想一日，牛布衣沉疴不起，接連服了幾十帖藥，總不見好。牛布衣眼見得不濟事了，便掙起來，朝著床裏面席子下拿出兩本書來，遞與老和尚道：「這兩本書是我生平所做的詩，雖沒有甚麼好，卻是一生相與的人都在上面，我捨不得湮沒了，也交與老師父。有幸遇著個後來的才人替我流傳了，我死也瞑目。」牛布衣斷氣身亡後，老和尚大哭了一場，央了幾個庵鄰替他料理了後事。

　　牛布衣悴然間客死蕪湖的情節，只是為後文中牛浦郎假冒姓字、混跡儒林的大段故事作個鋪墊而已，所以他的身世是很含糊的。我只能猜想，首先，牛布衣不是個讀書種子（所謂讀書當然是指讀四書五經、歷科程墨、宗師考卷），於舉業上已經不再上心，或根本是力不從心，甚至心如止水了。其次，由牛布衣身後遺下的詩稿題目——「呈相國某大人」，「懷督學周大人」，「與魯太史話別」，「寄懷王觀察」，其餘某太守、某司馬、某明府、某少尹，不一而足，可證他於「功名利祿」四字並非看得很輕。當然牛布衣的話並不靠得住，他至多結識個把離休幹部罷了，不然也不會潦倒到生前連一部詩稿也刻不起。要知道，那時雖有文字獄，卻是沒有非法出版物一說的。總之，牛布衣是個不足為訓的科場失敗者。

　　自唐太宗李世民開科取士始，歷經千年的科舉制度，按何懷宏的說法，不僅是「形式上的機會平等」，而且是「實質上的機會平等」，是具有中國特色的「現代因素」之一。（見何懷宏著《選舉社會及其終結》，

北京三聯版）以至於余秋雨動了真情：「中國居然有那麼長時間以文化素養來決定官吏，今天想來都不無溫暖。」何懷宏在同一本書中還認為，八股文（又稱時文，以有別於古文）是一種極其客觀化和標準化的考試形式，因而具有極強的可操作性，是對士子的記憶能力、義理悟解和文章詞藻的綜合測評。考八股文有點類似有志於出國肄業的學子考「託福」，但其玄妙之處又遠非「託福」可比。借用《儒林外史》中魯編修的話說：「八股文章若做的好，隨你做什麼東西，要詩就詩，要賦就賦，都是一鞭一條痕，一摑一掌血。若是八股文章欠講究，任你做出什麼來，都是野狐禪、邪魔外道。」百密難免一疏，科舉制度雖然也漏掉一些人才，但大體上還是網羅了許多優秀人才進入統治精英層，成為帝皇專制政體的結構基礎。

劉小楓對中國獨有的科舉制度是持批評態度的，他說：「意識形態化的普遍主義原則及其制度化（科舉制）實質上是一種特殊主義：只有把儒家義理據為己有，才能獲取資格進入統治精英層。」（《現代性社會理論緒論》上海三聯版）沿著劉小楓的批評理路，我們也可以把話題引入另一論域：如果古代中國的科舉考試是一塊取得政治精英資格的敲門磚的話，那麼現代大學教育同樣是學子們取得學科知識話語權的必經之途。「正如民事法規確立了律師和醫生在他們領域內的認知排他性（cognitive exclusiveness），大學亦使學科內從事研究的成員取得在他們的學術世界裏的認知排他性。此等學術執業者靠的不是發牌而是學歷認可；他們控制了培訓將來的學術執業者以及接納他們入行的機制。」（《學科・知識・權力》三聯・牛津版）只有在大學內經過現代學科規訓的知識人，才有正當資格成為該門學科知識的生產者和發布者。這些知識人圍繞著他們賴以生存的學科知識話語權，構成了一特殊社群。社群成員們憑藉他們的認知權威占有了絕大多數的學術資源，如各種珍本、善本、孤本古籍、各式海外時新書報期刊、各種國際同儕間的交流活動、各項專題研究基金和撥款，以進一步維護、鞏固和提高其權威地位。至於社群內部是否衣分五等、食供三套，是否近親繁殖、黨同伐異，則純屬家族內部事務，外人無緣置喙。

　　學科規訓制度充當了知識把門人的角色，既可以清除匡超人一類的假斯文（也許還包括趙雪齋一類的企業家？魯編修一類的院士？），也可以把一心向善（據說知識即是真理、即是善）卻不識得「知識學建構」的非門庭子弟擋在檻外。何謂「知識學建構」？據我私下揣摩，大致是：若我對某種現象、某種思想、某個人、某本書產生了興趣，或者更進一步地，我對某些東西產生了某種感情——或愛或憎，或愛恨交集，或哀其不幸、怒其不爭，或明喜暗憎，或明憎暗喜——我是否可以立即說出來或訴諸文字呢？不可以。若我真想煞做一個學人，我必須把此種現象、此種思想、此人、此書予以「客觀化」、「對象化」。換句話說，我必須與之保持距離，劃清界限，像審賊似地反覆拷問。或者面對我的「知識性審視對象」，如同面對街上迎面走來的女孩，要「上看、下看、左看、右看」，方能看出她的「不簡單」，並由她的「不簡單」，推出「每一個女孩都不簡單」的結論。這還不夠，我還必須像如來佛祖一般，能勘破她的過去和未來、前生和後世，能遍察四大部洲、十方三界的卵生胎生濕生化生的芸芸眾生與這女孩之間的因緣聚散。捨此，任我文章做得如何感天動地、如何花團錦簇，都算不得「知識學建構」，都只是個體情緒的反應。

　　然而，絕大部分傳統紙質媒介和現代電子媒介對於經過學科規訓的學術執業者，仍然心持戒心。一則疑懼他們的所謂「知識學建構」會成為發行量和收視率的毒藥。二則疑懼他們「建構」的所謂「知識」有可能不合國情，不僅少兒不宜，恐怕老中青皆不宜。所以，我對於以「學術花邊」知名的《讀書》雜誌無論如何是很佩服的。許多人對《讀書》持不滿態度，認為它只是經過學科規訓的學術執業者們的健腦俱樂部，門檻太高。其實，門檻高有高的好處。君不見學人們在俱樂部裏大談自由與社群，極權與民主，納什均衡與長官意志，後現代與老傳統，等等，汪洋恣肆而不出格，隨心所欲而不逾矩。心法之一是把「人文」規約為「人文科學」，把「思想」規約為「知識」。以《現代化的陷阱》一書為例，一旦稍稍偏離學科規訓，便會招來「情緒化」的非議，儘管何清漣女士持有經濟學碩士學位——一種絕對合法的學術執業資質證明。

老話說「吃得苦中苦，方為人上人」。若以學科知識話語權為志業，沒有一點懸樑刺股、雪窗螢燈、皓首窮經的精神，是連門也敲不開的。讀書人，從前稱為「士」——「士農工商」四民之首，又怕在寒窗下坐十年冷板凳，又想取得某種話語權的，另有蹊徑可走，這就是做名士。名士自有名士的規訓制度，在從前，須獲在朝權貴賞識，連「安能摧眉折腰事權貴，使我不得開心顏」的李白也說過「生不用封萬戶侯，但願一識韓荊州」之類的話。如今，只要有市場，新聞業和出版業是最最歡迎名士的。如余秋雨即當今名士，雖然他很想做學人也確有朝野人士稱他為學人，以既有「文化」又狀「苦旅」的大散文出名。據他自己說寫得很苦，但因為有市場，所以仍樂此不疲地一本接一本寫。

其實名士也不容易做，一要有才氣，二要有運氣。《儒林外史》中，牛布衣是小有詩名的名士，除了才氣平平外，時運也實在不濟，終於客死異鄉。他身後遺下兩本薄薄的詩稿，除了牛浦郎如獲至寶外再也無人理會的；還遺下六兩銀子，折合現在人民幣約二百五十塊錢。

以身飼虎的韓非

一、和氏璧與帝王術

楚人卞和無意間在深山裏覓得一塊璞玉，恭恭敬敬地捧去獻給楚厲王。厲王認定這是塊頑石，治他個欺君誑主之罪，刖其左腳。好不容易熬到厲王升天、武王即位，卞和又去獻寶。武王認定這是塊劣石，治以同一罪名，刖其右腳。直到第三代領導人文王即位，卞和終於遇到了識貨的明主，石頭也正名為「和氏之璧」。

以現代人的眼光看這個血淋淋的故事，首先應該慶幸自己未曾投胎「楚王好細腰，宮中多餓死」的古代社會。其次，想不通卞和的愛國（君）主義何以執著到不近情理的地步，既然國君不識寶，留著自己把玩不就結了？為此斷送了兩隻腳仍不死心，哭得像只杜鵑似地，忒不值得。（《韓非子選·和氏》：「武王薨，文王即位，和乃抱其璧而哭於楚山之下，三日三夜，淚盡而繼之以血。」）這是以個人為本位的現代倫理觀與以君主為本位的古代倫理觀之間不可避免的碰撞。

兩千年前，韓國貴族出身的知識人、荀子的學生韓非含著一腔孤憤，在竹簡上刻下這則「和氏璧」故事，當然不是供晚報補白用，而是論證獻「帝王之璞」——「以法治國」的帝王術之難，更勝似和氏獻寶。首先，「以法治國」勢必打破群臣士民原有的利益格局，從而招致朝野上下群起反對，人主未必肯冒險銳行。其次，歷史上不乏人亡政息的經驗教訓，吳起、商鞅便是前車之鑒。末了，伴君如伴虎，帝王術原本是為虎傅翼，為虎所噬是題中應有之義。因此，「法術之士」走的是一條充滿荊棘之道，不但有與狼共舞的悲壯，更多的是以身飼虎的蒼涼。

　　韓非不是一個「雖九死其猶未悔」的愛國（君）主義者，並無那種盛世也愛，衰世也愛，治世也愛，亂世也愛的「忠君」情結。韓非也不是一個歷史進步論者，他並未預言日後會有一個「書同文，車同軌」的大一統局面，從而為「帝王術」找到正當性依據。韓非只是一個知識人，是專門研究如何整固、修補社會秩序的知識人。換言之，他是一個以政治學為志業的知識人，真正熱愛的是自己精心撰結的帝王術而非帝王。世間有兩種與社會秩序有關的學問，其中一種以韓非為代表，我稱之為「定分政治學」（《管子‧明法解》：「令行禁止，主分也，奉法聽從，臣子分也。」）另一種是專事破壞現存社會秩序的學問，我稱之為「革命政治學」。（《易傳‧革卦》：「天地革而四時成，湯武革命，順乎天而應乎人。」）「定分」和「革命」都是古來即有的話語，並非我的杜撰。

　　韓非研究定分政治學的方法有點像韋伯的「理想類型」分析法。所謂的「以法治國」，是建立在一個理想類型的人主權勢基礎之上。定分政治學也可以說是帝王政治學。其研究成果是供萬乘之主把玩的，連千乘之家、百乘之家的卿大夫都輕易把玩不得，更不用說供手無寸權的知識人自己把玩了。定分政治學講究的是權勢造英雄，並且造的是秦始皇式的英雄，而非貴族英雄，更非草莽英雄。因此，田氏代齊，三家分晉一類的政權更迭，當代史家稱之為政治動亂也好，稱之為社會革命也好，雖也落入韓非的視野，卻不屬於他的研究範疇。

　　革命政治學則恰恰相反，講究的是英雄造權勢，可分為兩大流派。一派以知識人出身的孟子為代表，其正當性根據為「吾聞誅一夫紂矣，未聞弒君也。」另一派以「少時嘗與傭耕」的陳涉為代表，其正當性根據是「王侯將相寧有種乎」。

　　生在眾聲喧嘩的多元時代，理論上我們可以作出種種選擇，可以選擇做生意人，也可以選擇做知識人，所有的選擇之間不存在高下之分。但在古代或現代的一元論者看來，存在唯一最佳的選擇：在毛澤東時代，你應該選擇革命。在後毛澤東時代，你應選擇經商，因為真理是一元的，受真理制約的世界是一元的。現代人可以不喜歡韓非的君主專制一元

67

論，但你無法在理論上證明或證偽韓非的一元論比儒家的一元論壞十倍，或者比現代的自由主義一元論或社會主義一元論壞千倍。

二、以法治國

韓非的聲名在二十世紀七十年代中國再度鵲起，從「一曲紅綃不知數」到「門前冷落車馬稀」，不過短短幾年。手頭的這本《韓非子選》即是上海人民出版社 1974 年重版的王煥鑣注本。未見過初版本，無從對照比較哪些注釋是遵「文革」之命增補或刪削的，好在我是「無聊才讀書」（鄭板橋語），茲事體不大。為寫一篇讀書隨筆，也不值得啃大部頭的《諸子集成》或《韓非子集釋》。

讀韓非的文章，無論是誰，無論喜歡他的思想與否，都會被他滔滔不絕的氣勢所折服。其立論有如刀斫斧削般壁立峻峭，其駁議有如庖丁解牛般游刃有餘，其引喻有如飛花摘葉般劍氣逼人。韓非文章的氣勢來自他對帝王政治學的自信，來自對「以法治國」論的自信。

韓非有一段話歷來為論者所樂於斷章取義，他說：「故繩直而枉木斫，准夷而高科削，權衡懸而重益輕，斗石設而多益少。故以法治國，舉措而已矣。法不阿貴，繩不撓曲。法之所加，智者弗能辭，勇者弗敢爭。刑過不避大臣，賞善不遺匹夫。」（《韓非子選·有度》）有論者紛紛從中看出「以法治代人治」、「法律面前人人平等」之「現代性」品格，有點類似於科學史界的李約瑟問題。首先，任何國家，任何朝代，都是人治的，是人依（以）法而治，差別僅在於所依的法各有千秋。其次，法律是對社會成員乃至結構體之間關係衝突的強制性調控，普適性即「法律面前人人平等」是它必不可少的品格之一。有論者說，前現代的等級社會裏，所謂「刑不上大夫，禮不下庶人」，便是放逐了法律的普適性。我以為，在等級社會裏，法律的普適性仍然在場，只不過分了等級而已；「刑不上大夫」對大夫群體的所有成員而言是平等的；「禮不下庶人」對庶民群體的所有成員而言也是平等的。現實生活中獲罪之封疆大吏必得在高等法院受審，電視劇裏獲罪之皇親國戚必得用龍頭鍘問斬，並非意味著破壞了法律的普適性原則。

　　因此，韓非的原創性並非是「以法治國」和「法不阿貴」，而是以王法治國，王法面前人人平等。王法既是一種法系、又是一種法制，也是一種法意。

　　王法，又稱為法術。「術者，因任而授官，循名而責實，操殺生之柄，課群臣之能者也：此人主之所執也。法者，憲令著於官府，刑罰必於民心，賞存乎慎法，而罰加乎奸令者也：此臣之所師也。君無術則弊於上，臣無法則亂於下，此不可一無，皆帝王之具也。」（《韓非子選‧定法》）「主用術，則大臣不得擅斷，近習不敢賣重；官行法，則浮萌趨於耕農，而遊士危於戰陳。則法術者，乃群臣士民之所禍也。」（《韓非子選‧和氏》）君主服術，官吏行法，「法莫如顯」，「術不欲見」，術和法的定義、功能分疏得一清二楚。

　　王法，又稱為法令。「明主之國：令者，言最貴者也；法者，事最適者也。言無二貴，法不兩適；故言行而不軌於法令者必禁。……今聽言觀行，不以公用為之的彀，言雖至察，行雖至堅，則妄發之說也。」（《韓非子選‧問辯》）非令勿言，非法勿行，利國利身，治之極也。

　　王法既是程式法，又是實體法。王法的立法權和終審權都牢牢掌握在君主的手中。「明主之所道制其臣者，二柄而已。二柄者，刑、德也。何謂刑、德？曰：殺戮之謂『刑』，慶賞之謂『德』。為人臣者畏誅罰而利慶賞，故人主自用其刑德，則群臣畏其威而歸其利矣。……夫虎之所以能服狗者，爪牙也；使虎釋其爪牙而使狗用之，則虎反服狗矣。人主者，以刑、德制臣者也；今君人者釋其刑、德而使臣用之，則君反制於臣矣。」（《韓非子選‧二柄》）

　　王法是「勢」，是權位。「賢人而詘於不肖者，則權輕位卑也；不肖而能服於賢者，則權重位尊也。堯為匹夫，不能治三人；而桀為天子，能亂天下。」（《韓非子選‧難勢》）韓非和儒、墨兩家都認識到權勢的力量，卻得出截然相反的結論。儒、墨兩家研究的是「應然」，提倡賢人政治或希望有權勢者做賢人，以實現理想中的烏托邦社會。韓非研究的是「實然」，提倡有權勢者「抱法處勢」，以實現有序的法治社會。韓非認為，以長時段歷史眼光看，「且夫堯、舜、桀、紂，千世而一出，是比肩隨踵而生也；世之治者不絕於中，吾所以為言勢者中也。中者，上不及堯、舜，

而下亦不為桀、紂，抱法處勢則治，背法去勢則亂。」（同上）王法和權勢是一枚硬幣的正反面，法無勢不行，勢無法不穩。就韓非研究範疇而言，「應然」問題，亦即王法和權勢的正當性問題，純粹是個假問題。

只有掌握了權勢才能整固社會秩序的前提下，仍有一個執政手段最優化選擇問題：為什麼必須用王法治國，而不是繼續用禮法治國？

韓非實在是個天才的經濟學家，他首先從「供需定律」出發，論證以王法治國的必要性。「古者，丈夫不耕，草木之實足食也；婦人不織，禽獸之皮足衣也。不事力而養足，人民少而財有餘，故民不爭。是以厚賞不行，重罰不用，而民自治。今人有五子不為多，子又有五子，大父未死而有二十五孫。是以人民眾而貨財寡，事力勞而供養薄，故民爭。雖倍賞累罰而不免於亂。」「是以古之易財，非仁也，財多也；今之爭奪，非鄙也，財寡也；輕辭天子，非高也，勢薄也；重爭土橐，非下也，權重也。故聖人議多少、論厚薄，而為之政。故罰薄不為慈，誅嚴不為戾，稱俗而行也。故事因於世，而備適於事。」（《韓非子選‧五蠹》）可見由自由主義經濟學原理，照樣可以推出民主自由之不可行，以王法治國勢在必行的結論。

其次，韓非與現代經濟學家不謀而合，提出了「理性人」假設。「霸王者，人主之大利也。人主挾大利以聽治，故其任官當能，其賞罰無私。使士民明焉：盡力致死，則功伐可立，而爵祿可致，爵祿致而富貴之業成矣。富貴者，人臣之大利也。人臣挾大利以從事，故其行危至死，其力盡而不望。此謂君不仁、臣不忠，則可以霸王矣。」（《韓非子選‧六反》）由此可見，從「理性人」假設出發，既可以推出市場經濟存在的理由，也可推出以王法治國的理由。

第三，韓非進一步從人的自然本性出發，論證以王法治國的必要性。「母之愛子也倍父，父令之行於子者十母；吏之於民無愛，令之行於民也萬父。母積愛而令窮，吏用威嚴而民聽從，嚴、愛之策亦可決矣。且父母之所以求於子也：動作，則欲其安利也；行身，則欲其遠罪也。君上之於民也：有難，則用其死；安平，則用其力。親以厚愛，關子於安利，而不聽；君以無愛利，求民之死力，而令行。」（同上）同樣從人的

自然本性出發，盧梭可以從中推出自由、平等之天賦人權，韓非可以從中推出以王法治國的天經地義。

最後，由田忌賽馬的故事可知，包括韓非在內的先秦諸子是精通博弈論的：其一，王法改變了博弈的約束條件，包括改變了當事人的選擇空間，收益函數，從而改變博弈的均衡結果。其二，王法可以改變人們的信念和預期，從而同樣改變了博弈的均衡結果。韓非說：「故法之為道：前苦而長利；仁之為道：偷樂而後窮。聖人權其輕重，求其大利，故用法之相忍，而棄仁人之相憐也。」「所謂重刑者，奸之所利者細，而上之所加焉者大也；民不以小利加大罪，故奸必止也。所謂輕刑者，奸所利者大，上之所加焉者小也；民慕其利而傲其罪，故奸不止也。」（《韓非子選·六反》）以王法治國，講究的是從重從快，嚴刑酷法，目的是加快資訊傳遞，迅速改變博弈均衡結果。

以王法治國的理想境界（「至治之國」）為：「明主之國，無書簡之文，以法為教；無先王之語，以吏為師；無私劍之捍，以斬首為勇。是以境內之民，其言談必軌於法，動作者歸之於功，為勇者盡之於軍。是故無事則國富，有事則兵強，此之謂王資。既畜王資，而承敵國之釁，超五帝，侔三王者，必此法也。」（《韓非子選·五蠹》）王法面前人人平等的代價即是積極自由和消極自由的同時消亡。

以王法治國的理想境界（「至治之國」）又為：「有賞罰而無喜怒，故聖人殛；有刑法而無蜇毒，故奸人服。」（《韓非子選·用人》）王法具有人類社會法律的所有形式要素，君主的自由裁量權亦須受王法約束。否則，群臣士民因自己的行為得不到合理的預期，就會鋌而走險，危及君國的根本。

與王法對舉的則是約法。儒家依戀的「以禮（法）治國」，具有以王法和約法治國的雙重品格。「道之以政，齊之以刑，民免而無恥」（《論語·為政》），是為王法；「道之以德，齊之以禮，有恥且格」（同上），是為約法。「天下有道，則禮樂征伐自天子出」（《論語·季氏》），是為王法。「君使臣以禮，臣事君以忠」（《論語·八佾》），是為約法。西方封建時代，國君不過是各級封建領主之層級裏的最高一層，上一層領主與下一層封臣之間的權利義務關係，乃由契約關係所建立，而契約自然預設了某種

意義的平等。契約關係，無論是民事契約還是政治契約，正是不同群體或個人之間為調控利益衝突，使之趨於均衡而自願訂立的規約，我稱之為約法，以別於韓非的王法。就公法而言，王法為防範被治者之惡，而約法為防範治者之惡，這是兩者最本質的區別。

現代西方法律，不管是英美法系還是大陸法系，大抵繼承了世俗約法和基督教社團約法的傳統。在近代，一部美國憲法的立法史，正是民治、民有、民享之約法精神的繼承和發揚。在中國，韓非鼓吹的王法踐形之時，正是約法消亡之日。孫中山的軍政、訓政、憲政三段論，不過是塗了現代油彩的王法論。時至今日，小說敘事尚有此類細節描寫：老幹部聽說屬下有貪贓枉法情節，頓時拍案大怒──「簡直沒有王法了。」

三、法治與德治

我以為，凡是厚誣韓非的「以法治國」論只要「法治」，不要「德治」者，要不是「好讀書不求甚解」，要不是借古諷今、別有用心者。

何謂以德治國？用韓非的話說是：「譽輔其賞，毀隨其罰。」（《韓非子選‧五蠹》）反之，則「毀譽賞罰之所加者，相與悖繆也，故法禁壞而民愈亂。」（同上）在韓非看來，德治與法治同樣是一種決策的優化選擇，歸屬於手段一類。在我看來，德治隱含了「以法治國」的正當性問題。「今利非無有也，而民不化上；威非不存也，而下不聽從；官非無法也，而治不當名。」（《韓非子選‧詭使》）王法律條自身不能消除自身的正當性危機。

以德治國就是要廢除私學。在戰國時代，各國貴族，包括貴族出身的儒士和俠士在內，仍有相當的財富和聲望，他們憑藉約法（禮法）的私學傳統與王法相抗衡。當時的實際情況是：「夫立名號，所以為尊也；今有賤名輕實者，世謂之高。設爵位，所以為賤貴基也；而簡上不求見者，世謂之賢。威利，所以行令也；而無利輕威者，世謂之重。法令，所以為治也；而不從法令、為私善者，世謂之忠。官爵，所以勸民也；而好名義、不進仕者，世謂之烈士。刑罰，所以擅威也；

而輕法不避刑戮死亡之罪者，世謂之勇夫。」（同上）私學傳統的存在，對於君主總是一塊心病，心病還須心藥醫，只有以德治國才能徹底清除私學的影響。

以德治國就是以公德治國。韓非就像後現代論者一樣，先從詞源追溯著手，他說：「古者，蒼頡之作書也，自環者謂之厶（私），背厶謂之公。公私之相背也，乃蒼頡固已知之矣。今以為同利者，不察之患也。」（《韓非子選·五蠹》）兒子舉報父親偷羊，就「公德」而言是「君之直臣」，就「私德」而言，是「父之暴子」。魯民臨陣脫逃，就「私德」而言，是「父之孝子」（「吾有老父，身死，莫之養也」），就「公德」而言，是「君之背臣」。公德與私德是冰炭不同器，水火不相容的對極，除了以公德克服私德，以公德消解私德，別無坦途可走。

韓非以一個經濟學家的眼光看出，在相同的約束條件下，產生不同的均衡結果，是一個態度問題，屬於德治範疇。「今夫與人相若也，無豐年旁入之利，而獨以完給者，非力則儉也；與人相若也，無饑饉疾疚禍罪之殃，獨以貧窮者，非侈則惰也。侈而惰者貧，而力而儉者富。今上征斂於富人，以佈施於貧家，是奪力儉而與侈惰也，而欲索民疾作而節用，不可得也。」（《韓非子選·顯學》）以德治國與以法治國是相互為用的。如果君主口頭上鼓勵民眾勤儉致富，實際施行的是劫富濟貧的稅收政策，德治便成為一句空話。

四、韓非的原創性

此節標題襲自以賽亞·柏林的名著《馬基雅維里的原創性》。我原打算將韓非與馬基雅維里兩人作一番比較，後覺得這兩人雖有若干形似甚至神似之處，但所處時代及文化傳統畢竟相去太遠，勉強比較難免畫虎成狗，遂決定另起爐灶。

韓非的原創性在於第一個提出以王法治國，徹底廢除約法。從功能論角度看，王法是一種「節約機制」，它意味著決策過程的簡化，並對人力資源和土地資源的配置提供了合理性選擇。

　　韓非的原創性在於第一個提出公德與私德的對立，德治與私學的對立。只有以王法治國與以公德治國相互為用，才能把公共空間與私人空間壓縮至最小限度。

　　韓非的原創性在於以「理性人」假設論證了以王法治國的必要性，間接揭示了現代自由主義經濟學前提的脆弱性和多歧性。

　　韓非的原創性在於從人的自然本性出發，論證了以王法治國的必要性，間接揭示了現代啟蒙主義的天賦人權論，其邏輯基礎同樣是脆弱和多歧的。

　　韓非的原創性還在於第一個提出了相對主義歷史觀。在他看來，歷史是不斷變遷的，「是以聖人不期修古，不法常可；論世之事，因為之備。」然而，這種歷史變遷既非意味著線性衰退，也非意味著線性進步。類似於後現代史家，他對於歷史敘事文本的非透明性有足夠的警覺。「郢人有遺燕相國書者，夜書，火不明，因謂持燭者曰：『舉燭。』云而過書『舉燭』；『舉燭』，非書意也。燕相受書而說之，曰：『舉燭者，尚明也。尚明者，舉賢而任之。』燕相白王，大說，國以治。治則治矣，非書意也。今世學者多似此類。」（《韓非子選·外儲說左上》）寫信時誤把科白「舉燭」二字夾入信中，讀信者卻從中生發出微言大義。韓非藉這個故事喻示了歷史文本的「隔」，及後世學人的穿鑿附會。

　　針對學人對考古證據的迷戀，韓非還敘述了這樣一個故事：「趙主父令工施鉤梯而緣播吾，刻疏人跡其上，廣三尺，長五尺，而勒之曰：『主父常遊於此。』」（《韓非子選·外儲說左上》）趙主父即趙武靈王，因「胡服騎射」勇於改革而聞名於史。他命人在播吾山崖上鑿下足跡，勒下文字，如果歷經兩千幾百年的風雨而不壞的話，後人自然信以為真，即使用同位素碳 14 去測定也假不了。韓非以此類推說：「先王之賦頌，鐘鼎之銘，皆播吾之跡也。」

對科學的科學理解

科學是什麼？

科學是超大螢幕彩電，科學是奈米概念股，科學是傳播比特福音的互聯網，科學是無堅不摧的巡航導彈，科學是關於世界的真實敘事，科學是第一生產力……等等；平民百姓、股市莊家、網蟲、軍人、哲學家、政治家……每一個人都有他自己對科學的理解。

九十年代初出版的《第一推動叢書・總序》（湖南科技版）曾經影響了包括我在內的很大一部分人對科學的理解，它說：「科學的精神之一，是它自身就是自身的『第一推動』。科學活動在原則上是不隸屬於服務於神學的、儒學的及任何哲學。科學是超越宗教差別的，超越民族差別的，超越黨派差別的，超越文化差別的，科學是普適的、獨立的，它自身就是自身的主宰」。聽上去很像是《玩偶之家》的女主角娜拉出走前的一段臺詞。其實這一原則也適用於別的人類活動，比如烹飪、足球，也完全有權利宣佈自己不隸屬於服務於神學、儒學和任何哲學，所以不免有些大而無當。但當時一聽到「科學」兩個字就血脈賁張，一部科學史當做黑格爾味道十足的自由精神史來讀。

幾年之後，我讀到了美國科學社會學家伯納德・巴伯的《科學與社會秩序》（1991 年北京三聯版）一書，我心中的科學英雄主義偶像竟轟隆一聲倒塌了。

作為帕森斯功能結構派社會學的同人，巴伯提出，我們需要對科學本身有一個更科學的理解：

獲得這種對科學的系統理解的一種方式，一種顯而易見的但卻有點被忽視了的方式，就是首先從根本上把科學看作是一種社會活動，看作是發生在人類社會中的一系列行為。從這一角度看，科學不單單是一條條零散的確證的知識，也不單單是一系列得到這種知識的邏輯方法。從

這一角度看，科學首先是一種特殊的理性的思想和行為，在不同歷史時期的社會中，人們實現這種思想和行為的方式和程度也不同。我們經常認為我們自己的社會和我們自己的科學是不成問題的，好像它們現在的這種形式就是普遍的。我們沒有看到，其他社會對待理性的思想和活動——這是科學的本質所在的方式是相當不同的；我們沒有看到，我們自己對科學的巨大支援在歷史上是獨一無二的（《科學和社會秩序》第2頁，以下引文只標明頁碼）。

也就是說，科學並非是特立獨行的和超歷史的。科學與社會其他部分，如政治權威、職業體系、社會等級分層的結構，以及文化理想和價值，有著確定的密切和聯繫。特別是現代科學，它是隨著西方現代社會的生長而生長的，換句話說，是隨著西方資本主義社會的生長而生長的。科學並非不能被移植到非西方社會而茁壯生長，但其與當地社會的所謂「相容性」，在巴伯看來是要大打折扣的。無獨有偶，未來學家尼葛洛龐帝也有相類似的看法，即「互聯網世界對東方的語言及其文化社會不那麼友好」。

深受馬克思主義唯物史觀薰陶的漢語讀書界對於巴伯的觀點，或多或少有種似曾相識燕歸來的親切之感。後馬克思時代有所謂「知識社會學」，它的研究對象即是科學以及其他形形式式的知識與各種社會因素之間的相互關係。雖然史達林版的馬克思主義把科學區分為「無產階級科學」和「資產階級科學」是走得太遠了點，但科學並非總是代表善，兩次大戰中以及戰後科學助惡的例子比比皆是。記憶猶新的有，若無精湛的解剖學知識，現代的錦衣衛們是做不到既割斷喉管而又不傷及頸動脈的，張志新女士大約也不會活著走上「文化革命」的祭壇。

巴伯認為，科學只能應用於經驗目的，而經驗目的和非經驗目的之間並無一條固定不變的、明晰的和普適的界限存在，公認的經驗領域範圍不僅在不同的社會各不相同，而且在既定社會內部隨著歷史而變動。爭執不在於承認這種差別和變動，而在於何種程度上非經驗問題可通過科學化約為經驗問題。由於科學領域的不斷擴大，有人認為科學將君臨一切，巴伯堅決反對這種立場。科學對人類的生存和發展只是必要條件而非充分條件，諸如社會價值、宗教觀念和社會意識形態自有其必要的

和獨立的地位，今天不能、將來也不能被化約為經驗科學。巴伯小心翼翼地把科學理性的適用性界定在「經驗目的」的範圍之內是大有深意的，因為事情會牽涉到「科學原則」的普適性，即所謂科學主義合法與否的問題，即使書中並未出現「科學主義」這一字眼。

雖然在不同社會的不同歷史階段中，存在著多種多樣形式的經驗理性，但是只有存在於現代西方社會的相對高度發達的經驗理性形式，即「極其概括化和系統化的系列觀念」才能構成近代科學理論。反過來說，近代科學的特徵之一就是具有一系列高度概括化和系統化的概念框架，不僅在概念框架內部，而且在這些概念框架之間都是自洽的，甚至是自足的，只需要盡可能少的假設（第 12 頁）。於是，巴伯在以牛頓和愛因斯坦為代表的現代西方科學與前現代的非西方的「粗淺常識的理性」之間樹起了一道界標。

現代社會有一套標誌其現代性的獨特文化價值和道德偏好，以區別於前現代社會。這套文化價值系統「不僅在科學之中，而且在許多其他的社會活動之中實現自身」。「科學不能僅被看作是一組技術性的和理性的操作，而同時還必須被看作是一種獻身於既定精神價值和受倫理標準約束的活動」（第 73 頁、第 100 頁）。

科學的這一特性也是現代社會中一切社會組織活動的特性。對「科學價值」的信奉者中存在一種傾向，頌揚這些價值為科學活動所獨具的精神，恰恰忘記了，科學奉行的價值標準事實上也是西方現代社會奉行的價值標準，只是打上了科學中立的印記，因為科學操作和思索的對象是自然界。科學的成就為現有價值標準提供了精神例證，反過來加強了對維繫整個社會的價值體系。在漢語讀書界，有人把西方現代社會的價值理念誤認為是科學天生俱有的文化價值，這也許是新啟蒙主義的迷思，也許是借他人之酒杯澆己胸之塊壘的策略，也許二者兼而有之，套用一句老話：科學，多少思想〔話語〕借汝之名而行。

在美國，大學是對科學進行支持的主要社會建制。巴伯毫不諱言，「科學直接起源於『自由』社會的文化傳統，事實上，起源於這一文化傳統的關鍵所在——大學。依賴其在大學的鞏固地位（透過最近幾百年的艱

苦努力才贏得的），科學與其他學術性學科和那些基本文化價值保持緊密聯繫，這些基本文化價值構成科學和非科學這兩類研究活動的基礎。而且，大學還訓練所有的科系老師，把『自由』美國社會的基本價值和文化傳統灌輸給學生，這些學生離開大學後，又在全國加以傳授」。因此，現代社會培養新科學家的過程即是一個有關文化價值的精細的道德灌輸過程（第 168－169 頁）。

社會變遷或快或慢總在進行中，不存在什麼「超穩定結構」；變遷的原因可以是內部的，如人口增長、價值觀變化、社會革命等等，也可以是外部的，如黃河的氾濫，如建州女真的入主中原，如中東油田的發現改變了貝督因部落的命運等等。「在現代社會中，社會變遷之主要內部來源之一，是科學及其在工業和社會技術中的大量應用」（第 245 頁）。顯然，巴伯已經預見到會有一個刻下媒體稱之為「知識經濟」時代的誕生。一個現代性的悖論是，包括科學理性在內的合理性，「無論表現在什麼地方，對產生變化和破壞已有的社會秩序具有同樣的影響。因此，社會不穩定是我們為理性的建制所付出的代價」（第 247 頁）。這種代價雖有其長程「合理性」，但是對於代價承擔者來說，人必須生活在「短期」，他整個一生的生活要靠他現在收入的剩餘來維持，任何「短期」的失調對他來說都是致命的。

科學人文主義者（科學主義者的別名）「渴望更好地透過所有科學的手段和可能性來體驗人性。他們直接了解科學改善社會的實際與潛在的力量，他們知道這一點，並且想使對這種力量的認識最大化。在追求這一理想過程中，他們傾向於把科學本身作為一種價值而絕對化，或者他們至少忽略了科學同一個社會許多其他需要和價值的相互依賴性。……他們沒有看到，在所有社會中都不可避免地會存在對科學的阻滯，因為科學在幾個重要的社會目標之中永遠只能是其中之一，因此它必須同這些其他的目標分享可以獲得的人與物質的社會資源（第 263 頁）」。巴伯說，一個很大的社會錯覺是，認為科學完全是一種精神活動，認為科學的方法是「一種人類判斷之充分的、唯一無二的形式」，這是實證主義的偏見。「作為一個整體社會是建立在一系列道德價值之上的，而科學總是

在這些價值的範圍之內發揮作用。這些社會價值提出某些非經驗的問題，即意義、邪惡、正義和拯救的問題，只關心經驗問題的科學是不能對這些問題給出答案的」（第 265 頁）。

對於漢語知識界形形色色的後現代主義者，以及偽（擬、類）後現代主義者來說，巴伯的這本書無疑是過時的、落伍的，充滿了西方中心主義、甚至是白人男性中心主義，因為作者對科學和科學的「真理性」，對「西方男性獨有的普世和霸權話語」並沒有作徹底的解構，仍未脫離「現代性的邏輯」。

對於新老啟蒙主義者來說，巴伯的這本書，以及後來庫恩的《科學革命的結構》一書，先後成為相對主義侵蝕科學的特洛伊木馬，應該對以波普爾為代表的科學發展內在論的破產負始作俑者的責任，因為作者視科學為一種社會建構和文化建制，揭穿了科學與現代西方社會文化價值唇齒相依的秘密，從而瓦解了啟蒙主義心目中的跨時代、跨地域、跨文化的科學英雄主義的偶像。

對科學的科學理解（續篇）

科學的定義

　　康德在《自然科學的形而上學起源》中寫道：「每一種學問，只要其任務是按照一定的原則建立一個完整的知識系統的話，皆可稱為科學。」這是一個規範性定義，從三個方面規定了「科學應該是什麼」。首先，科學是一種知識，而知識的本義則是對經驗事態的真實陳述。其次，科學不是單個真實陳述的雜亂堆積，而是有序組織起來的真實陳述系統。第三，該陳述系統中的每一個陳述均可直接或間接加以證明。

　　任何定義都意味著一種前設規定，以此作為論證前提，其實已隱含著接納了某些結論和排斥了另一些結論。試設張姓漁民織就一網，捕魚為生。某日，滿載而歸，興猶未盡，忽發奇想，欲知所獲魚之大小。張某仔細地測量了每一條魚的長度，發現均不短於 2 寸。他由此歸納出一條「自然規律」——不妨稱之為「張氏定律」——河中不存在短於 2 寸的魚。張某終生用此網捕魚，他的實踐將不斷證明這一「規律」的正確性。作為冷眼旁觀者，我們自然明白：網眼的大小決定了所獲之魚的大小。作為當局者，我們都是大大小小的打漁人，往往沉迷於某種價值前設而不自知。

科學與語言

　　撇開關於主體與客體、思維與存在關係的紛繁複雜甚至充斥話語權力戾氣的爭論，我們看到：傳播科學知識的教科書、科學論文、學術報告均以語言形式呈現在我們面前。換言之，科學必須透過語言才能傳遞

和組織關於經驗事態的真實陳述；科學共同體內部以及科學家與大眾之間必須透過語言才能交流。

語言是一種信號。在科學認識論的研究中不指涉語言信號的結構功能。究竟用漢語還是英語，用人聲還是用摩爾斯電碼，對於真實陳述的傳遞和組織來說，是無關緊要的。（旅美作家哈金的短篇小說《空中之戀》告訴我：在一個無線電報務員聽來，摩爾斯電碼的「滴嗒」聲並非是千人一面、千部一腔的，意中人的電碼聲有如葉底黃鶯的婉轉，樑上紫燕的呢喃，彷彿瞄得見眉眼含情，聞得到口舌生香。）在科學認識論的研究中同樣也不指涉語言信號發送者和接受者的具體語境。例如，關於上世紀六十年代末中國城市「紅海洋」的真實陳述告訴我們，那時代人步入鬧市，抬頭即是紅布橫幅、紅色旗幟，放眼則見建築物外牆和立柱都披上了紅色塗料。至於親歷其境的過來人視「紅海洋」為宗教或神話中煎熬活人生魂的地獄烈火也罷，或「恨不生逢文革時」的藝術憤青視「紅海洋」為象徵血脈賁張的超級裝置藝術也罷，都與科學的陳述無關。

我們的討論著重於語言信號的意義功能，尤其是語言的描述功能，因為每一樁科學的認識都是對某一經驗事態的真實描述，或者是一種對經驗事態作真實描述的要求。重要的是，我們幾乎在學會一種語言的同時，就學會了就某一經驗事態，分辨何者是真實陳述句和何者是非真實陳述句；學會了分辨在何種條件下，一個真實陳述句是對某一複雜經驗事態加以切割、剝離、萃取後的局部或地方性（local）知識；學會了分辨在何種條件下，一個真實陳述句的「真實性」將受到辭彙等語言成分或結構的限制，例如「選舉是民主的」這一陳述的真實性會因「民主」一詞被理解為「替民作主」而打了折扣。

陳述的劃分

在各種類型的科學陳述中，我們首先必須學會區分：何種是經驗陳述，何者是先驗陳述。

所謂經驗陳述，顧名思義，是我們當下在場或曾經在場的經驗事態中獲得的知識。例如，「無言獨上西樓，月如鉤，寂寞梧桐深院鎖清秋」，是為當下在場的經驗陳述；「最是倉惶辭廟日，教坊猶奏別離歌，垂淚對宮娥」，是為曾經在場的經驗陳述。

所謂先驗陳述，是指不依賴於經驗事態，純由理性思考而獲得的知識。例如，《時間簡史》的作者霍金說：「時間是上帝創造宇宙的一個性質，在宇宙開端之前不存在」。普里高津則在他的一本新書《確定性的終結》中說：「甚至在我們的宇宙創生之前，就存在著時間之矢，這個箭頭將永遠繼續。」顯然，霍金和普里高津關於時間有無開端的陳述都是先驗陳述，無法用經驗事態來檢驗其正確與否。重要的是，類似於約定俗成真理的先驗陳述，對於每一門自稱為「科學」的學科來說，既是立足根本，也是發展前提。儘管諸如唯實論之類形而上學家，對先驗陳述恨恨不已，卻也無奈之何。

其次，我們必須學會區分何者是描寫陳述，何種是規範陳述。描寫陳述（事實陳述）告訴我們關於某個經驗事態的事實是「什麼」，也稱為實然陳述。規範陳述（價值陳述）告訴我們關於某個經驗事態「應該」如何，甚至進一步評價某個經驗事態是「好事」或是「壞事」，也稱為應然陳述。我們在日常說話時一般很少意識到描寫成分和規範成分之間的區別，往往將兩者糅為一體。例如，一份科學測試報告中對測試儀器、操作步驟和實測資料的陳述，理應屬於描寫性陳述，事實上卻隱含了許多關於儀器選擇、操作規則和資料處理等方面的規範性內容。我們必須警惕「從描寫陳述上升到規範陳述」一類的主觀臆斷。例如，我們無法從「勞苦大眾正處於水深火熱中」這一描寫性陳述，推斷出「因特奈雄耐爾一定要實現」的規範性結論，二者之間並不存在著一座由此及彼的邏輯橋樑。

科學解釋模式

　　為了避免陷入「漁網悖論」，我們以下給出另一種關於科學的解釋性定義或稱為解釋模式。「解釋」雖然也是一種前設規定，卻是一種約定性規定，既可批評也可修改。當然，任何批評和修改本身都又有它自己的前設規定。對前設規定的追根究底，將迫使我們不斷地後退，直至無可退處——將任何問題的討論置換成對世界的本體論假設。

　　從功能論角度看，科學與神話都用因果律解釋世界。現代人之所以不再認可「日蝕即天狗吞太陽」一類神話解釋，是因為他們早在潛移默化中全部或部分接受了科學的解釋模式。於是，問題歸結為：什麼是科學解釋模式？

　　亨佩爾（Carl Gustav Hempel）和奧本海默（Paul Oppenheim）於 1945年提出的「H－O 模式」即是一個典型的科學解釋模式，其形式結構為：

　　以原始條件陳述句 Aj（j=1，2……n）為前提，結合普遍定律陳述句 Gi（i=1，2……k），可以引伸出對事態 E 的解釋（陳述）句。

　　上述形式結構的解釋「科學性」仍不夠充分。例如，針對「繩子斷了」這一經驗事態陳述，我們可解釋為：繩子的負荷超過了繩子的極限張力；也可解釋為俠客用無形劍氣斬斷了繩子，後一解釋顯然不為「科學」所接受。因此，科學的因果律解釋必須滿足下列補充條件：

　　1　推理條件：

　　從現象到解釋的推理形式必須「正確」，換言之，必須為科學共同體全體成員所認可。在大多數情況下，推理採用古典意義上的演繹邏輯，其模式為：

　　所有的 A 都是 B，這一個是 A，所以這個 A 是 B。

　　也可採用統計（概率）推理，其模式為：

　　幾乎所有的 A 都是 B，這一個是 A，所以這個 A 很可能是 B。

　　或者採用（不完全）歸納推理，其模式為：

第 1 個 A 是 B，第 2 個 A 是 B，……第 n 個 A 是 B，故所有的 A 都是 B。

顯然，當前提為一個統計（概率）陳述時，結論也只能是一個統計（概率）陳述；當前提為一個不完全歸納陳述時，結論也不完全保證自己的真實性。

2 定律條件：

作為解釋條件（推理前提）之一的「普遍定律」指稱的是放之四海而皆準的「自然規律」。較為謙虛的物理學家們寧可使用諸如「假設」、「模型」一類概念，以替代「規律」一類大詞。

3 特徵條件：

作為解釋條件（推理前提）的所有陳述必須帶有經驗特徵，即原則上都必須能夠還原為經驗，意在排除任何形而上學式的陳述。例如，日本物理學家阪田昌一根據列寧「電子和原子一樣也是不可窮盡的」斷言式陳述，推斷出「中微子也是不可窮盡的」結論，除了贏得上世紀六十年代中國《紅旗》雜誌編輯們的大聲喝彩之外，阪田的物理界同行們恐怕是搖頭的居多。

4 真理條件：

作為解釋條件（推理前提）的所有陳述必須是真實的，並且其真實性不應隨時間推移而反覆，從而影響解釋句的真實性。例如，「1976 年 4 月 5 日北京天安門事件是反革命事件」這一類陳述因其「真實性」前後變易，故不合科學解釋模式的「真理條件」。

至此，我們有了一個「完備」的解釋性科學定義——一個「完備」的科學解釋模式：H－O 模式。我們甚至能用同一形式的模式還原過去發生的事件，預測未來發生的事件。例如，現代物理學推知我們所在的宇宙誕生於二百億年前的奇點大爆炸，並預測從不吝嗇光和熱的太陽總有一天會演變成吞噬一切的黑洞。

以 H—O 模式為理想

以 H—O 模式為參照系，古老的目的論解釋模式顯然是不夠「科學」的。後一模式認為，事物的發展過程即是朝著它自身目的不斷前進的過程。石頭的目的是落向地心，而非飛向天外；橡子的目的是長成一棵橡樹，而非變成一隻小鳥；社會的目的是奔向共產主義洞天，而非流連資本主義福地。

H—O 模式只承認並尊重一種目的性解釋——所謂的行動三段論，用來解釋人的行為，其模式為：

A 想達到目的 Z，A 只有採取行動 X，才能達到目的，故 A 採取了行動 X。

這是一個意向型推論，指出了在人的行為中，目的與路徑、手段（工具）的內在聯繫。由於行動三段論模式既不適用於解釋無「意志」的自然界，也不適用解釋無數種「意志」互相衝突的社會，因此，我們認為它只具有有限的「科學性」。

以 H—O 模式為參照系，自稱為「歷史科學」的歷史學顯然也是不夠「科學」的，因為根本不存在能夠像「自然規律」一樣放之四海而皆準的「歷史規律」。歷史學家的任務是盡可能「完備」地搜集關於單一具體歷史事件的陳述，透過「設身處地」的後理解，解釋單一具體歷史事件的前因後果。由於每個「單一具體歷史事件」都牽涉到人的行為，因而具有無窮多個原因，這些原因很可能有花無果，也可能一花多果或眾花一果，甚至同花異果或異花同果，故歷史學家的任務實在比自然科學家更艱巨。

由此可見，我們評判一門學科、一種解釋模式是否「科學」，潛意識裏總是以高度規範性的 H—O 模式為參照系。以上述歷史學的例子看，這種評判方式似乎過於苛刻。然而，幾乎所有的經驗科學都心甘情願地奉 H—O 模式為楷模，以至諸如生物學、經濟學和社會學等學科紛紛採用數學語言以提升「科學性」。另一方面，正如後現代論者所批評的，所

謂的「科學解釋」事實上是科學共同體內部成員對其他成員的解釋，或者是對科學共同體後補者的解釋，或者是對科學共同體仰慕和信服者的解釋。看來談科學只說因果，不涉語境也難。更何況在漢語語境中，「科學」二字涵義甚多。作為名詞的「科學」（science）是從日語移植來的，意思是「分科之學」；在此意義上「科學」和「學科」是可以相互置換的，例如「人文科學」亦可說成「人文學科」。作為形容詞的「科學」，其意思是指「科學的」、「科學性的」（scientific），已有些居高臨下的味道，如「科學世界觀」、「科學社會主義」等。當「科學」作為限定語使用時，多指與「科學」相關的分支學科，如「科學認識論（科學哲學）」（philosophy of science）、「科學社會學」（sociology of sciences）等，卻絲毫不含「最最科學」的意思。當「科學」與「主義」結合成「科學主義」（scientism）一詞時，其實是指一種「唯科學」（scientistic）的「主義」，屬於信仰或意識形態範疇，與本文話題無關。

科學頭上的光環

賽因斯（科學）先生頭上熠熠生輝的光環緣何而來？因為科學是有用的，更因為高度規範的 H－O 解釋模式中包含有閃閃發光的「黃金律」：科學給出了放之四海而皆準的自然規律。

我們通常將自然規律理解為關於自然現象的因果性陳述，所謂有量必有風，有風必有雨。最要緊的是，我們掌握了關於世界的必然因果律，同時意味著我們有了改造世界的資本，這就是「知識就是力量或權力」的涵義。於是從十八世紀末開始，孔德、黑格爾、馬克思等人紛紛在各自擅長的學科領域內尋找類似於自然界的「必然因果律」。

站在科學史的視角，可知「自然規律」在牛頓時代無疑被理解為上帝心智的體現。對開普勒和牛頓們來說，科學家的天職（calling）就是嘗試了解上帝的心智。現代人關於「自然規律」的思想則是受了斯賓諾莎泛神論的影響——上帝將製造規律的權利與能力讓渡給了大自然。於是日月山川、風雨雷電無不奉行必然因果律，萊布尼茨稱之為「理由充

足律」。沒有幾個人聽得進休謨和康德的棒喝——是人把自己思想方法之一的「因果性」誤置到了自然界身上。

事實上早在 1889 年，龐加萊就證明了：經典力學中的三體問題，如太陽、地球和月亮組成的動力學系統，根本就是不可積分的，亦即無數學精確解，更不用說多體問題了。這意味著牛頓所陳述的經典力學系統並非嚴格遵循因果律。

量子力學的問世首先在科學共同體內部打破了對必然因果律的迷思。薛定諤方程式中的波函數被解釋為電子的「幾率振幅」，透過計算告訴我們：在一個原子中哪些地方電子出現的幾率最大。1927 年，海森伯提出不確定性（或稱測不准）原理：在亞原子領域，不可能同時精確地測量電子的位置和動量。量子力學告訴我們，在量子世界，必然因果律必須讓位給或然因果律。科學共同體成員們雖然心不甘情不願卻不得不先後接受這個陳述。偉大的愛因斯坦則是唯一的例外，他一生執守的座右銘是：「上帝從不玩骰子。」

誕生於上世紀六十年代的混沌論（chaos）告訴我們：當一個系統遠離平衡態時，不再有必然因果律和或然因果律的位置，誰也不知道會發生什麼事情。一陣微風拂過，不管是大王之雄風，還是庶人之雌風，也許只是吹皺一池春水，也許會拔木摧屋、翻江倒海，沒有一定之數。一個遠離平衡態的系統，無論是初始條件變化引起的動力學混沌，或是外界干擾引起的隨機性混沌，數學上都相當於一個非線性系統，在相同的參數條件下，產生越來越多的可能態分支；巨大數目的分支聚集在一起，不排除其間有個別規律性的「島」或「窗」，但在總體上否定了任何系統，從天上風雲到人間社會，在長時段裏的規律性或可預測性。一個系統從一個平衡狀態到下一個平衡狀態，是沒有確定路徑的，一切取決於機遇，同一個兩周大的嬰兒有可能長大成為一個王子，也有可能成為一個叫花子。如果硬要說「因果性」的話，那麼沿著時間座標倒溯，前一個路徑節點就是「因」，後一個路徑節點就是「果」。曾是流體力學權威的賴特希爾爵士（Sir James Lighthill）公開懺悔道：「今天我們都深刻地感到，我們的前輩對牛頓力學驚人成就的崇拜，使它們在可預言性這領域中作

了些推廣，這些推廣我們在 1960 年以前都傾向於認可，但現在我們知道是錯誤的。我們以前曾向知識界宣傳過，滿足牛頓運動方程的系統是決定性的，這在 1960 年後的今天，已被證明為不正確。我們在此集體向知識界道歉。」

至此，我們也許可以嘗試著回答「科學是什麼」的問題了。科學是關於世界的唯象陳述，它運用人類目標理性將關於混沌世界的唯象描寫組織成有序知識。除此之外，神學家和詩人分別用他們自己的陳述方式描寫世界和組織知識。身為現代人，離開了科學、神學和詩歌，我們對這個世界了解多少？

偉大的演員和平庸的剪輯師
——重讀《進化論》

> 大爆炸的劫後餘灰落地了
>
> DNA 在泥濘中昂頭掙扎
>
> 鱗片和甲殼蛻化成時裝革履
>
> 市場的喧囂織成了塵世繁華
>
> ——時間簡史

　　有人將地球村的演化史如同《創世紀》一樣壓縮成六天：茫茫宇宙中，塵芥似的地球在星期一的最初一分鐘裏成形（六十億年前），星期四凌晨（三十億年前）生命的奇跡出現了，星期六下午（二億年前）哺乳動物問世，星期六晚上 11 點 45 分（一百萬年前）人類降生，午夜鐘聲敲響前一秒（一萬年前）人類進入了文明時代即新石器時代。當夜半鐘聲的餘音猶在耳畔繚繞，一部令歷史系大學生望而生畏的二十五史已翻過了最後一頁，地球村迅速進入了經濟一體化的時代。

　　可以說，從無所畏懼的唯物論者到最虔誠的基督教徒，當代多數人相信生物界與時俱進是一個真實的歷史敘事。於 1859 年發表《物種起源》一書的達爾文（Charles Darwin，1809－1882）之所以被譽為「生物界的牛頓」，是因為他不僅僅是第一個將化石記錄按地質年代排序，描述了從最卑微的蠕蟲到最高貴的人類源自同一祖先的歷史敘事，而且還是第一個提出「自然選擇說」以解釋這一歷史敘事。

　　進化論透過嚴復移譯赫胥黎（Thomas Henry Huxley，1825－1895）《天演論》而進入漢語語境，被濃縮為「物競天擇、適者生存」的八字令，迅即成為救亡維新的思想資源，卻少有人細究其背後的哲學理念。

　　達爾文進化論包含兩個基本前設：一是「突然變異（突變）」，二是「自然選擇」。所謂「突變」，在達爾文時代是指物種個體性狀的無定向變異，在當代，幾乎人人都知道生物性狀突變只是基因漂移的結果，更確切地說，是雙螺旋結構的DNA分子擾動的結果。所謂「選擇」，不過是對基因突變結果事後諸葛亮式的追認，而且是成王敗寇式的追認。語云：好死不如賴活。斯賓塞（Herbert Spencer，1820－1903）將「自然選擇」表述為「適者生存」，孤立地看，是一種循環論證或同義反覆：唯有適者才能活著，唯有活著才是適者。法國數學家莫泊丟（Pierre Maupertuis，1698－1759）天才地猜測到：「我們今天看到的僅僅是過去盲目產生出來的生物的一小部分。」問題是，僥倖活下來的這「一小部分」中既有與時俱進者，也有與時俱退者。「進化」（evolution）一詞的原意是「展示、演化」，自達爾文之後普遍解作生物界由簡單到複雜、由單一向多樣的「進步」過程。這是一個人類中心主義的判別標準，人類自然站在進化階梯的最高層。假裝否認「進步」標準是毫無意義的，生態論者口口聲聲要保護野生動物，卻絕不保護侵入人類住宅的蟑螂和老鼠，說穿了，只是為了保障人類能「詩意的棲居」。因此，如果將生物進化事件比作一部歷史巨片的話，那麼「突變」就是一位偉大的天才演員，而「選擇」不過是一名平庸的剪輯師。

　　正如哥白尼與伽利略把地球從宇宙中心的地位上謫貶下來一樣，達爾文把人類從墮落天使的冰冷而孤獨的地位上拉下來，強迫他承認自己與鳥獸有親戚關係。正如牛頓證明天上的星星與地上的蘋果遵循同一力學規則，達爾文也證明了物種的變異和選擇說，既適用於家畜的改良，也適用於從猿到人的演化。由此，衝破了自然神學決定論桎梏的進化論，長期被誤讀為機械論和唯物主義的又一偉大勝利。連自命為「達爾文的鬥犬」的赫胥黎也學著拉普拉斯的口吻說道：「如果進化論的基本命題是真的，這就是說，如果整個生物界和非生物界是由於宇宙本來所賴以構成的分子根據一定規律和其內在力量相互作用的結果，目前的生命早就是原始混沌宇宙的一部分；一個足夠強大的理智，由於知道分子的各種特性，就能夠預先知道1868年英國動物區系的準確情況，就像人們能夠知道在寒冷的冬天人的呼吸會出什麼毛病一樣。」如果通常被

歸入不可知論者的赫胥黎是偶然失足的話，那麼達爾文在德國的私淑弟子們則走得更遠。海克爾（Ernst Heinrich Häeckel，1834－1919）在《宇宙之謎》一書中寫道：我們現在完全同意一種關於自然界的一元論看法，即全宇宙，包括人類在內，作為一個奇妙的統一體，都被永恆不變的定律所支配。有人抑揄道：「在世界各國中，只有在德國，藥劑師開處方時也會意識到他的活動同宇宙結構也是有關係的。」（參見丹皮爾《科學史》，商務版）

我以為達爾文進化論的偉大功績在於，他第一個（量子力學的哥本哈根學派是第二個）把偶然性引入了科學殿堂。已知有三類不同的偶然事態：

第一類，兩條完全無關的因果鏈在某一時空節點交叉所形成的一個類因果事態，人們通常稱之為偶然事態。例如，《水滸》中潘金蓮手中的叉桿「滑將倒去，不端不正，卻好打在〔路過簾下的〕那人〔西門慶〕頭巾上」，即是一個「無巧不成書」的典型偶然事態。（參見第二十三回「王婆貪賄說風情，鄆哥不忿鬧茶肆」）

第二類，具有弱因果性的小概率事件，通常也稱之為偶然事態。例如，買彩票中獎就是一個偶然事態，雖然彩民們深信「堅持數年必有好處」的盛世格言。

第三類，即是那種不可理喻的、不可預期的、甚至是無中生有的偶然事態。無論是幸或不幸，作為進化論前設之一的基因「突變」，恰恰就是這一類偶然性。

如果說，人們勉強能接受第一、二類偶然性的話，那麼對第三類偶然性的嗤之以鼻或恨之入骨卻是由來已久。基因突變式的偶然性在徹底摧毀了神學目的論的同時，也沉重打擊了現代科學視為地基的因果自然觀。古代希臘人從開始哲學思維的第一天起，就認為：在變動不居的萬物背後必定有一個自身不變的永恆存在。被正版哲學教科書譽為辯證法鼻祖的赫拉克里特雖然說過：「人不能兩次踏進同一條河流」，意思是世間萬象都處於流動與變化中，但他又認為至少有一個永恆不變的「邏各斯」存在著。被同一本教科書誣為唯心論教主的柏拉圖認為：絕對不變的「理念」構成了一個真實的原型世界，變化多端的現象世界不過是理念世界的拙劣摹本。

可以說，古希臘哲學傳承給現代科學的是一種根深蒂固的柏拉圖情結：關於天地萬物的知識就像一盒被攪亂了的拼圖遊戲板，正確的拼法肯定是存在的，科學家的天職（Calling）就是將這些拼圖板一小塊一小塊地拼起來。每拼成一小幅圖案，人們就發出一聲驚歎，甚至舉國歡慶，在全球化浪潮中則是舉世歡騰──人類基因組測序的成功就是近在眼前的例子。不同膚色，不同民族，不同信仰，不同政治態度的人們差不多一致相信，即使這盒拼圖板的大小以宇宙尺度計，從理論上說科學總有一天會把這盒拼圖板拼完全的。

可是進化論解釋模式卻告訴我們，新拼板的問世不需要理由，新拼板的形狀也不存在藍圖。我們只能從現在出發解釋過去，解釋宇宙史、生物史、社會史和思想史（包括科學思想史）中發生的不可重複的單一事件，解釋生物的多樣性和人類文化的多元性。但我們無法憑過去的或當下在場的經驗預測未來世界是千禧福年還是洪水滔天，我們只能說不久的將來「也許會如此這般」。進化論解釋模式並未完全放逐目的論和因果論。人哪怕是做一個思想的行動者也必須為自己找一個正當的理由即找一個目的，否則就會像沒頭蒼蠅似地亂飛亂撞。人在某些現象領域仍然必須遵循因果律，哪怕是遵循類似統計規律的弱因果律，否則不可能設計家電和預報天氣。

進化論解釋模式源自生物學，而生物學像物理學一樣仍然是一種經驗科學。作為一種經驗解釋模式，進化論沒有也不可能為人類的作為或不作為提供任何價值，亦即賦予任何意義或目的性。法國分子生物學家、諾貝爾獎獲得者莫諾（Jacques Monod，1910－）認為：DNA「文本」作為生物遺傳信息的貯存器，正是它在複製過程中發生的偶然差錯，成了生物進化的泉源。進化就好比是一次抽獎，「宇宙間並不處處都是生命，生物界也不全都是人類，我們人類只是在蒙特卡洛賭窟裏中簽得彩的一個號碼。」「古老的盟約撕成了碎片，人類至少知道他在宇宙冷冰冰的無限空間中是孤獨的，他的出現是偶然的。任何地方都沒有規定人類的命運和義務。天國在上，地獄在下，人類必須自己作出抉擇。」（參見莫諾《偶然性和必然性》，上海人民版）

　　達爾文若聽到莫諾說法肯定會感到不安的，因為他早就有言在先：「如果作出結論說，每一事物都是無理性的盲目力量的結果，這無論如何也不能使我滿意……我深切感到，就人類的智力來說，這個問題太深奧了。」達爾文在生命起源和人類命運問題上保持了謙虛的緘默，他深知有些問題的答案不在自然界而在一個超驗的地方。儘管如此，科學仍然因為「偶然性」這個不羈的精靈而寢食不安，不惜屈尊與斯賓諾莎的上帝——它的別名叫「必然性」——結盟，後者也甚切近「青青翠竹無非般若，郁郁黃花總是法身」的漢語語境，將進化看作是「前定的和諧」，以便將「偶然性」遠遠逐離科學殿堂，或者用基因漂移頻率或分子擾動機率一類的數學式子來改造它。

第三輯

小說小說

紅顏命薄兼情癡——讀浮生六記

多年前，為推銷德國舶來的氣體測漏儀，我像一頭沙鷗般日日在江南江北飄零。儘管鼓舌如簧，把買賣提升到「與人方便，自己方便」的倫理高度，奈何從容赴宴者多，慷慨解囊者少，兀的不惱煞人也麼哥。好在沿途青山綠水令人不飲也醉，雜樹亂花縱然無情也迷，失落感爽然頓釋，都市人的俗慮塵懷也一洗而空。尤其稱意的是，在一個小縣城裏買到了心儀已久的《浮生六記》（傅昌澤注釋，1992 年北京師範版）。

《浮生六記》作者沈復，字三白，江蘇蘇州人，生於清乾隆二十八年（1763 年），卒年無考，當在嘉慶十二年（1807 年）以後。光緒三年（1877 年），人從蘇州冷攤上購得此書手稿時，六記已逸其二。雖非全璧，讀者很少有遺憾之至者，原因在於所存部分已是全書精華，誠如前人所言：「其淒豔秀靈，怡神蕩魄，感人固已深矣。」

幾年來讀此書，感慨良多，近日更豁然有所悟，遂敷衍成章，並賦得四絕句，分題各卷。

其一，題《閨房記樂》：

> 萬年橋枕萬頃波，中流擊楫素娘歌。人間羨煞神仙侶，不悔閨中粥一鍋。

我曾反覆自問：《浮生六記》既不關天下興亡事，也不關社會革命潮，既無心為男兒揚名，也無意為閨閣立傳，用現在的話說，純粹是一種私人寫作，它的眩人魅力究竟在哪裡呢？在於作者用情真意切、韶秀晶瑩的文字，為讀者刻劃了一個名叫陳芸的太平盛世的良家婦女，一個出身貧寒的才情女子，一個宜家宜室的紅顏知己，一個不勝綱常名教和窮厄困苦雙重負荷，卻執著地追求個人自由而至死不悔的閨閣俊傑。

我以為芸娘的形象與她同一時代的才女陳端生——彈詞《再生緣》作者相比，可以說毫無遜色之處。陳寅恪在《論再生緣》中指出：「中國當日知識界之女性，大別之，可分為三類。第一類為專議中饋酒食之家主婆。第二類為忙於往來酬酢之交際花。至於第三類，則為端生心中之孟麗君，即其本身之寫照，亦即杜少陵所謂『世人皆曰殺』者。前此二類滔滔皆是，而第三類恐止端生一人或極少數人而已。抱如是之理想，生若彼之時代，其遭逢困厄，聲名湮沒，又何足異哉！」（《寒柳堂集》北京三聯版第六七頁）陳端生用一支生花妙筆，藉孟麗君出將入相的傳奇故事，寄託了其荊釵不讓鬚眉的心聲。芸娘的一笑一顰，言談行止，看似處處尋常，卻處處不入堂上尊長法眼，處處有違禮教閨訓，所以同樣具有「顛覆性」而不為她那個時代所見容。

前人對《浮生六記》的筆墨沖淡，行文雅潔，敘事妙肖，多有溢美之詞。我獨以為此類見地猶有隔靴搔癢之嫌，如果移用來讚美張岱的《陶庵夢憶》、《西湖夢尋》，同樣入榫合轍。縱觀詩三百篇以來的文學傳統，大致寫男女偷情則活靈活現、呼之欲出；寫夫妻關係要麼反目成仇、惡聲相向，要麼齊眉舉案、相敬如賓，讀來索然無味。傳世的文學中，優等的如《紅樓夢》，避開夫妻關係直抒大觀園裏少男少女之間的兩情繾綣，次等的如《海上花》，仍是避開夫妻關係專寫勾欄中嫖客妓女之間的畸戀綺情。別具慧眼的陳寅恪指出：「吾國文學，自來以禮法顧忌之故，不敢多言男女間關係，而於正式男女關係如夫婦者，尤少涉及。蓋閨房燕昵之情意，家庭米鹽之瑣屑，大抵不列於篇章，惟以籠統之詞，概括言之而意。此後來沈三白《浮生六記》之《閨房記樂》，所以為例外創作。」（《元白詩箋證稿》北京三聯版第一零三頁）《浮生六記》作為紀實文字之所以不落窠臼，只因綱常名教雖能籠罩時代，卻不能完全蔽塞三白、芸娘夫婦兩顆嚮往自由精神的心靈。

卷一《閨房記樂》展現了三白、芸娘青梅竹馬，兩小無猜，閨中暖粥，女兒癡情；婚後伉儷情篤，纏綿蘊藉，溫酒煮茶，課書論古，品月賞花，遊湖逛廟，不啻煙火神仙的生活剪輯。

就卷一而論，我尤其喜歡三白、芸娘賃居菜園，柳陰垂釣，月下對酌一節。我猜想三白夫婦不單為了避暑，也為暫避高堂父母的嚴辭厲色。我也喜歡芸娘易髻為辮，添掃蛾眉，服男子衣冠，著蝴蝶履，夜遊花光燈影下的水仙廟會一節。人言固然洶洶可畏，禮教固然巍巍如山，只是阻擋不住芸娘追求自由的腳步。

我讀《浮生六記》至今不理解的地方有三處。其一便是沈家無產無業，非官非宦，三白的父親沈稼夫不過是個入幕之賓，不屬國家正式幹部編制，卻處處以「衣冠之家」自居，執守綱常名教甚嚴。中秋佳節，「吳俗，婦女是晚不拘大家小戶皆出，結隊而遊，名曰『走月亮』。」至多算作小康人家媳婦的芸娘，夜遊隔壁相鄰的滄浪亭，還要「先令老僕約守者勿放閒人」，像煞貴妃娘娘省親似的。後來家道中落，「芸生一女名青君，時年十四，頗知書且極賢能，質釵典服幸賴辛勞」。想見如花似玉的閨中女兒低眉垂眼，手挽包袱，走街串巷，往來典當，不由得心酸淚下。「禮不下庶民」，尤其不下窮人家女兒，確是千古不移的箴言。

卷一中，我最喜歡的章節——三白夫婦移居蕭爽樓期間，芸娘托言歸寧，偕夫君遊太湖，也可以說是全書中最令人心搖神漾的篇章。

> 是日早涼，攜一僕先至胥江渡口，登舟而待。芸果肩輿至，解維出虎嘯橋，漸見風帆沙鳥，水天一色。芸曰：「此即所謂太湖耶？今得見天地之寬，不虛此生矣。想閨中人有終身不能見此者。」……返棹至萬年橋下，陽烏猶未落也。八窗盡落，清風徐來，紈扇羅衫，剖瓜解暑。少焉霞映橋紅，煙籠柳暗，銀蟾欲上，漁火滿江矣。……（船家女）素娘即以象箸擊小碟而歌。

對深受綱常名教拘束的中國古代婦女而言，連遊山玩水的自由都是百年不遇的稀罕之物，更遑論社交自由和參政議政自由了。芸娘不顧堂上嚴命，不循閨閣之訓，見天地之寬，覽山水之勝，不亦透露出即使在社會底層婦女中，「獨立之精神，自由之思想」亦如暗流湧動，春草萌生嗎？

綱常名教在家庭生活中最直接的反映，便是婆媳不和，十年媳婦熬成婆後，反過來以壓迫媳婦為能事。耳熟能詳的有漢樂府《孔雀東南飛》

故事，南宋陸游、唐婉故事，都是婆母對媳婦不滿而導致勞燕分飛的悲劇。這中間，做兒子兼丈夫的要負一大部分責任，不能把一切都推到時代頭上。譬如汽車時代，交通事故劇增，難道開車者能把撞死人的責任推給時代，而不必負道義責任嗎？反觀此書，沈三白思想、行止雖未能擺脫「孝、悌」二字束縛，但他對「願生生世世為夫婦」的閨房之盟是看得比世上一切都要寶貴的。沈三白寧可觸怒親顏，拋兒別女，夫婦雙雙離家避居，亦不肯辜負芸娘幼時閨中暖粥待己之情。

其二，題《閒情記趣》：

> 旖旎南園春似海，紅衫翠袖軟金苔。清醪未飲身先醉，盼得芸娘擔火來。

早年找到一本陳望道的《修辭學發凡》，細細讀來，未必弄懂種種修辭格的妙諦，卻曉得世上還有《浮生六記》這等撩撥人性命的好文章。陳書第七篇《積極修辭四·析字·例八》：

> 蘇城有南園北園二處，菜花黃時，苦無酒家小飲；攜盒而往，對花冷飲，殊無意味。或議就近覓飲者，或議看花歸飲者，終不如對花熱飲為快。眾議未定。芸笑曰，「明日但各出杖頭錢，我自擔爐火來。」眾笑曰，「諾。」眾去，余問曰，「卿果自往乎？」芸曰，「非也。妾見市中賣餛飩者，其擔鍋灶無不備，盍雇之而往。妾先烹調端整，到彼處再一下鍋，茶酒兩便。」余曰，「酒菜固便矣，茶乏烹具。」芸曰，「攜一砂罐去，以鐵叉串罐柄，去其鍋，懸於行灶中，加柴火煎茶，不亦便乎？」……明日看花者至，余告以故，眾咸嘆服。飯後同往，並帶席墊，至南園，擇柳陰下團坐。先烹茗，飲畢，然後暖酒烹肴。是日風和日麗，遍地黃金，青衫紅袖，越阡度陌，蝶蜂亂飛，令人不飲自醉。既而酒肴俱熟，坐地大嚼。擔者頗不俗，拉與同飲，遊人見之莫不羨為奇想。杯盤狼藉，各已陶然，或坐或臥，或歌或嘯。紅日將頹，余思粥，擔者即為買米煮之，果腹而歸。芸問曰，「今日之遊樂乎？」眾曰，「非夫人之力不及此。」大笑而散。

這是我最早讀到的《浮生六記》節文，竟一往情深，不忍釋卷。遠離城市的喧囂，卻不失凡俗的熱鬧，太陽光懶懶地照在身上，花信風軟軟地吹在臉上，看春草碧、菜花黃，任蜜蜂舞、蛺蝶狂，這就深深地合了我的心意。飛盞行酒，坐地大嚼，不做酸詩，不行酸令，不傷生，不憂世，捨卻一切世間法，這就更合了我既想附庸風雅、又怕做風雅人的心意。想那芸娘必是性情中人，方能出此奇招。又想那芸娘必不是深閨中人，否則如何省得市中有餛飩擔耶？又為芸娘未能偕夫君同遊而深深嘆惜。

後來讀罷全書，除遊南園一節外，我竟最不喜《閒情記趣》卷。一個人聰明才智究竟有限，若都耗費在養花種草、壘石疊嶂、丹青篆刻上，又以不染匠氣為榮，專以玩票自詡，則處世謀生、養家糊口之計必無著落，窮厄潦倒怨得誰來？試想三白亦曾是個習幕之人，如何不省得大清律例，豈有中保可以隨便作得的？以至於「西人索債，咆哮於門」，老父怒斥兒子為「不思習上，濫伍小人」（見卷三）。此處的「西人」，是我讀此書的第二個不解之處。何謂「西人」？是深目隆鼻的西洋人？還是等待二百年後大開發的西部地區人？我曾猜「西人」是西洋人，只是猜不出他是哪一國人，如何會居留在蘇州繁華地「放利債為業」。後有識者告之以「西人者，實山西人也」。此說亦待考。書中還多處提到用「番銀」（當是銀元）埋單。這「番銀」從何而來？如何會流通於市？留待經濟史家解惑。

卷二中，作者不厭其煩地介紹了蕭爽樓中「長夏無事，考對為會」的雅聚，雅得卻是這樣的俗。

> 每會八人，每人各攜青蚨二百。先拈鬮，得第一者為主考，關防別座；第二者為謄錄，亦就座；餘作舉子，各於謄錄處取紙一條，蓋用印章。主考出五七言各一句，刻香為限，行立構思，不准交頭接耳。對就後投入一匣，方許就座。各人交卷畢，謄錄啟匣，並錄一冊，轉呈主考，以杜徇私。十六對中取七言三聯，五言三聯。……每人有兩聯不取者罰錢二十文，取一聯者免罰十文，過限者倍罰。……惟芸議為官卷，准坐而構思。

大熱天的，就像小孩子辦家家酒，這些終身無緣進考場的人在那裏做舉子應試的遊戲，且維妙維肖到極致，不僅有關防別座的主考，而且有謄錄，甚至有官卷。傅昌澤注釋道：「官卷：官宦人家的眷屬。卷，『眷』之誤。」顯然是傅老先生自己搞錯了，反誣作者手民之誤。官卷是當朝法外施恩，特別為高官顯貴子弟設立的試卷，其中式機會優於民卷。通觀全書，傅注大體平實、要言不煩。唯沈復私授肉饅頭予小沙彌，害得他腹瀉不止，遂道：「可知藜藿之腹不受肉味，良可歎也。」意思是吃長素的和尚果然食不得葷腥。傅注卻道沈復有輕蔑勞動人民之嫌，令人可思可歎。

《閒情記趣》卷末介紹貧賤夫妻日常家居的省儉之法，名之曰「就事論事」，雖多曠達之語，讀來畢竟有「貧賤夫妻百事哀」的心酸。

其三，題《坎坷記愁》：

> 紅顏命薄兼情癡，五鼓辭兒讖語悲。淚眼魂歸腸斷日，離愁苦勝稻荒時。

卷三記沈復夫婦觸怒親顏，寄居錫山華家，臨行前夕，匆匆嫁女青君作童養媳，子逢森亦入肆學貿易。

> 是夜先將半肩行李挑下船，令逢森先臥。青君泣於母側。芸囑曰：「汝母命苦，兼亦情癡，故遭此顛沛。幸汝父待我厚，此去可無他慮。兩三年內，必當佈置重圓。汝至汝家須盡婦道，勿似汝母。（至沉至痛之言，催人淚下──引者）汝翁姑以得汝為幸，必善視汝。所留箱籠什物盡付汝帶去。汝弟年幼故未令知，臨行時託言就醫，數日即歸，俟我去遠告知其故，稟聞祖父可也。」……將交五鼓，暖粥共啜之。芸強顏笑曰：「昔一粥而聚，今一粥而散；若作傳奇，可名《吃粥記》矣。」逢森聞聲亦起，呻曰：「母何為？」芸曰：「將出門就醫耳。」逢森曰：「起何早？」曰：「路遠耳。汝與姊相安在家，毋討祖母嫌。我與汝父同往，數日即歸。」雞聲三唱，芸含淚扶嫗，啟後門將出。逢森忽大哭，曰：「噫，我母不歸矣！」青君恐驚人，急掩其口而慰之。……

　　誰曾料到，五鼓辭兒，逢森一語成讖，母子竟此永訣。有道是：「屋漏偏逢連夜雨」，五年之後，逢森亦夭，母子竟相逢於九泉之下。可見人生悲劇是不分盛世亂世的。

　　沈復夫婦出走錫山後，因思他人籬下終非久居之計，幸三白在邗江鹽署謀得一個司事位置，芸娘隨夫賃屋而居。不出一月，沈復下崗，荒江雪夜，告貸無門；芸娘疾發，病入膏肓，良醫束手。

> 芸娘曰：「……憶妾唱隨二十三年，蒙君錯愛，百凡體恤，不以頑劣見棄。知己如君，得婿如此，妾此生無憾。若布衣暖，菜飯飽，一室雍雍，優遊泉石，如滄浪亭、蕭爽樓之處境，真成煙火神仙矣。神仙幾世才能修到，我輩何人敢望神仙耶！強而求之，致於造物之忌，即有情魔之擾。總因君太多情，妾生薄命耳！」……余曰：「卿果中道相舍，斷無再續之理。況『曾經滄海難為水，除卻巫山不是雲』耳。」芸乃執余手而更欲有言，僅斷續疊言「來世」二字。忽發喘，口噤，兩目瞪視，千呼萬喚已不能言。痛淚兩行，涔涔流溢。既而喘漸微，淚漸乾，一靈縹緲竟爾長逝。

　　沈家無田產別業，房舍所值不過三四千金，全靠老父沈稼夫長年外出做幕僚維持全家生計。當老父病衰，無館可坐時，家境便一天不如一天了。沈復至十八歲成婚那年，還是守著幾卷書，整天優遊泉石，無所事事。第二年，始子承父業，入幕為賓，卻是下崗的日子比坐館的日子多。其間也曾經商，卻是連本都折了進去。以至於「偶有需用不免典質，始則移東補西，繼則左支右絀」，兼之不得父母歡心，連吃飯都成為問題。芸娘盛年拋兒別女，離郡避居，撒手人寰，客觀地說，除了綱常名教的壓迫外，與沈復個人性格及家庭經濟狀況有很大關係。不分青紅皂白，把一切罪過都推到時代身上，原是革命鼓動家的作派。

　　在沈復那個時代，稍可糊口之家，必令子弟讀書，兼習八股時文，以應試科舉，若得「朝為田舍郎，暮登天子堂」，則一張長期飯票到手了。比沈復生活年代稍早的吳敬梓寫了一本《儒林外史》，對科舉竭其熱諷冷嘲之能事。我站在沈復的立場上，卻有點不以為然。吳敬梓自己不僅考過，

而且中過秀才；因繼承了一大筆遺產，有本錢坐吃山空，倒過來勸貧家子弟勿走這唯一可能的脫貧之路，更是毫無道理。放在今天，農家子弟要脫離農村，考大學仍是唯一出路。即使城市平民子弟，要想在勞動力市場上賣個好價錢，考大學也是唯一出路。當然，吳敬梓罵儒林敗類並沒有錯，罵應試士子輕忽「文行出處」也沒有錯。況且從古至今，借考試評職稱，以籠住讀書人的彎頭，原是當權者軌訓世道人心的極好法子。

我讀此書的第三個百思不解之處便是：號稱衣冠門第的沈家，何以不讓子弟學習八股時文，也好有機會應舉做官，報效皇上。即使沈復是性情中人，像賈寶玉似地討厭做「國賊祿蠹」，難道他的父親也不喜兒孫做官？唯一的解釋只能是沈家子弟沒有資格應試科舉。

根據清代規定，凡出身不正，如門子、長隨、小廝、驛遞車夫、皂隸、馬快、步快、鹽快、禁卒、弓兵之子孫，均不得應試。此外，還有浙江之丐戶九姓、漁父、山陝之樂戶、廣東之蛋戶、吹手、旗民家奴等，除非改業削籍，並自改業之人為始，下逮四世（或扣足三代），方准報捐應試。（參見何懷宏著《選舉社會及其終結》，北京三聯版）

我猜想，沈復的祖父是個旗民家奴，依據是：沈復在《浮生六記》中絲毫沒有提及自家的門第出身，甚至沒有提及有關他祖父輩的一星半點材料，這是大可尋味的。若假定沈復祖父已經脫籍，則根據政策規定，到沈復兒子逢森正好「下逮四世」（即扣足三代），可以應試。由於沈家未能享受到這一「給出路」政策，也不可能因家裏窮而放棄享受政策的權利，我只好假定，沈復的祖父並未脫籍。如果從沈復父親稼夫公脫籍入幕開始算起，則傳至逢森不過三世，當然仍無資格應試。

沈復的祖父是旗民家奴的另一內證是：沈家父子於乾隆南巡時，兩次接駕，得仰天顏，此事亦大可尋味。雖說皇恩浩蕩，一個下級幕僚、一個白衣士子，前世敲穿一千隻木魚，也未必接得一回駕，仰得一回天顏，何況再乎？即使放在現代，放在民主國家，除非在電視螢幕上，總統「天顏」也不是阿狗阿貓想看就可看到的。在沈復那個時代，尋常百姓家中唯一有可能接駕並仰天顏的，除非是「從前王謝堂前燕」，除非是玉皇大帝的前任家奴——如天篷元帥、捲簾大將一類人物。

《浮生六記》對沈家子弟根據政策規定不得應試科舉這一節諱莫如深，也未流露出絲毫憤憤不平之意。站在沈復的立場上，這時代縱有萬般不是，畢竟與他親近，就像現代社會縱有萬般不是，畢竟與我們親近。但我們回過頭去看乾隆時代，萬萬不可假裝看不到血腥的文字獄，假裝看不到孔飛力在《叫魂》中所鉤稽的社會底層騷動，假裝看不到《浮生六記》中所記錄的盛世悲劇。

其四，題《浪遊記快》：

> 半恃才情半浮華，輪蹄處處逐煙霞。畫船燈火層寮月，春夢無痕客為家。

我初讀《浮生六記》時對沈復的性格頗為迷惑，既引以為同調，又覺得他對芸娘的壽夭負有責任，應引以為戒。隨著年齡的增長，我對自己了解更多，從而對沈復也了解更多，縱有千言萬語也只化成這一句「半恃才情半浮華」了。沈復不幸身為家奴之後代，而「獨立之精神，自由之思想」未嘗稍減。用他自己的話說：「余凡事喜獨出己見，不屑隨人是非，即論詩品畫，莫不存人珍我棄，人棄我取之意；故名勝所在貴乎心得，有名勝而不覺其佳者，有非名勝而自以為妙者。」特立獨行是需要滿腹才情做底子的，否則便是輕狂淺薄。沈復習幕、經商都是不得意而為之，深心裏喜的是「呼朋引伴，劇飲狂歌，暢懷遊覽」，不惜「計米商柴而尋歡」（芸娘語），這便是他性格中浮華的一面，宜為子弟戒。

沈復所謂「浪遊」，並不是昆侖俠下山——住必上房（相當現在的總統套房），食不厭精（彼時尚無生猛海鮮），想去哪兒去哪兒。沈復「浪遊」是為了打工。那時節沒有報紙刊登招聘廣告，全靠人託人介紹入幕坐館。又無勞動合同保障，一不小心開罪東家或遭同儕排擠，只得捲舖蓋回家。在此人生困境下，沈復猶能寄情山水，所謂「輪蹄處處逐煙霞」，確實難能可貴。如今有佳山佳水之處無工可打，有工可打處必熱鬧不堪，想「浪遊」也不可得了。

潘近僧《浮生六記》序中詠道：「眼底煙霞付筆端，忽耽冷趣忽濃歡；畫船燈火層寮月，都作登州海市觀。」沈復愛「冷趣」，愈是人稀鳥寂、

山幽地僻之處，遊興愈熾。沈復也愛「濃歡」，南下廣州，在沙面揚幫花船上冶游而樂不思吳。

> ……寮適無客。（寮者，船頂之樓。）鴇兒笑迎，曰：「我知今日貴客來，故留寮以相待也。」余笑曰：「姥真荷葉下仙人哉！」遂有伻頭移燭相引，由艙後，梯而登，宛如斗室，旁一長榻，几案俱備。揭簾再進，即在頭艙之頂，床亦旁設，中間方窗嵌以玻璃，不火而光滿一室，蓋對船之燈光也。衾帳鏡奩，頗極華美。喜兒曰：「從台可以望月。」即在梯門之上，疊開一窗，蛇行而出，即後梢之頂也。三面皆設短欄，一輪明月，水闊天空。縱橫如亂葉浮水面者，酒船也；閃爍如繁星列天者，酒船之燈也；更有小艇梳織往來，笙歌弦索之聲雜以長潮之沸，令人情為之移。余曰：「『少不入廣』，當在斯矣！」惜余婦芸娘不能偕遊至此。……

在沈復的時代，無功名職守的平民狎妓並不存在有違綱紀倫常的問題，卷一中芸娘甚至「盟妓」為夫君作伐牽線。時至今日，廣東得改革開放之先機，日夕為銷金之地，卻再也見不到沈復筆下之潮聲燈影裏的沙面月夜了。因此，我搜盡枯腸，再也想不出比潘詩「畫船燈火層寮月」更好的句子，只得掠他人之美。末句「春夢無痕客為家」，兼集蘇東坡「事如春夢了無痕」詩意和李後主「夢裏不知身是客」詞意。

中國的傳奇相當於西方的通俗小說，讀者花錢原本為了看故事，外帶一點淺淺的教訓。至於他人的身世，或社會問題，或終極關懷，原不在讀者操心之列。也許讀者自己要操心的事已經太多了：下崗，健康，兒女的升學或就業，衣食住行，柴米油鹽，等等，等等。《浮生六記》不是傳奇，所以差一點就湮沒於世，排成活字後，也終於沒有成為暢銷書。

採陰補陽和虛幻正義

　　一部中國思想史寫到明代，理所當然地著墨於王陽明的心學崛起、李卓吾的狂禪胸次、顧憲成的東林結社、利瑪竇的西學東傳及湯顯祖的臨川四夢，卻往往忽略了明朝中葉以降，上至君王，下至黎民，崇奉道教之風熾盛的一面。誠如魯迅所說：「奉道流羽客之隆重，極於宋宣和時，元雖歸佛，亦甚崇道，其幻惑故遍行於人間，明初稍衰，比中葉而復極顯赫，成化時有方士李孜，釋繼曉，正德時有色目人於永，皆以方伎雜流拜官，榮華熠耀，世所企羨，則妖妄之說自盛，而影響且及於文章。」（魯迅：《中國小說史略》）道教以修真求道、煉形屍解、導引房中、辟穀食氣、合藥煉金為本門知識技能，其核心觀念在於追求生命的永恆與世俗的幸福，正搔著國人心中或公開或隱秘的癢處，不是「妖妄之說」四字所能簡單否定的。《四遊記》一類神魔小說的刊行，既是坊間書商迎合大眾閱讀口味的市場行為，也反映了明代社會普通人的知識、思想和信仰背景。

　　內中《東遊記》，又名《上洞八仙傳》，二卷五十八回，題「蘭江吳文泰著」。就小說結構而言，該書謀篇布局極為粗疏，各章長短不齊，短的不足五百字，長的如第二回「老君道教源流」約有三千來字；就文字而言，魯迅對神魔小說的八字考語——「蕪雜淺陋，率無可觀」，可謂一語中的。

　　所謂「上洞八仙」即指鐵拐李、漢鍾離、呂洞賓、張果老、藍采和、何仙姑、韓湘子、曹國舅八人，歷來是民間年畫、戲曲故事中的主題人物。小說作者在前三十一回及第四十五回中花大力氣分述八仙修真得道經過，讀來毫無興味，像讀幹部履歷表般索然。八仙的得道經歷大致可分成兩類：一類以鐵拐李為代表，生小「挹五行之秀氣，識天地之玄機，不務家人生理，即慕大道金丹」，換言之，生來是仙界選民，故有「一人得道、合宅升天」的好事。另一類以藍采和為代表，前生就是仙籍中人，如藍采和前生為赤腳大仙，頗像幹部下放農村鍛煉，日後終究是要歸位的。

小說中唯有東華真人之後身的呂洞賓，於大是大非上雖不含糊，卻是「寡人有疾，寡人好色」。好在仙界與人間相似，對於幹部的小節向來不大在意。觀音大士當面向如來、老君投訴，在洛陽曾多次遭呂洞賓性騷擾，只引來如來、老君一陣曖昧的大笑而不了了之。其中呂洞賓嫖宿洛陽名妓白牡丹一節（參見第二十七回「洞賓調戲白牡丹」），透露出當時人對道家源遠流長的採陰補陽術──歷來為儒釋兩家所鄙視的房中長生術──之深信不疑。在皇權專制社會裏，不僅婦女的自由權受到箝制，甚至為了男性臆想中的長生術而不得不獻出自己的「英華」。當時的讀書人，一邊搖頭晃腦地吟誦「學而時習之不亦樂乎」，一邊透過此類大眾閱讀不加置疑地接受了道家的「長生」知識。

小說第三十二回至第四十四回寫頗有點「叛逆」氣質的呂洞賓，為了煞煞仙界的「華夷定分，勝負氣數」論（其實也是儒家的理論），助遼國蕭太后大擺天門陣以敗宋朝兵馬。各陣中以迷魂陣最為慘毒，呂洞賓令「密取懷孕婦人七個，倒埋旗下，遇交戰之時，好取敵人精神。」兩軍開戰後，「[宋將楊]五郎趕入陣中，[遼將]耶律休歌播動紅旗，妖氣並起，一群陰鬼號哭而來，宋兵各自昏亂。五郎令小兒揚威，手執柳條，御風而進，妖氣漸散。宋兵趕至旗下，掘出孕婦。耶律慌亂，棄陣退走。五郎趕上一刀劈死……。」無論古今，婦孺（包括胎兒在內）為民族戰爭被逼或自願捨生取義的事想來總是有的，孕婦殉陣未必比巴勒斯坦妙齡少女被綁為烈性炸彈更慘毒。但以倒埋旗下的孕婦冤魂佈陣殺敵總屬於本土宗教特有的軍事知識，何況冷兵器時代也少有證偽的機會，不僅村夫村婦相信，連熟讀《孫子兵法》的精英也相信。被定為中國近代史座標原點的中英鴉片戰爭中，尚有清軍以沾染婦女經血的污物禦敵的，雖為英軍密集火力所破，但不見得就此證偽──火槍是現代的「一陽指」，當然能破陰啦。前幾年足球界某教練率隊出征是不許女記者同車的，足球是陽剛運動，沾不得陰氣。

第四十六回起寫八仙在王母娘娘的壽筵──蟠桃會上喝得醉酗酗的，結伴遨遊東海。又是呂洞賓倡議：「今日乘雲而過，不見仙家本事。試以一物投之水面，各顯神通而過何如？」眾曰：「可。」鐵拐即以杖投

水中，自立其上，乘風逐浪而渡。鍾離以鼓投水中而渡，果老以紙驢投水中而渡，洞賓以簫管投水中而渡，湘子以花籃投水中而渡，仙姑以竹罩投水中而渡，采和以拍板投水中而渡，國舅以玉版投水中而渡。未料東海龍宮太子魔揭見藍采和玉板光彩奪目，甚是可愛，便連人帶寶劫持而去，人囚幽室，寶歸龍宮。

以現代法治社會的眼光看，東海龍王是玉帝冊封的東海水域最高行政長官，八仙是過境的遊客，龍王只有保護遊客生命財產安全的義務，決無掠奪私人寶物和非法拘禁遊客的權力，八仙理應到天庭告狀並完全有可能打贏這場官司。由於八仙黨人一怒之下，忘記了或者說不信任仙界社會制度揚善懲惡的實踐有效性，憑自身的神通，解救藍采和，奪回玉板，由是引發一場海空大戰，先打敗龍王，後打敗天兵。後得觀音出面調解，雙方才罷兵議和。這一戰，東海龍王白白死了兩個兒子不說，那海中無數的生猛海鮮更是無處索命。

小說著者顯然對龍王破壞仙界制度持厭惡、譴責的立場，對八仙懲罰龍王父子持同情、讚頌的立場，並透過並無多少藝術感染力的文字向讀者清晰地毫不遮掩地傳達了他的立場。問題在於：在明代皇權的高壓專制制度下，連《孟子》都會遭刪節，包括《水滸傳》、《四遊記》等書的合法刊行、流通是如何可能的？換言之，為懲惡而破壞現存社會秩序的「以暴易暴」思想的合法傳播是如何可能的？換成羅爾斯、哈貝馬斯等人的社會政治哲學話語，當作為社會基本結構（制度與規範）的「第一義」——具有康德所謂「絕對命令」性質的正義原則遭到破壞時，任何個人包括受非正義行為侵害的當事者，撇開社會正義程式、制度和規範，藉助於個人或他所屬團體的暴力，對正義原則破壞者進行懲罰，這一行為本身就是非正義的。因此，八仙黨人反抗龍王、天兵的正義性，只能是一種幻想的正義性。於是問題換成了，這種幻想正義性的合法傳播是如何可能的？它是否有轉化為社會實踐的可能？（當有人，比如麥金太爾，提出「誰之正義」的問題時，他並非是向正義原則挑戰，而是向現存社會秩序正當性挑戰，如果有足夠多的人跟著他走時，意味著革命的降臨，任何程式性原則包括正義原則，在革命剃刀面前都是無效的。）

　　一種可能的答案是：中國古代皇權專制社會雖然是「普天之下，莫非王土，率土之濱，莫非王臣」，事實上卻是天高皇帝遠，官方對正義原則的實際維護只延伸到縣團級。正義原則在廣大鄉村間的確立，只能依賴於有正義感兼有錢的鄉紳，只能依賴於有正義感兼孔武有力的鄉民了。比如，鄉紳、鄉民就地而非越界打死個把盜賊，一埋了之，官府顯然是不大可能追究的。正是這種破壞普遍正義原則的個案，大大擴張了民眾的幻想正義性，反映在話本、戲曲、小說等藝術創作中，即是武俠文化的氾濫，八仙過海故事無非是其中最粗糙的一種。（清官故事則是幻想正義性的一種變形，手持尚方寶劍的清官可以「超越」社會正義程式和規範，先斬後奏，懲罰不義之人。）幻想正義性的流風遺韻反映在當代中國社會，則是以個人暴力處理民事糾紛（如醫療事故），以個人暴力懲罰偷盜等輕罪嫌疑人，等等。從社會功能角度看，因官方——正義原則的合法維護者——對非正義行為失察、延誤懲罰（即正義遲到），民眾由此而積蓄的「正義憤恨」藉幻想正義性這一精神減壓閥而得到釋放。也許這就是以「幻想正義性」為母題的小說得以在中國古代社會長期合法傳播的秘密。

欲採蘋花不自由

——讀棉棉小說《糖》

自由主義思想家伯林說過：「人之所以為人，在於他們有選擇能力，不論是選擇好的或壞的東西，要點在人可以自行選擇」（伯林：《穆勒與人生的目的》）。這是伯林為自由主義奠下的一個「終極基礎」。然而我們仍然無法回避一個困擾了人類幾千年的老問題——人的選擇在何種條件下才可稱得上是「自由心志」的產物？以我看來，棉棉的擬自傳體長篇小說《糖》正是圍繞著「自由和選擇」這一既古老而又時新的話題，敘述一個「問題女孩」紅和她在青春迷途中邂逅的幾個同樣有「問題」的少男少女的故事。

這是一個嶄新的時代，由於小說處處透過「生活在幻覺中」，「不願走進社會，也不知道該怎樣走進社會」的「問題女孩」紅的視角，去感覺個人皮膚邊界以外的世界，因此小說中關於當代歷史的敘事必然是東一鱗西一爪的，就像散了一地的拼圖遊戲板，全靠讀者自己想辦法把它們拼成一幅色彩斑斕的圖畫。紅的童年時代，蒙娜麗莎的神秘微笑和貝多芬的交響樂——「必須如此，必須如此」的《命運》，已經重新成為高雅人士和嚮往高雅人士的自由選擇。那時候還沒有允許一部分人先富起來，但「告別革命」之後，一度被革命大潮淹沒了的社會階層之間的落差凸顯了，紅回憶起「那時周圍沒有人家像我們一樣擁有唱機和電視機，那時肉、布、油等物品還在實行配給制，那時周圍有很多鄰居還靠到菜市場撿菜皮過生活，而我們是這幢樓裏唯一的知識分子家庭，父親認為我應該感到幸運」。當她十九歲時，故事場景迅速從上海切換到南方的一個小城市裏時，她第一個感觸是：這個小城市裏已經有酒吧了，而上海的街頭只有幾個小咖啡館，「那個時候，這個城市是中國最富有的，有很多富有的人，也有各種各樣討生活的人」。三年後（這是我從紅的年齡推

111

算出來的），「北京出現了很多搖滾樂隊」和「行為藝術」，紅的男友賽寧告訴她：「北京太誇張。每個人都活在感動之中，每個人都暈著。他不適應這種集體生活，太熱鬧。那裏清一色的重金屬，插上效果器就甩頭，而且很政治，他不理解」。小說中第一次出現的時間座標是「1994 年 12 月的一個早晨」，不久紅第二次進了戒毒所。一年後，在走出戒毒所的女孩眼裏，「上海的淮海路有了很大的改變，好多好多漂亮的大百貨公司，蘋果帶我逛商店，向我介紹各種流行訊息，⋯⋯上海已完全不是從前的上海，每個星期都有變化」。因此，「問題女孩」紅的「問題」理所當然地不可以和湯顯祖筆下的杜麗娘的「問題」相混淆，也不可以和張愛玲筆下的流蘇的「問題」相混淆，這是一個發生在二十世紀末葉的「現代」女孩的故事。

紅的父親和賽寧的父親都是「知識分子」，並且都經歷過一個「別無選擇」革命大潮橫流的年代。新時代降臨，當他們有權選擇的時候，他們為自己選擇了「離婚」，選擇了「做生意」或「出國」；為迫切需要母愛和玩具的兒女們選擇了「破碎家庭」，選擇了「很中國」的蕭邦或不那麼「中國」的帕格尼尼。他們集「知識分子」的生存智慧和「父親」的舐犢深情於一身，認為自己可為兒女的童年乃至一生作出唯一正確的選擇，並且用非常「傳統」的家長威權把這種非常「現代」的選擇強施於紅和賽寧。於是，真正屬於孩子自己的、出自童心的選擇被壓抑了，隨之伴生的便是反叛，用失聲尖叫反叛「畫她（蒙娜麗莎）的那個人」，用巧克力反叛富有科學營養的飯菜。轉眼之間，紅和賽寧們已經長大了，到了身體上和法律上都被允許「自由選擇」的年齡；選擇是需要花錢的，父親們總是及時在孩子的信用卡上存入足夠的錢。然而，面對無限多樣的開放世界，他們的選擇不僅讓父輩們長太息，而且令自己陷入了困惑和失落的田地。

選擇是什麼？選擇即是捨棄，魚和熊掌，我們總得選擇一樣，捨棄一樣，而在一個多元的世界裏，我們可選擇的很多，將捨棄的更多。選擇即是被控制，我們要不選擇某種抽象的東西如關於真理的話語，要不選擇某種具象的東西如關於神的話語，拿它來調校或控制自己的思想和

行為。在小說中，紅和賽寧們從未嘗試過、卻天生不喜歡被任何抽象或具象話語控制的感覺，於是選擇用身體慾望的本能衝動來反叛一切話語。他們玩音樂，因為「音樂不需要去搞懂，音樂離身體最近」（賽寧）；他們玩做愛，讓「愛的感覺一陣陣到來一陣陣退去」，直到「身體開始疲倦」；他們玩酒精、玩毒品、玩自殺，玩一切「現場的」東西。但他們仍然未能擺脫一種「被什麼東西莫名其妙控制住的」感覺，於是，他們用搖滾來反叛音樂，用性冷淡來反叛做愛，用戒毒丸來反叛毒品，用彼種感覺來反叛此種感覺。

耐人尋味的是，「問題女孩」紅一邊迷戀於「用身體檢閱男人，用皮膚思考」──她自己貶之為「狗屎」──的生活，一邊卻從未放棄過在「屎裏覓道」。在這個男性話語和男性感覺居支配地位的世界裏，作為弱勢女人的紅，始終在潛意識裏把愛當作一種宗教，而不是當作一種與男人對話的「技術」。她孜孜不倦地在初戀情人賽寧身上尋求愛情的真諦，尋找做愛的真諦，尋找高潮的真諦，然而她失敗了。她試圖與一個名叫談談的男人締結婚姻，以便在這個男人為中心的社會裏，用一種類似於締結契約的方法尋找與男人對話的「保障」，然而這只是一場噩夢。最後，她試圖僅僅作為一名性夥伴與男性在床上作平等的交流和溝通，然而除了「避孕套不會背信棄義」之外，男人的愚蠢和冷漠徹底令她失望了。與此同時，她似乎有點無師自通地悟出：在這個世界上，男人對失控的恐懼一點也並不比女人輕，男人的問題一點也不比女人少，所以選擇──不管是選擇話語還是選擇感覺──完全是男人和女人自己的事，誰也不必依賴誰；在這個世界上，我們唯一無法反叛的是，我們必須長大，我們必須選擇，我們必須避免失控。

對於「問題女孩」紅的故事可以有多種多樣的解讀，我只是選擇了其中的一種，它取決於我今天的情緒和以往的閱讀經驗。在小說中，紅第二次向一個超現實主義的戒毒所告別後，原可以有多種多樣的選擇，她可以選擇繼續吸毒直至與死神相吻，她也可以選擇做一個「回頭浪女」（這是我杜撰的詞）承歡父母膝下，但她選擇了「現場的」寫作，選擇了「愛」──不是「男歡女愛」，而是一種叫做「愛」的極其寬泛又極其

深奧、極其抽象又極其感性、極其清晰又極其含糊的話語，以支撐她原來的生活軌道。我不知道這是紅的選擇，還是小說作者為紅作出的選擇，我只知道紅不會選擇上街賣烤紅薯以掙回自己的衣食，也不會選擇上街遊行以宣傳女權主義。無論是小說的作者還是紅，選擇的自由度與世界的無限多樣性相比，都是極其有限的。有人說，真正的自由是建立在世界本質的認識之上的。又有人說，根本不存在一個叫做「本質」的東西，認識它也就無從談起，可見也不會有一種叫做「真正的自由」的東西。按物理學家波爾的說法：「一種深刻真理的反面並非謊言，而是另一種深刻真理」。因此，上述兩種話語都對，一切取決於我們的感覺喜歡哪一種。

一個現代—性的寓言

——讀艾偉小說《小姐們》

「現代性」（modernity）在大陸學界曾經是、如今仍然是個摩登（modern）的語詞，印象中數「新左」學人援引的頻率最高。對「現代性」的一種解讀是：現代人的幸或不幸全在於對人生意義的認知轉向——由形而上的神靈降至形而下的肉身，一言以蔽之，「現代性」即是「現代—性」。艾偉的中篇小說《小姐們》（載《收穫》2003 年第 2 期）正是敘述了一則關於當代中國鄉村的現代—性的寓言：六位現代神女—「小姐」蒞臨一個偏僻山村的老太太葬禮，與死者的四個兒女、一個外孫一齊向讀者傾訴了現代—性的吊詭、恢奇。

少年與小姐

有識者云：中國的現代—性是遲到的現代—性，中國鄉村的現代—性更是姍姍來遲者。小說中，山村的偏遠和閉塞成為一個豆蔻少年與現代—性之間的一道不透明屏障。紅宇是個生性靦腆的十四歲少年，他的嘴唇上已有一層毛茸茸的柔軟絨毛，對男女之間的事也有了一點朦朧的感覺，卻依然為夢遺而慌張、恐懼，認為這是不好的。我以為，對現代—性的善、惡評判，對「小姐」這一稱謂的特殊涵義的認知——「小姐」指稱了當代社會中一個從事現代—性服務工作的邊緣女性群體——從來不是一種無師自通的生物本能，而是一種社會倫理規訓。因此，紅宇既不可能知道：在城裏開店的大姨兆曼帶來奔喪、扮孝女的六個年輕姑娘即是所謂的「小姐」，也不可能對「小姐」這一現代—性「墮落」的隱喻形象、這一公共道德和公共健康「污染源」的象徵符號，表現出「正派人」應有的鄙視和虛幻的同情。

在紅宇看來，「年輕的姑娘們神情木然，雙眼無神，她們每個人手裏都握著一個巨大的花圈，但姑娘們的身材相當好，她們的臉蛋也光鮮迷人」。「姑娘們把花圈放在廳堂裏，這會兒，她們的臉上已有嚴肅而好奇的表情。紅宇發現她們的眼睛烏黑而明亮。她們投向屍體的眼神雖然有外人的冷漠，但看得出來，她們敬畏死者。她們在香台前拜了起來，一邊拜一邊還念念有詞。紅宇不知道她們是在祈求死者保佑還是別的什麼。紅宇這樣胡思亂想的時候，他發現其中一個姑娘竟然跪了下來，對著外婆磕頭。……她看上去異常虔誠。一邊看著的親戚們的表情也跟著嚴肅而聖潔起來。紅宇見她們這樣，對她們產生了好感。她們看上去清清爽爽的，秀麗，活潑，青春洋溢，紅宇覺得她們把這個死氣沈沈的葬禮照亮了。」

紅宇當然不知道他的好感無意中顛覆了都市讀者對「小姐」們的現代一性偏見。我以為，當姑娘們卸下「小姐」的職業面具時，她們的人格尊嚴、她們本性中無可置疑的善，即使與卸下職業面具的警員或法官相比，也決不存在高下、貴賤之分。「小姐」職業的特殊性，投入成本與產出效益的不對稱性，固然對她們人性中的善是一種腐蝕。然而，職業政治家和公務員手中不受節制的公共權力對掌權者人性中的善不同樣是一種腐蝕嗎？況且，由於現代社會的分層和現代職業的分工愈來愈細化，人成了社會這架大機器中的一顆螺絲釘，成了馬爾庫塞所謂的「單面人」，事實上，所謂的「異化」即意味著「現代化」對人性的腐蝕。

「從靈堂裏一出來，姑娘們就放鬆了。剛才嚴肅呆板的姑娘們突然變得放肆起來，她們相互開起一些玩笑。『小玉，你是不是在拍老闆娘的馬屁呀？你還真跪下來了。』『呸，你們說什麼呀，我跪下來是因為她像我的外婆。』『小玉，你可真是孝。』她們的笑聲顯得清涼而悠遠。」

她們來自城裏，她們像畫中人般的美麗，她們的笑聲，她們身上散發的香氣，對於純真無邪的紅宇是一道視覺、聽覺和嗅覺的盛宴，也是一種危險的現代一性誘惑。特別是那個叫劉燕的姑娘，並不因為遭其他姑娘的嘲笑而抑制自己的喜歡「小男人」的隱蔽慾望，不時地用一種既像挑逗又像是調侃的表情引他說話。幸好紅宇並不喜歡看這個有一種令人

生畏的放肆的女人，但承認她確實也是個美麗的姑娘，笑起來清脆、張揚，像空氣中燃放的鞭炮。紅宇喜歡看那個叫小玉的穿白裙的姑娘，喜歡小玉這個名字有一些光亮、柔和的感覺，就像她的模樣。當然，她跪拜外婆時那虔誠的模樣也讓紅宇喜歡。最主要的是，紅宇覺得外婆的死就像巨大的天幕，壓抑著這個村莊，而她們的笑聲卻可以在這幕上鑽出幾個洞。

就在道士們大做法事之夜，紅宇突然發覺姑娘們「消失不見了，像空氣一樣消失在黑暗中了。她們在幹什麼？他感到她們好像與這村莊渾然一體，合二為一了，他感到她們好像無處不在，空氣中的香味源源不斷。……紅宇感到在山上，在村子的每一個角落似乎正在發生一些隱秘的事情。那是些什麼事呢？紅宇無法想像。他感到孤單，他感到自己像是一個被遺棄的人，被排斥在了熱鬧之外。」

沒有人願意告訴紅宇答案，人們彷彿約好了必須保護他免遭現代─性的過早濡染。即使在這個充滿死亡氣息的夜晚，姑娘們也未能推辭她們傳播現代─性（或許還有現代─性病）的職業使命，因為這個偏僻山村裏的男人也未能抑制他們對現代─性的需求。但姑娘們並非金沙灘頭馬郎婦──普施玉露的觀世音，也非古巴比倫神殿裏的聖女，更非古羅馬的性奴隸，她們的服務是一種現代─性交易，是要按市場價格收費的。即使是她們老闆娘的弟弟兆軍，貴為「皇親國戚」，照樣不能享受免費或打折的性服務，兆軍為此不但花光了積蓄，還欠了姑娘們一屁股的債。

葬禮終於結束了。天很熱，紅宇把姑娘們帶到山塢裏一個像天空那樣清澈深邃的潭子邊喝水，自己卻站在遠處的一棵樹下，他好像不知該走呢還是等著她們一道走。見到這麼清的水，姑娘們發了瘋似地相互潑水，她們潑出的水花在陽光下呈現彩虹一樣的光彩，裙子一會兒就濕了。在劉燕帶領下，姑娘們竟脫了衣裙下潭子洗澡了。「她們是多麼美啊。在陽光下，她們的皮膚白得耀眼，就好像在潭子裏浮著了幾堆雪。水面上有一陣薄霧，薄霧在她們身邊繞來繞去。」紅宇呆住了，雙眼好像被什麼東西刺痛了，迅速地轉過身去。讀者也被震動了，她們是「小姐」，還是天使？語云：「菩薩妖精，總是一念。」我以為，「小姐」與天使的區別，原在你、我以及她們自身的一念之間。

「姑娘們離去後，紅宇感到空氣裏有了一種空蕩蕩的傷感的氣息，就好像一場歡宴剛剛散去。紅宇感到從未有過的惆悵。……有時候，在睡覺之前，他的腦海裏會浮現那些在潭子裏洗澡的姑娘，直到睡眠不可抑制地降臨，赤身裸體的姑娘像花朵那樣在黑暗的風中消散。」小說結尾時寫到紅宇比以前更用功地讀書，為了將來到城裏去。也許紅宇已經覺悟到只有城裏才有「現代一性」，也許對紅宇來說——套用哈貝馬斯的話——「現代一性」是一個未完成的方案。

威權與肉身

我以為，在這個現代一性的寓言裏，讀者嘖嘖稱奇的決非因為現代社會裏竟然存在著家長的絕對威權，存在著兒女們對家長威權的自願服從，而是因為家長的威權竟然以一具已死的肉身為象徵，而兒女們的服從和怨恨竟然以肉慾的壓抑和放縱為象徵。

誠如韋伯所說：家長制的威權「植根於如何提供日常生活之經常而普遍的需要之中。」小說中母親之威權的合法性和正當性同樣來自日常生活，丈夫在她生下兆軍那一年就死了，是她含辛茹苦把兄妹四個拉扯大的「是生活把母親的性格塑造得剛毅、專制、粗暴、任性」。

兆娟是這個現代一性寓言中唯一的知識分子象徵，面對穿著綠色壽衣褲、停放在廳堂裏的屍體，「兆娟心裏巨大的虛空就是這時候湧出的。母親就這樣去了另一個世界。昨天還好好的，還躺在床上罵大哥，因為大哥給她擦身子時燙著了她。但今天，一切都遠去了，她躺在那裏，如此安詳，但生命已經停止，她再也不可能憤怒了。」面對母親的死，兆娟有一種整個身心被抽空了的無處歸依的感覺。母親的威權曾經是她生命中的另一個主宰，更具體地說，是她肉身的另一個主宰。她師範畢業本可以留在省城，但母親不願意子女的身體遠離自己的視線，理由是「我辛辛苦苦把你們養大，我這點要求不高」。對馮家兒女們來說，家長的威權已轉化為准神性的身位，「這種力量強迫人們克制自己最深層的本能，甚至放棄自己的生存意志和自我保存衝動，滿心歡喜地犧牲自己。」（凱

爾森《上帝和國家》)兆娟為了不讓母親傷心，回到了這個偏僻閉塞的村子，還帶來了城裏長大的男朋友，結了婚，生下了紅宇；一年後，丈夫走了，十多來丈夫漸漸變成了一個抽象的符號。但母親並不因此而高興，她希望自己的子女心甘情願地服從她，而不僅僅是身體的服從。威權是肉感的，天然具有唯物論傾向，它從不承認心智和情感可以脫離肉身，有其獨立存在的權利。兆娟覺得自己的不幸全是母親一手造成的。可現在母親走了，她不會為此承擔任何責任。兆娟突然覺得她以前為母親所做的一切都顯得毫無意義，甚至有一種荒謬之感。「兆娟不由得失聲痛哭起來，旁邊的人以為她在為母親哭泣，都來勸她節哀。只有她自己知道，她這完全是在為自己哭泣。」我以為兆娟的悲傷有點類似於二十七年前即 1976 年，毛澤東的逝世帶給一代人的真實悲傷。

　　大哥兆根是個孝子，母親躺在床上這兩年，全靠他端茶送飯，擦身倒尿。母親一不順心就要破口大罵，兆根卻是逆來順受，從無怨言。天黑後，道士們開始做法事，兆根披麻戴孝，神色肅然地跪在靈台前。城裏來的姑娘們坐在一旁看道士表演。她們身上的香氣就像一條條蛇一樣竄入兆根的鼻隙，乳房和屁股讓他有一種運動的慾望，他非常害怕，知道這是犯病的前兆。從前，只要母親出現在面前，剛才還張牙舞爪的身體就會變得溫順起來。現在母親死了，兆根「感到有一些自由自在的東西在他的身體裏生長，他有點害怕這種東西。他知道母親不喜歡他身上的這種東西，母親不喜歡他犯病。他希望死了的母親能幫幫他，依舊給他力量，他希望母親的靈魂來到他的身體裏。」他把目光投向了母親的屍體，威權的肉身暫時扼阻了他心中的魔鬼。當母親被放入棺材的一剎那，「兆根突然覺得一直壓在他身體上的某種東西正在離去。……兆根知道，如果蓋上棺材蓋母親就不可能再回到他的身上，那他的身子就要飛到天上去，那他再也控制不了自己的身體了。」對兆根來說，母親肉身的威權是善的象徵，是秩序的象徵，被打入潛意識地獄裏的性欲則是惡的象徵，是放縱的象徵。母親肉身的滅失即是威權的缺位，即是慾魔的出世。兆根敏捷地拔出道士做法事用的佩劍舞動起來，甚至去挑城裏姑娘們的裙子。兆軍領著幾個小夥子用繩子把他捆了起來，綁在裏屋的

床上。人們都說，兆根臉上的表情就像他母親發怒的樣子，彷彿母親的靈魂附在了他的身上。

　　大姐兆曼和四弟兆軍同是母親的家長威權孵化出來的一對異數。母親的死對兆軍來說，「也許還不如一個陰雨天來得讓人沮喪」。「他知道母親這輩子最寵的就是他，他幹什麼事，她都原諒他。他一點也不怕她。」兆軍甚至在母親屍骨未寒時與城裏來的姑娘們胡作非為。然而，正是母親威權的恩寵毀了這個大男孩，連「小姐」劉燕都奚落他說：「你是二流子，你這輩子成不了大事。」

　　兆曼的個性是最像母親的，她這輩子似乎都和母親作對，他們其他三個都屈服於母親，只有兆曼敢於挑戰母親。自從兆曼和一個跑單幫的男人私奔後，大約有二十年沒踏進這幢屋子了，母親不允許她進這個門。每次兆曼回村，都是住在妹妹兆娟家裏，她只能遠遠看望母親。現在母親死了，她知道她同母親的戰鬥結束了，她知道其實這場戰鬥誰也沒有贏。雖然她對母親可謂愛恨交加，但她決定給母親的葬禮以最好的排場。她知道鄉下人最看重這一套了。於是她帶著一群「小姐」前來奔喪，導演了一齣現代一性的葬禮。

　　這個「小姐」和葬禮的故事隱喻了現代一性的威權必然是肉身化的，對威權的崇拜即是對家長型領袖或卡里斯瑪型領袖的身體崇拜，它的反面必然是對屬己身體的禁慾主義，故而「革命樣板戲」中的英雄人物非鰥即寡也不足為奇了。以馮家母親為象徵的舊威權的肉身被釘入棺材、埋入黃土之日，正是以兆曼為象徵的新威權形成之時。然而，我以為新威權從此將不再享有舊威權的家長身位或卡里斯瑪身位，不再享有肉身崇拜的榮耀，新威權的正當性從此只能借助於「自我授權」了。

一部放逐了價值關懷的小說
——評王安憶《長恨歌》

王安憶長篇小說《長恨歌》的題名顯然襲自白居易與陳鴻撰《長恨歌傳》。未諳王著《長恨歌》者，有可能誤會它是「天長地久有時盡，此恨綿綿無絕期」的李楊愛情故事現代詮釋版。事實上，王著《長恨歌》敘述了一個現代中國大都市中女性個體生命——海上淑媛王琦瑤的生存和死亡傳奇，傳達了作者對現世個體生命意義的感覺。我無法斷言，王著能否像白樂天之長恨歌「歷千歲之久至於今日，仍熟誦於赤縣神州及雞林海外王公妾婦牛童馬走之口」（陳寅恪語）。我只知道，王著《長恨歌》的出版，說是「洛陽紙貴」未免誇張，說是「好評如潮」大概不虛，無論如何，得了以弘揚主旋律為宗旨的茅盾文學獎總是事實。

放逐了歷史的弄堂世界

小說敘事是講故事，講的總是在特定時空中發生了的事。問題是，現代小說家在敘事中可選擇的時間尺度是隨意而定的嗎？朝菌不知晦朔，蟪蛄不知春秋，唯有人類才能在近乎循環的興、亡、治、亂中聽到既是隨機的、又是指向未來的悠遠鐘聲，才具有一種面向未來的不可重複的歷史時間意識。如果所有歷史事件都可以像日出日落、月圓月缺、花開花謝、燕去燕歸一樣周而復始、往而復返的話，無論怎樣摧心裂肝的生存感覺都會變得無足輕重，以至於小說家根本就失去了存在的意義。因此，現代小說家儘管可以上天入地、移山倒海地馳騁他/她的想像力，卻少有人敢於放逐歷史時間，讓筆下的人物遁身於類似大荒山無稽崖的既無時鐘也無日曆的世界，以敘述一種偽個體生命的生存感覺。

121

　　王著《長恨歌》憑藉第三人稱全知式敘事之利，起手花了足足五個章節的篇幅描寫上海的弄堂世界，既有潑墨山水式的大寫意，也有描金敷彩般的工筆畫。上海弄堂房子作為一種現代性的建築樣式，上海弄堂人生作為一種現代性的生存樣式，本是歷史時間的傑作。作者為了替小說中的女主角王琦瑤營造一個「不知有漢，無論魏晉」的生態環境，大約從張愛玲的散文集《流言》擷取了靈感，用一種叫做「流言」的東西放逐了歷史。小說中寫道：「上海的弄堂是形形種種，聲色各異的。它們有時候是那樣，有時候是這樣，莫衷一是的模樣。其實它們是萬變不離其宗，形變神不變的，它們是倒過來倒過去最終說的還是那一樁事，千人千面，又萬眾一心的。……」（王安憶：《長恨歌》作家版，第 4 頁）「上海弄堂的感動來自於最為日常的情景，這感動不是雲水激蕩的，而是一點一點累積起來。這是有煙火人氣的感動。那一條條一排排的里巷，流動著一些意料之外又情理之中的東西，東西不是什麼大東西，但瑣瑣細細，聚沙也能成塔。那是和歷史這類概念無關，連野史也難稱上，只能叫做流言的那種。」流言不是歷史，「卻也有著時間的形態，是循序漸進有因有果的。」（前揭，第 6 頁）「它們是自行其事，你說你的，它說它的，什麼樣的有公論的事情，在它都是另一番是非。它且又不是持不同政見，它是一無政見，對政治一竅不通，它走的是旁門別道，同社會不是對立也不是同意，而是自行一個社會。它是這社會的旁枝錯節般的東西，它引不起社會的警惕性，因此，它的暗中作祟往往能夠得逞。它們其實是一股不可小視的力量，有點『大風始於青萍之末』的意味。它們是背離傳統道德的，卻不以反封建的面目，而是一昧的傷風敗俗，是典型的下三爛。它們又敢把皇帝拉下馬，也不以共和民主的面目，而是痞子的作為，也是典型的下三爛。它們是革命和反革命都不齒的，它們被兩邊的力量都拋棄和忽略的。它們實在是沒個正經樣，否則便可上升到公眾輿論這一檔裏去明修棧道，如今卻只能暗渡陳倉，走的是風過耳。」（前揭，第 10 頁）作者所謂的「流言」，實際上意指她心目中一種本性自足的自然生態，對女性個體生命來說也即是一種外化的自然人生。

　　與外化自然人生對舉的是內在自然人生，是上海弄堂女兒家與生俱來的生命情態，「這情態是有一些優美的，它不那麼高不可攀，而是平易近人，可親可愛的。它比較謙虛，比較溫暖，雖有些造作，也是努力討好的用心，可以接受的。它是不夠大方和高尚，但本也不打算譜寫史詩，小情小調更可人心意，是過日子的情態。它是可以你來我往，但也不可隨便輕薄的。它有點缺少見識，卻是通情達理的。它有點小心眼兒，小心眼兒要比大道理有趣的。它還有點耍手腕，也是有趣的，是人間常態上稍加點裝飾。它難免有些村俗，卻已經過文明的淘洗。它的浮華且是有實用作底的。」（前揭，第 23 頁）於是，小說主角王琦瑤的自然人生因為內在情態和外在世態皆雙修到了爐火純青的田地，故被作者點化成上海弄堂人生的極致典型。

　　作為參差的對照，小說配角之一的蔣麗莉出身於一個富有的工廠主（後來貶之為資本家，如今譽之為企業家）家庭，卻偏要「為賦新詩強說愁」，「工廠主」和「新詩」都是屬於歷史時間的；蔣麗莉曾苦戀程先生，卻偏是「上窮碧落下黃泉，兩處茫茫皆不見」，真正的愛情也是屬於歷史時間的；蔣麗莉參加了革命，做了幹部，和紗廠的軍代表結了婚，「革命」、「幹部」和「軍代表」更是屬於歷史時間的；蔣麗莉因患肝癌早逝，撇下三個未成年的孩子，「悼詞中說她與剝削階級家庭劃清界限，一生都沒有停止對加入共產黨的追求」（前揭，第 250 頁），悼詞同樣是屬於歷史時間的。在小說作者看來，蔣麗莉之所以「一生都在掙扎，與什麼都不肯調和，一意孤行，直到終極」（前揭，第 250 頁），正是因為她脫離了上海弄堂女兒的自然人生軌道，陷入了歷史時間的泥淖。

四十年代末的上海

　　「一九四五年底的上海，是花團錦簇的上海，那夜夜歌舞卻因日本投降而變得名正言順，理直氣壯。其實那歌舞是不問時事的心，只由著快樂的天性。櫥窗裏的時裝，報紙副刊的連載小說，霓虹燈，電影海報，大減價的橫幅，開張志禧的花籃，都在放聲歌唱，這城市高興得不知怎

麼辦才好。」（前揭，第 39 頁）由於歷史時間被弄堂世界的自然人生放逐了，即將臨頭的「天翻地覆慨而慷」的奇劫巨變，在王琦瑤們眼裏，遠不如大光明電影院正在上映的美國西部片來得驚心動魄。

作者為了讓王琦瑤的自然人生不受歷史時間的風刀霜劍蝕刻，不僅疏略了上海弄堂世界裏各色階層、各色職業的芸芸眾生及其恩怨情仇，將筆觸鎖定在王琦瑤的閨閣裏，而且將閨閣變成了王琦瑤的蝸殼，可以隨著她的自然人生而四處遊走。於是，一個長達四十年的故事不是從王琦瑤的亭子間開始，而是從她隨女伴參觀片廠攝影棚開始，為的是發現王琦瑤的「美」。「王琦瑤的美不是那種文藝性的美，她的美是有些家常的，是在客堂間裏供自己人欣賞的，是過日子的情調。她不是興風作浪的美，是拘泥不開的美。從開麥拉裏看起來，便過於平淡了。」（前揭，第 33 頁）後來，王琦瑤結識了會拍照的程先生，她的照片不經意間上了《上海生活》的封裏。「照片上的王琦瑤，不是美，而是好看。美是凜然的東西，有拒絕的意思，還有打擊的意思；好看卻是溫和，厚道的，還有一點善解的。」（前揭，第 37 頁）她的好看，「可說是上海生活的芯子，穿衣吃飯，細水長流的，貼切得不能再貼切。」（前揭，第 38 頁）作者為了推動故事情節的發展，不合情理地將王琦瑤的閨閣搬出弄堂，搬進了非親非故的蔣麗莉家的花園洋房，蔣家的書房變成了王琦瑤的閨房。以此為起跑線，王琦瑤被程先生和蔣麗莉推著擁著走上了「上海小姐」的競選場，得了第三名，俗稱三小姐，然後「水到渠成」地把她的閨閣搬進愛麗斯公寓，搬上「李主任」的床第。

一個被稱為「李主任」的有權有勢的大人物登場了，他身踞要路津，「各種矛盾的焦點都在他身上，層層疊疊。最外一層有國與國間；裏一層是黨與黨間；再一層派系與派系；芯子裏，還有個人與個人的。他的一舉手，一投足都是牽一髮動千鈞。外人只知道李主任重要，卻不知道就是這重要，把他變成了個活靶子，人人瞄準。李主任是在舞臺上做人，是政治的舞臺，反覆無常，明的暗的，臺上的台下的都要防。李主任是個政治機器，上緊了發條，每時每刻都不能鬆的。只有和女人在一起的

時候，他才想起自己也是皮肉做的。」（前揭，第 84 頁）李主任顯然是屬於歷史時間的，並且歷史時間的可厭並非在於善與惡或惡與惡甚至善與善之間的爭鬥，而在於它敗壞了自然人生的雅興。李主任來到弄堂女兒的身邊為的是「偷得浮生半日閒」，享受自然人生的樂趣，而王琦瑤的自然人生又是須用錢來滋養、須用錢來潤滑的，所以兩人一拍即合。至於「名分」——叫情婦也罷，叫外室也罷，原本屬於歷史時間，早被愛麗絲公寓裏王琦瑤們幽谷百合般的自然人生放逐了。李主任恰恰因為沾了一點上海弄堂世界自然人生的仙氣，小說作者不忍把他送回內戰炮火連天的歷史時間，便在一場空難中讓他永遠解脫了。

鄔橋的哲學

小說第二部開場的場景已是一個名叫鄔橋的江南小鎮。一九四九年國共兩黨的政權迭代——一場關係到千萬人身家性命的歷史大變故，被小說作者輕輕巧巧地推出了地平線。「鄔橋這種地方，是專門供作避亂的。六月的梔子花一開，鋪天蓋地的香，是起霧一般的。水是長流水，不停地分出岔去，又不停地接上頭，是在人家簷下過的。簷上是黑的瓦棱，排得很齊，線描出來似的。水上是橋，一彎又一彎，也是線描的。這種小鎮在江南不計其數，也是供懷舊用的。動亂過去，舊事也緬懷盡了，整頓整頓，再出發去開天闢地。」（前揭，第 123 頁）小鎮的拱橋流水成了上海弄堂的「他者」，許多在上海弄堂裏不能說不便說的的玄理，憑藉時空的間離，開始變得頭頭是道了。

「橋這東西是這地方最多見也最富涵義的，它有佛裏面的彼岸和引渡的意思，所以是江南水鄉的大德，是這地方的靈魂。……鄔橋的炊煙是這柴米生涯的明證，它們在同一時刻升起，飯香和乾菜香，還有米酒香便彌漫開來。這是種瓜得瓜，種豆得豆的良辰美景，是人生中的大善之景。鄔橋的破曉雞啼也是柴米生涯的明證，由一隻公雞起首，然後同聲合唱，春華秋實的一天又開始了。這都是帶有永恆意味的明證，任憑流水三千，世道變化，它自歸然不動，幾乎是人和歲月的真理。鄔橋的

一切都是最初意味的，所有的繁華似錦，萬花筒似的景象都是從這裏引發伸延出去，再是抽身退步，一落千丈，最終也還是落到鄔橋的生計裏，是萬物萬事的底，這就是它的大德所在。鄔橋可說是大千宇宙的核，什麼都滅了，它也滅不了，因它是時間的本質，一切物質的最原初。它是那種計時的沙漏，沙料像細煙一樣流下，這就是時間的肉眼可見的形態，其中也隱含著岸和渡的意思。」

「它不是大海上的島，島是與世隔絕的，天生沒有塵緣，它卻是塵緣裏的淨地。……它是我們可作用於人生的宗教，講究些俗世的快樂，這快樂是俗世裏最最底處的快樂，離奢華遠著呢！這快樂不是用歌舞管弦渲染的，而是從生生息息裏迸發出來的。由於水道的隔離和引導，鄔橋這類地方便可與塵世和佛境保持著若即若離的關係，有反有正，以反作正，或者以正作反。這是一個奇跡，專為了抑制這世界的虛榮，也為了減輕這世界的絕望。它是仲介一樣的，維繫世界的平衡。這奇跡在我們的人生中，會定期或不定期地出現一兩回，為了調整我們。它有著偃旗息鼓的表面，心裏卻有一股熱鬧勁的。就好比在那煙霧繚繞的幕帳底下，是雞鳴狗吠，種瓜種豆。鄔橋多麼解人心意啊！它解開人們心中各種各樣的疙瘩，行動和不行動都有理由，幸和不幸，都有解釋。它其實就是兩個字：活著。」（前揭，第125頁）

小說作者意識到上海弄堂世界的「現代性」特徵太顯眼，弄不巧會穿幫，於是到「前現代」（不如說是「偽前現代」）的鄔橋去尋找自然人生本性自足的形上依據。世界本無意義可言，不得不生活在現世中的人們偏要向這世界索求意義，於是有了儒家的「天地君親師」，有了猶太－基督教的上帝，有了啟蒙思想家的理性，可惜諸如此類的「意義」都是屬於歷史時間的。於是，王著《長恨歌》步莊子和禪宗的後塵，乾淨俐落地取消了人向世界索求意義的衝動，「活著」就是一切。鄔橋的世界不僅放逐了歷史時間，更放逐了關於人世意義的一切終極價值和偽終極價值。經過鄔橋的炊煙和流水薰陶的人生，才能真正做到不喜亦不懼，才能坦然面對換了朝代的上海弄堂世界。

女人的世界

王著《長恨歌》稱得上是女性主義（有別於女權主義）小說的範本。上海的弄堂世界在作者的筆下成了女性世界，幾乎所有的男性都被放逐了。王琦瑤的父親是男人，被作者放逐到虛無之中，連露面的機會都沒有，更談不上對女兒的人生提供看法了。蔣麗莉的父親是男人，被作者放逐到內地開工廠，騰出空間讓王琦瑤在蔣家作張作致。與王琦瑤同住一條弄堂的熟客——嚴師母，她家先生是男人，「一爿（間）燈泡廠的廠主，公私合營後做副廠長」，被作者放逐到上下班的自備車裏，鄰人多年來連他的面目都沒看真切過。（前揭，第 148 頁）上海的多數男人固然和女人一樣離不開弄堂世界，但他們更離不開弄堂外面的世界，他們必須在後一個世界裏為自己、也為妻子兒女的衣食奔波，說不定還會對時局發表一點看法，因此，男人命中註定是屬於歷史時間的，不得不被逐出作者筆下的弄堂世界。剩下為數不多的有資格在王琦瑤裙邊廝磨時光的男人，如程先生、康明遜、薩沙、老克臘、長腳、她女兒薇薇的男朋友，全都女性化了。只有李主任是個例外，他是偶然到這個女性弄堂世界來客串的票友，因為捨不得離棄弄堂外面的權勢世界，一場空難成了他最好的結局。小說作者借王琦瑤外婆的嘴說出做女人的種種好處：「外婆喜歡女人的美，那是什麼樣的花都比不上，有時看著鏡子裏的自己，心裏不由想：她投胎真是投得好，投得個女人身。外婆還喜歡女人的幽靜，不必像男人，**鬧轟轟地闖世界**，闖得個刀槍相向，你死我活。男人肩上的擔子太沉，又是家又是業，弄得不好，便是家敗業敗，真是鋼絲繩上走路，又艱又險。女人是無事一身輕，隨著有福同享、有難同當便成了。外婆又喜歡女人的生兒育女，那苦和痛都是一時，身上掉下的血肉，卻是心連心的親，做男人的哪裡會懂得？」（前揭，第 129 頁）

女人的自然人生與男人的歷史時間的唯一聯結是婚姻，這是具有法律軀殼的男女關係，這軀殼本身是屬於歷史時間的。嚴家師母說：「你曉得我最擁護共產黨是哪一條？」「那就是共產黨不讓討小老婆。」（前揭，

第 151 頁）共產黨是屬於歷史時間的，「不許討小老婆」也是屬於歷史時間的。婚姻是恩和義，「恩和義就是受苦受罪，情和愛才是快活；恩和義是共患難的，情和愛是同享福的。」（前揭，第 151 頁）恩和義是屬於歷史的，情和愛是屬於自然的。於是王琦瑤和康明遜的關係，只剩下了近於肉慾的情和愛。「夫妻名分說到底是為了別人，他們卻都是為自己。他們愛的是自己，怨的是自己，別人是插不進嘴去的。是真正的兩個人的世界，小雖小了些，孤單是孤單了些，可卻是自由。愛是自由，怨是自由，別人主宰不了。這也是大有大的好處，小有小的好處。大固然周轉得開，但難免摻進旁務和雜念，會產生假像，不如小來得純和真。」（前揭，第 197 頁）程先生在王琦瑤有媽無爹的女兒出生前後付出的恩和義，因為沒有婚姻做面子，也沒有愛情做芯子，未免有些不尷不尬，以至終於恩斷義絕。但程先生究竟是這女人世界的一員，這恩斷有點像抽刀斷水，這義絕也有點像不絕如縷。

革命的混血兒

「薩沙，聽起來像女孩的名字，他長得也有幾分像女孩子：白淨的面孔，尖下巴，戴一副淺色邊的學生眼鏡，細瘦的身體，頭髮有些發黃，眼睛則有些發藍，二十歲出頭的年紀。」（前揭，第 164 頁）「他的父親是個大幹部，從延安派往蘇聯學習，和一個蘇聯女人結了婚，生下他，……後來，他父親犧牲了，母親回了蘇聯，他從小在上海的祖母家生活，因為身體不好，沒有考大學，一直待在家裏。」（前揭，第 166 頁）這是小說中唯一與隸屬歷史時間的革命在精神上與肉體上都沾了邊的男人。可是在這一磚一瓦一絲一縷都是工筆細繪的弄堂世界裏，這個與革命沾了邊的薩沙，在我看來假得像電腦模擬的三維動畫人。一個大幹部的兒子理應從精神到肉體都屬於那個男性的歷史世界，既沒有理由也沒有機會偷偷溜到這女性化的弄堂世界來。薩沙一面暗暗說：「看你們這些資產階級，社會的渣滓，渾身散發出樟腦丸的陳舊氣」（前揭，第 175 頁）一面樂不思蜀地體味「一種精雕細作的人生的快樂。這種人生是螺絲殼裏的，

還是井底之蛙式的。它不看遠，只看近，把時間掰開揉碎了過的，是可以把短暫的人生延長。」（前揭，第 177 頁）這是 1957 年的冬夜，借用小說作者的話說，「許多人的歷史是在一夜之間中斷，然後碎個七零八落，四處皆是」。這跟薩沙沒有關係，卻和薩沙代表的那個歷史理性有關係。但王安憶筆下的薩沙實在是黃牛肩胛，擔不起歷史理性這付沉重的擔子。他也不像是「革命的混血兒」、「共產國際的產兒」，倒像是流落在上海街頭磨剪刀為生的白俄後裔，上世紀六十年代初的上海弄堂裏還能見到的。總而言之，薩沙的出場和退場，對這個弄堂的自然世界實在是一處敗筆。

回應新世界的召喚

「1976 年的轉變，帶給薇薇她們的消息，也是生活美學範疇的。播映老電影是一樁，高跟鞋是一樁，電燙頭髮又是一樁。……到了第二年，服裝的世界開始繁榮，許多新款式出現在街頭。……她奮起直追的，要去回應新世界的召喚。」（前揭，第 263 頁）什麼是新？什麼是舊？什麼是新世界？什麼是舊世界？論理，這些屬於歷史時間的問題，與弄堂世界的自然人生無關，作者避之唯恐不及。令人疑惑的是，上海的弄堂世界真能完全逃避關於新舊的話語嗎？1949 年的日曆翻過後的日子代表新，這是上海每一條弄堂裏的人都能感覺到的，只是那感覺的程度有大小不等的差異。1966 年文化大革命代表的新，這又是上海每一條弄堂裏的人都能感覺到的，那感覺的程度差異便不太大了。程先生是個「與舊時尚從一而終」的人，他在這一年夏天的自殺，在作者筆下倒不大像是被歷史時間謀殺，彷彿是被弄堂世界的自然人生拋出了軌道。反觀王琦瑤，雖然她在「文革」十年中撕去的日曆同樣不是一個小數字，雖然她和「李主任」有過一段說不清、道不明的亂世情緣，但因為在弄堂世界裏朝夕修煉而成了精，故而八風不動。

八十年代以後的新，在王琦瑤們看來，倒有點「似曾相識燕歸來」的感覺，新的也就是舊的，甚至某種程度上說還不如舊的。「王琦瑤飯桌上的葷素菜是飯店酒樓裏盛宴的心；王琦瑤身上的衣服，是櫥窗裏時裝

的心；王琦瑤的簡樸是闊綽的心。總之，是一個踏實。在這裏，長腳是能見著一些類似這城市真諦一樣的東西。在愛城市這一點上，他和老克臘是共同的。一個是愛它的舊，一個是愛它的新，其實，這只是名稱不同，愛的都是它的光華和錦繡。一個是清醒的愛，一個是懵懵懂懂的愛，愛的程度卻是同等，都是全身相許，全心相許。王琦瑤是他們的先導和老師，有她的引領，那一切虛幻如夢的情境，都會變得切膚可感。」（前揭，第341頁）說是「回應新世界的召喚」，一切又回到了弄堂世界的自然人生。王琦瑤和老克臘的畸戀，王琦瑤被長腳扼殺在床上，原是這弄堂世界的自然人生中不常見卻也不稀奇的偶然脫節。王琦瑤的死雖然不情不願，卻是死得其所的，她一世都活在弄堂世界的自然人生裏，稱得上是「質本潔來還潔去」。

一部失敗的小說

王著《長恨歌》的敘事語言自有其特點：既是富於上海弄堂色彩的生活語言，又是純粹精緻的文學語言；沒有歐式的長句，沒有港臺的行腔；不以滬語炫耀，不以洋文唬人。尤其值得注意的是小說在敘事過程中用了大量的判斷句，其句式為「A是B的」，例如：「上海的弄堂是性感的，有一股肌膚之親似的。它有著觸手的涼和暖，是可感可知，有一些私心的。積著油垢的廚房後窗，是專供老媽子一裏一外扯閒篇的；窗邊的後門，是供大小姐提著書包上學堂讀書，和男先生幽會的；前邊大門雖是不常開，開了就是有大事情，是專為貴客走動，貼了婚喪嫁娶的告示的。它總是有一點按捺不住的興奮，躍躍然的，有點絮叨的。……」正如余光中所說，濫用「的」字原是白話文的大忌；而濫用判斷句更是小說語言的大忌。然而王安憶的筆走偏鋒正是她的獨門神功，連綿不絕的判斷句讀起來恰恰顯現了上海弄堂世界特有的那種舒緩、嬌懶的女性調子。

但王著《長恨歌》作為一部小說卻是失敗的。縱觀中國文學史上，任何一部稍引人注目的傳奇，例如白樂天筆下「七月七日長生殿」裏的纏綿緋惻與「宛轉蛾眉馬前死」時的絕情無奈，例如張愛玲筆下「死生

契闊，與子相悅，執子之手，與子偕老」的「傾城之戀」與「時代是倉促的，已經在破壞中，還有更大的破壞要來……不論是昇華還是浮華，都要成為過去」的蒼涼，無不凸顯了個體生存與歷史困境二者之間的緊張。而王著《長安歌》為了謳歌王琦瑤所謂本性自足的自然人生，為了放逐一切價值關懷和偽價值關懷，「忘懷現時歷史時間中的眼淚和歎息、淒苦和無望、無辜不幸和有命無運」（劉小楓語），煞費苦心地將歷史時間連同男人一起逐出上海弄堂世界，從而將小說敘事必備的要素——個體生存與歷史困境之間的張力消解殆盡。有趣的是，上世紀三十年代末，周天籟的小說《亭子間嫂嫂》，同樣敘述了上海弄堂世界內一個女性的生存和死亡，堪與王著《長恨歌》作一對比。周著裏的弄堂女性是一個私娼，故事是在她接待各路嫖客中展開的，比較而言，周的寫實功夫遠在王安憶之上，只因筆下一昧地渲染歷史之惡，女主角的個體生命反成了一個符號，甚至成為惡之花上的一瓣，故與王著《長恨歌》殊途同歸，同樣消解了個體生存與歷史困境之間的張力，墮為小說中的下品。兩者的區別在於：《亭子間嫂嫂》因其照相式的寫實，不失為研究那一時期歷史和語言的社會學材料。而王著《長恨歌》作為一部與歷史幾乎絕了緣的偽懷舊小說，雖然不夠作社會學材料的資格，卻自有其存在的價值——作為思想史的研究材料，最終還是回歸了作者必逐之而後快的歷史懷抱。王著《長恨歌》作為一部以放逐一切價值關懷和偽價值關懷為旨歸的小說，它的問世和獲獎本身就是一個值得深入探討的思想史事件。

男兒本自重橫行

──評紅柯小說《西去的騎手》

一

「1934 年正月，原上的兒子娃娃跟著尕司令馬仲英打進新疆，將迪化（即烏魯木齊）城團團圍住。這是他們第二次遠征新疆，36 師兵強馬壯，銳不可擋。尕司令騎著大灰馬，一馬當先，騎手們成扇形緊隨其後。

……36 師全線擺開，白馬旅緊跟尕司令身後，越過白雪覆蓋的頭屯河河灘，黑馬旅，青馬旅，成兩翼展開，大地微微顫動。頓河馬和頓河哥薩克越來越近，哥薩克騎兵師是布瓊尼元帥的部下。騎兵師在莫斯科郊外與白軍作戰，布瓊尼一刀將白軍師長劈於馬下，那是頓河哥薩克最輝煌的日子。騎兵師軍紀太差，內戰結束後被調往中亞。這是他們第二次出國作戰，第一次他們進入波蘭兵臨華沙，這次史達林叫他們幫盛世才打土匪。」

翻開紅柯的新著長篇小說《西去的騎手》（載《收穫》2001 年第四期），六十多年前西北邊陲的戰爭硝煙迎面撲來，我彷彿聞得到戰刀上的血腥味，聽得到失落了騎手的戰馬嘶叫聲。交戰的一方是頂著國軍番號的「土匪」（或稱「義軍」）──回回騎手馬仲英的部隊，另一方是新疆督辦盛世才的客人──蘇聯紅軍。之前，知道盛世才是反蘇反共的新疆軍閥，專門拘禁和殺害進步黨人，其中包括毛澤東的胞弟。此外，我對頭屯河大戰及交戰對手之一的馬仲英一無所知。為了洗刷自己的無知，我將手頭僅有的一部民國史──美國人寫的《劍橋中華民國史》來來回回翻了幾遍，一無所獲。剩下的唯一招術──查《辭海》也不靈，找不到馬仲英的名字。順便查了「盛世才」和西北「三馬」（馬鴻賓、馬鴻逵、馬步芳），這才知道盛曾經是蘇共黨員；知道馬鴻賓上世紀五十年代做了新政權的座上賓，也算是意外的收穫。回想中學時代讀過的現代史，約

等於一部中共簡明黨史，版本雖然隨時都在更新，但除了知道在陝甘寧邊區有一小塊紅色革命根據地之外，二十世紀上半葉的西北地方史在我頭腦裏始終一片空白。我感激紅柯以史詩般地濃筆酣墨，講述了一個命中註定要在黃土旱原戈壁沙漠上流浪的回回騎手故事，一個像經書《熱什哈爾》裏說的大海一樣，用一浪接一浪的刀鋒捍衛自由的血性男兒故事，一個以散發出生命芳香的血肉之軀反抗外來統治者和異國入侵者的傳奇英雄故事，部分地填補了西北地方史的空白。就像司馬遷當年寫鴻門宴上項莊舞劍的故事，寫烏江岸頭霸王別姬的故事，為我們填補了楚漢相爭史的空白。

一種耳熟能詳的聲音告訴我：這是小說，是一種虛構的敘事「文本」，即使像《三國演義》般披上了一件「歷史」的外衣，也不能掩飾它的虛構本質。可是另一種始則含糊、羞怯，繼則越來越清晰、大膽的聲音爭辯道：歷史自身是「一種語言的虛構物，是一種敘事散文體的論述。」（轉引自葛兆光《中國思想史》第二卷導言，復旦版）所謂的「歷史」，其實是「借助一類特別的寫作出來的話語而達到的，與『過去』的某種關係」。（同上）後一種聲音指出：首先，「歷史」不等於過去；其次，歷史像小說一樣，是「寫」出來的；末了，人們總是通過史家關於「過去」的敘事「文本」來了解歷史，而此種歷史敘事「文本」，必然要依照某種後設價值，對「過去」作符合學術規範的遮罩、篩選和裁剪。換言之，歷史是史家對「過去」的一種詮釋和重構。因此符合邏輯的結論是，既然史家關於「過去」的敘事「文本」是歷史，那末，小說家關於「過去」的敘事「文本」為何不能作為歷史來讀呢？

「戰馬交錯，兩位師長交手的動作迅如閃電；尕司令沒拔戰刀，而是從馬靴裏摸出河州短刀，刀子小鳥歸巢一般撞進對方的喉嚨。頓河騎兵第一師師長僵硬在馬背上，雙腿立鐙，腰板挺直，腦袋翻在肩窩裏，眼瞳又大又濕翻滾出遼闊的海浪。頓河馬馱著死者從騎手們跟前緩緩而過。死者與尕司令交手的一瞬間，把戰刀換到左手從左邊進攻。這是哥薩克們的拿手好戲，右手出刀，兩馬交錯時突然轉向對方左側，對手往往措手不及，被劈於馬下。

　　雙方騎手迅速靠攏，馬蹄轟轟，刀鋒相撞，好多騎手墜落了，戰馬拖著他們消失在陽光深處。十幾個回合後，大部分哥薩克落在地上，有的墜在馬蹬上被戰馬拖著跑，像農民在耙地。

　　……援軍來了，來了整整一個裝甲師，由五十架飛機掩護衝向 36 師。

　　騎手們紛紛下馬，依山迎戰。坦克裝甲車排在山腳向山上開炮，轟炸機低空投彈，騎手跟岩石碎在一起，戰馬馱著他們的靈魂跑進天山。」

　　這是二十世紀戰爭史上最慘烈的一幕，騎兵用戰刀、馬槍和手榴彈把空軍和坦克部隊擋在一條乾涸的小河邊寸步難行。一星期後，來自社會主義聖地的蘇聯紅軍憑藉現代化的戰爭機械終於把馬仲英和他的騎手們逼進了塔克拉瑪干大沙漠，企圖把戈壁灘變成屠場和墓地。飛機織出一張張火網，學著像漁夫一樣把網撒向大海，罩住大灰馬和馬背上的尕司令；機關炮打出一團血光，炸彈像鳥群一樣飛向金黃的沙梁；「爆炸聲中馬的嘶叫飽滿潮潤悠揚而高貴。馬在歡叫聲裏四蹄變成白色的翅膀，馬在騰飛，在上升，垂直上升。太陽，那顆古老而新鮮的太陽，終於被馬蹄敲響了，鐘聲浩蕩，莊嚴而神聖的青銅聲！亞洲腹地古老的聲音，被這最後的飛馬馱到蒼穹之頂，炸彈再也找不到它了，連它的影子也沒有了，遼闊的天幕上，馬靜靜地走著，甩著漂亮的尾巴俯視那些可笑的飛機。」飛行員向上司報告：「我親手埋葬了馬仲英。」

　　打開《熱什哈爾》，首句是這樣描述生命的：當古老的大海朝我們湧動迸濺時，我採擷了愛慕的露珠。在那一天，黃土不再乾燥，荒山野嶺不再讓人絕望，歲月之河隨風而逝又隨風而來，生命不再與時間偕亡，迴旋於深溝大壑中的沉痛悲壯和蒼涼頃刻間充滿滾燙的詩意……一望無際的沙漠就是大海，那些乾燥的沙子就是生命的露珠，馬仲英死而復生了。他告訴正在率隊勘察公路建設的瑞典探險家斯文·赫定：「我活著，我將永生！」

二

　　自從中國的政經、文化重心向東、向南遷移後，這片被唐代詩人詠為「行人刁鬥風沙暗，公主琵琶幽怨多」的西北大地越來越荒涼，也越來越強悍了。時至民國紀元十八年（1928 年），「普天之下，莫非王土」

已轉換成「一個國家一個領袖」的現代性理念,「率土之濱,莫非王臣」卻僅僅是蔣介石的一廂情願。世世代代在這片河湟荒原上繁衍生息,做過「土匪」(或稱「義軍」),也做過護駕禁軍(或稱走卒)的馬家軍就是南京中央政府的「化外之民」,蔣介石的軍令、政令真可謂「西出陽關無故人」了。如今,打著「國民軍」旗號的馮玉祥到西北來搶地盤,戰斧一下子攔在馬家軍的脖子上。可是自從大清年間馬占鼇降左宗棠後,馬家軍格外珍惜頭上的紅頂子,他們已不習慣反抗了。只有年輕氣盛的馬仲英是兒子娃娃,他帶著七兄弟,憑藉七匹馬、七把河州刀揭竿而起,這一年馬仲英十七歲,故人稱尕司令。

小說是一種敘事藝術。好的敘事「改變了人的存在時間和空間的感覺。」「當人們感覺自己的生命若有若無時,當一個人覺得自己的生活變得破碎不堪時,當我們的生活想像遭到挫傷時,敘事讓人重新找回自己的生命感覺,重返自己的生活想像空間,甚至重新拾回被生活中的無常抹去的自我。」(劉小楓《沉重的肉身‧引子》上海人民版)我以為《西去的騎手》理應列位於好小說好敘事的殿堂。

劉小楓說:敘事(無論好敘事壞敘事?),是「一種生活的可能性,一種實踐性的倫理構想。」(出處同上)什麼是倫理?他說:「所謂倫理其實是以某種價值觀念為經脈的生命感覺,反過來說,一種生命感覺就是一種倫理;有多少種生命感覺,就有多少種倫理。」(出處同上)需要追問的是:依了或族裔、或地域、或時代、或信仰、或階級的因緣而凝聚的社群,是否存在一種超越個體的普遍生命感覺,即全社群的普遍倫理呢?是否存在一種超越個體,超越族裔、地域、時代、信仰、階級,甚至超越現代民族國家的普遍生命感覺,即全人類的普遍倫理呢?我以為是存在的,否則人類失去了群居的理由。只是這種超越偶在個體的普遍生命感覺的存在絕不會是唯一的。惟其是多元的,並且每一種都是真實的,因此很可能是相互對立、相互衝突的。

如果小說作為一種敘事,採用劉小楓的上述定義,是一種倫理構想、倫理傾訴的話,那麼好的小說應該是聯結個體生命感覺與普遍生命感覺,聯結個體性倫理與普遍性倫理的舟梁;好的小說應該揭示這兩種相

依相存的生命感覺之間的相契與相悖，所謂相契，也不是天衣無縫，所謂相悖，也並非意味著生命的虛無。

有的小說敘事（如《收穫》同期刊載的安妮寶貝的中篇），雖然它也可能是真實的、真誠的，並非無病呻吟，雖然它也符合劉小楓的敘事定義，由於只是一種偶在個體生命的自訴自戀，自怨自艾，與普遍生命感覺之間的聯繫被切斷了，故只能稱為壞的、蹩腳的小說。因此，每個人都有自己的生命感覺，但不是每個人都能用小說語言敘述自己的生命感覺，也不是每一種用小說語言敘述的生命感覺都值得人傾聽的。

是否每一種關於生命感覺的好的敘事都必定指向普遍倫理呢？我的閱讀經歷尚不足以支撐自己作出肯定或否定的結論，我只知道《西去的騎手》絕對是一個異數。作為小說主線人物，馬仲英的偶在生命歷程並非指向任一族裔的、地域的、國家的、宗教的、階級的、黨派的普遍倫理，而是直接指向個體信仰。

在祁連山的深處，有個神馬谷，那是駿馬的歸宿之地，馬的靈骨化成一片沃土，生長出如血的玫瑰。馬仲英跟著大阿訇來到這裏時大吃一驚，荒山野嶺中的玫瑰園，很容易讓人懷疑整個世界的荒謬。他那時只有十幾歲，竟然從鮮花中聞到一股嗆人的血腥味。大阿訇告訴他：「那是你的血，血註定要歸於大海，在入海之前血必將散發芳香。」「可我的血沒有芳香。」「那你就去泅渡苦海，苦海的波濤可以去掉血液的異味生發出生命的芳香。」「老人家的話不像是穆斯林，倒像個高僧。」「真主也講仁愛，沒有博大的愛慕，生命還不如一粒露珠。」「我很想做玫瑰花上的露珠。」「你可以擁有這本書了，這是生命之書。」馬仲英打開《熱什哈爾》，首句是這樣描述生命的：當古老的大海朝我們湧動迸濺時，我採擷了愛慕的露珠。在那一天，黃土不再乾燥，荒山野嶺不再讓人絕望，歲月之河隨風而逝又隨風而來，生命不再與時間偕亡，迴旋於深溝大壑中的沉痛悲壯和蒼涼頃刻間充滿滾燙的詩意……就是這個少年，孤獨的荒原騎手，在這一天變得從容不迫，目光冷峻。反叛之路近在眼前。「他獨自一人徜徉在冰山裏，彷彿萬年不化的冰層中關著他天仙般溫柔的靈魂。那幼嫩的精靈從堅冰

和岩石的斷面橫射而出，使人感到那精靈的堅定、倔強和不可動搖。在那震撼人心的面孔上，有一種沈默的痛苦，一種沈默而怨恨的痛苦；他的嘴角翹著像銜著鋼刀，對噬咬自己心靈的東西不屑一顧——這些東西只是平庸之悲，他比這些折磨和扼殺自己的東西更偉大。他在反抗這個世界，畢生都在反抗。」

於是騎手身上的血響起來了，像吼叫奔騰的黃河巨浪。整個河湟大地汩沒在血泊之中，兒子娃娃的生命磨成了飛快的刀刃，切割敵人的軀體，也切割自己的軀體。成千成萬騎手的生命在荒原上，在沙漠中像露珠一樣蒸發了。許了人而未過門的少女變成了寡婦，從出娘胎未見過父親的孩子變成了孤兒。「血跡把整個北原全籠罩了，戰馬也成了紅的，汗珠在血跡上滾動像玫瑰花上的晨露。」潮水般的刀影和熊熊烈火中，禪林佛舍和清真古寺同歸於盡。「1929年春天，（馬仲英）大軍開到湟源，百姓死難三千，湟源變成瓦渣灘。大軍開到永登，百姓死難三千，永登變成瓦渣灘。大軍開到民勤，百姓死難四千，民勤變成瓦渣灘。」「（馬仲英）大軍開到銀川，銀川即被攻克……殺掠不斷。銀川倉猝失陷，軍政機關職員大多未及逃出，躲在百姓家裏，被搜出後就地殺害。」「荒原一下子收割了好幾萬顆結實的腦袋，戰刀插在沙土裏像成熟的穀穗，彎彎垂下去。」

也許，小說作者完全可以像歷史教科書編撰者的習慣做法，在理清馬仲英一手發動的河湟事變這樁歷史疑案之後，在案卷上蓋上「暴行」或「義舉」的戳記，馬仲英要不被貶為歷史罪人，要不被褒為人民英雄。小說作者也可以把馬仲英敘述為：一個為更崇高的普遍倫理目的性而棄絕了尋常人間倫理的悲劇英雄。

克爾凱郭爾在分析希臘史詩中，阿伽門農王以女兒伊菲革涅亞作為燔祭這一倫理事件時說：「當一種涉及整個民族的事業受阻，當這種事業由於上天的寡恩而停滯，當神明的憤怒造成的死寂在嘲弄著一切努力，當預言家履行其可悲使命、宣布神祇要將一位年輕姑娘作為犧牲時，為父者承擔起這種犧牲，這就是英雄氣魄。」「悲劇英雄停留在倫理範圍之內。他使倫理表現具有其在倫理更高表現中的目的。他將父子或父女的

137

倫理關係減弱成一種情感，這種情感與倫理生活觀念之間存在一種辯證關係。」（克爾凱郭爾《恐懼與顫慄》華夏版第 51 頁）同理，馬仲英若為了崇高的倫理目的，把同胞推入戰爭的血海而甘擔千夫指的罪名，他的英雄行為仍然停留在倫理範圍之內。

但我以為《西去的騎手》的敘事跳出了普遍倫理的目的性藩籬。在小說作者看來，馬仲英的故事類似於亞伯拉罕的故事，後者應神的指示將兒子以撒祭獻為燔祭，「他的行為完全超出了倫理範圍，具有倫理以外的目的，並且涉及他對倫理的懷疑。」馬仲英像亞伯拉罕一樣，「並非為拯救一個民族，並非為了申張國家的理念，也並不是為了取悅發怒的神明。……整個行動與普遍性無關，純屬私事。」（同上第 53 頁）一旦倫理目的性的無所歸屬，馬仲英便失去了發動這場血腥戰爭的倫理合法性依據。他只能為代表永恆存在的唯一神而戰，因為神要以此證明馬仲英的信仰；他為自己而戰，因為他要使自己提供這種證明。

悲劇英雄為了更崇高的倫理目的而棄絕凡人的倫理法則，把兵災匪禍放入人世。在我們凡人看來已經是一個無法自圓其說的悖論。用「一般高於個別，普遍高於特殊」的三段論證法調和事關生命感覺的悖論，是哲學家的事，不是小說家的事。但即使是哲學家也無法調和信仰者悖論，因為信仰者並不自稱具有普遍性，信仰只是個人與神之間的交往。

悲劇英雄失去的是眼前的的歡樂，寄情於「留取丹心照汗青」。信仰者失去的是塵世的歡樂，他的渴望不在人間而在天上。信仰者若也像悲劇英雄一樣，求取現世或來世的福報，他便失去了信仰，從而在世俗倫理前敗下陣來。作為單一個體的信仰者如何確證自己的行為符合神義呢？這又是一個悖論，作為個別，他無法確證普遍性。信仰者之所以為悖論，還在於：「人們通常以為：信仰所造就的並不是藝術品，而是為愚蠢生靈使用的粗糙而鄙陋的產品，然而，實際上完全不是如此。」（同上第 32 頁）信仰者「作為特殊性的單一個體高於普遍性。」（同上第 50 頁）

在我看來，馬仲英要不是個殺人犯或瘋子，要不是個信仰者，但他決不是個為了崇高的倫理目的，犧牲自己名譽或犧牲自己同胞的悲劇英雄。小說作者意識到自己的敘事主線指向了信仰者悖論，他習慣性地朝著崇高目的方向作了倫理調校的努力。作者借馬仲英的嘴大聲吆喝：「我尕司令是西北民眾的尕司令，我尕司令就用這把尕刀刀殺軍閥殺財主，讓窮人過上太平日子。」這是集政治革命和社會革命於一身的革命倫理，但它與馬仲英的神義毫不相干。

小說作者敘述黃土原上的騎手「既是有血性的兒子娃娃，又是唱花兒的好把式。」「花兒本是心上的話，不唱了由不得個家；刀刀兒拿來頭割下，不死還這個唱法。」「四股子麻繩背綁下，老爺的大堂上吊下；鋼刀子拿來頭割下，不死時還這個鬧法！」「滿山遍野的『綁刀令腔』，唱起來高而尖，好像在人身上猛綁一刀，疼痛難忍的喊叫聲。大家唱紅了脖子唱紅了臉，唱得青筋暴起眼冒血光。」「古歌的旋律掠過黃土黃沙黃草黃風，掠過滔滔的黃河和無垠的藍天，跌宕起伏，呈現著一種樸素而鮮烈的美」，但也潛伏著自周武王伐紂以來就綿延不絕的「以暴易暴」倫理。有人總是把中國缺乏程式正義歸咎於民間的「暴民意識」。我以為，上層階級的暴力意識比起民間來，其實有過之而無不及。追根究底，民間的「暴民意識」應來源於上層階級的「暴力倫理」。

面臨滅頂之災的 36 師，白晝為兵、夜間為匪的 36 師，數千名官兵在雨中聽尕司令的錄音講話時，小說作者的倫理調校也達到了高潮。馬仲英說：「我講的有三點：第一，我在這裏無時無刻不為 36 師前途著急，我們已經走上光明正大的革命道路，希望大家把防區管理好，以實現我們多年來領導民眾奮鬥犧牲的志願。第二，36 師有了光明的前途，36 師要打回河州，幫助桑梓的父老兄弟姐妹擺脫舊勢力的壓迫。第三，大家應該注意中國目前的形勢，外患日益逼近，內政日益腐敗，賣國賊無恥地出賣祖國，日本帝國主義毫無忌憚侵佔我國領土，西北地方也到了危急關頭。我們要準備抗戰！消極就要當亡國奴！同志們，本師長不久歸來，領導大家走真正的光明之路。」

<h1 style="text-align:center">三</h1>

作為小說中著墨最多的副線人物，盛世才的生命歷程從起步那一刻起，便被作者定格在「世俗英雄」上了。語云：「成者王侯敗者賊」，世俗英雄必須是成功者。托洛茨基和陳獨秀都算不得英雄，前者被史達林的特工劈開了頭顱，後者貧病交加而死。「1931年9月18日夜，日軍偷襲瀋陽北大營，關東軍敢死隊剛衝進去，與北大營巡邏隊相遇，雙方立即交火，相互倒下一大片，關東軍開始退卻，子彈不相信武士道。」遠在北平的張學良下令不許抵抗，「把槍鎖起來，把槍栓收到軍官手裏。」於是，手無寸鐵的東北軍漢子即使做過再多的英雄夢也只能成為關東軍排槍和刺刀下的冤魂。應新疆省主席金樹仁之請，盛世才在迪化當軍校總教官，這本是苦廟冷灶，但他在軍校學生中不動聲色地培養了自己的勢力。只因馬仲英西征新疆的馬蹄聲如一聲春雷，驚醒了盛世才這條蟄龍，使他乘機在戰亂中奪了新疆的軍政大權，他的生命歷程才會在躍馬天山之際達到顛峰，散發出落日般的輝煌。

歷史敘事貌似全體社會的共同記憶，實際上是史家根據某種元歷史觀，對「過去」的詮釋和重構。值得注意的是，作為歷史敘事對象之一的歷史人物，按照不成文的慣例，往往享有不受道德法庭審判的豁免權。比如講唐太宗李世民，張口就是「貞觀之治」，絕不提「玄武門之變」殺害同胞兄弟的殘忍。又比如講宋太祖趙匡胤，張口就是「一條哨棒打下四百座軍州」，絕不提「陳橋兵變」欺負柴家孤兒寡母的卑劣。

由於現代小說敘事本身是一種偶在個體的倫理構想和倫理傾訴，因此作為小說敘事對象的人物，比如世俗英雄盛世才，便難逃被作者以及讀者送上道德法庭的厄運。又由於現代倫理的多元性，反映在小說敘事中，對人物隱含的道德評判也可能是多元的，更不用說「一百個讀者心中有一百個哈姆雷特」的老生常談了。我以為小說作者在講述盛世才的故事時，隱含了兩種不同的倫理傾訴：前一種是英雄倫理，屬於傳統聖人倫理的變種；後一種是個體自由倫理，即個人有權選擇自己的生命歷程和價值傾向。這是兩種互相對立、互相衝突的理義，吊詭的是，它們都可與現代性民族國家義理之間建立或強或弱的

聯繫，因此，史達林牌的無產階級國際主義在這兩種義理面前都站不住腳。順手的例子：馬仲英的 36 師幕僚中，有與組織斷了線的中共黨員，他們的共產主義理想沒有動搖，他們一度想把馬仲英改造成中國的「夏伯陽」（一部蘇聯電影的主角）──一個無產階級的世俗英雄。可是，面對潮水般湧過來的蘇聯哥薩克騎兵，共產黨員們手按刀柄，沒人怯陣。

世俗英雄倫理究竟應具有哪些特質？換言之，英雄應該具有什麼樣的德性？首先，亂世英雄必須是馬背上的英雄，做一名小公務員，或做一個大房地產商都成不了英雄。小公務員無論在亂世還是治世，永遠宛如契柯夫筆下的「套中人」，「英雄」二字不提也罷。一個大房地產商在治世，十拿九穩可成為商界英雄，因為土地資源絕對是一種不可再生的稀缺資源。而在戰火紛飛的亂世，金銀細軟可隨身帶，銀行存款可提前轉移，機器設備可拆卸運走，惟獨房地產寸步難挪，即使僥幸躲過炮火的洗劫，也仍然是一堆不值錢的磚瓦，做英雄自然也無從談起。十七歲那年，盛世才「顯露出前所未有的聰明和機警，渾濁呆滯的眼睛突然間也變清澈了。寺裏的方丈說，那是前世的靈光落在了他身上。

他驚恐萬狀，在大野上瘋跑。關東自古便是龍氣很足的地方，大小興安嶺長白山橫空出世，黑龍江、松花江、烏蘇里江一瀉千里，耶律阿保機、完顏阿骨打、成吉思汗、努爾哈赤躍馬揚鞭呼嘯其間，這些豪傑就是他生命的前世靈光。」

盛世才從此立志要做馬背上的英雄，他投了鬍子出身的張作霖的東北軍，後來被包送進了日本陸軍大學。

其次，做馬背上的英雄並不是做一名清道夫式的赳赳武夫，一輩子動刀動槍出生入死，至多博得個封妻蔭子。語云：「寧為雞首，不為牛後」。那時的北洋政府和南京中央政府的實權人物，各地軍閥，無一不是上馬管軍、下馬管民的馬背英雄。少年盛世才的偶像是他的叔父，年輕時是沙皇俄國的勞工，十月革命後是紅軍中國兵團的悍將。他勉勵盛世才說：「要帶兵就得上軍校，有文化的人帶兵才能幹大事。」盛世才在叔父留下的戰地筆記裏讀到了史達林的名字，「一種神秘的東西把他與史達林連

在一起，後來史達林支持他當上新疆邊防督辦，他在遼闊的西北邊疆轟轟烈烈幹了十多年。」

世俗英雄雖不出世間，卻不為世間法所拘。比如小說裏的曹操是個「寧可我負天下人，不可天下人負我」的亂世奸雄——世俗英雄的一種。歷史中的曹操，是個不拘一格求人材的英雄，曾下《求逸才令》，「負污辱之名、見笑之行，或不仁不孝，而有治國用兵之術：其各舉所知，勿有所遺。」

盛世才是現代的亂世英雄，同樣不為世間法所拘。盛世才崇拜東北紅鬍子精神，他說：「紅鬍子常常把對手打翻捆在樹上，扒開衣服用刀剜出心臟，拌著白雪大口嚼咽，血水沾滿鬍鬚。紅鬍子就是這樣和敵人幹的，他們比軍隊有力量。」盛世才也崇拜日本武士道精神，他說：「日本人至今保持著武士道的真髓，明治維新引進西方軍事體制和兵器，有識之士成立神風連，竭力維護日本刀的榮譽，軍界一直把刀作為軍人的魂魄。技術的改進沒有削弱武士的純粹精神。」

盛世才還能嫻熟地運用各種現代性話語，如民族主義和社會主義。他在日本軍校結業典禮演講：「我是滿洲人，日本軍界有句話叫做寧可失去本土，也不放棄滿洲。日俄戰爭期間，俄國人和日本人在我的家鄉投入幾十萬大軍互相拼殺。作為中國人我不會忘記國恥。我的祖先越王勾踐臥薪嚐膽，雪恥國仇，我正是懷著洗刷國恥的決心到日本來的。……中日兩國交戰是不可避免的。諸位，我盛某東渡扶桑是為了拯救我的國家，也是為了日本軍隊進攻中國時能遇到真正的對手。」盛世才在馬仲英兵臨城下，一面邀蘇軍入疆打馬仲英部，一面與馬仲英代表談判時說：「盛某早在日本留學的時候就嚮往社會主義，立志打倒列強軍閥剷除黑暗勢力。蘇聯是社會主義的大本營，在新疆搞革命一定要有蘇聯同志的幫助。」馬仲英的代表，共產黨員楊波英說：「有這樣幫助的嗎？你連金樹仁都不如，金樹仁下臺的時候還知道不依仗外國勢力坐天下。」盛世才回答：「金樹仁是反動軍閥我是革命者，全世界無產階級聯合起來。」

三國時代的英雄之一劉備說過：「妻子如衣衫，兄弟如手足。」盛世才是現代的英雄，當然不會恪守這一套陳腐的英雄德性。盛世才的妻子邱

毓芳，東北軍首領郭松齡的乾女兒，曾陪他東渡日本。郭松齡反張作霖兵敗被殺，盛世才斷了經濟來源，全靠妻子打工供他完成學業。盛世才不甘在南京坐冷板凳，主動放棄了總參謀部作戰科長的位置，應聘支援新疆建設。邱毓芳堅決跟隨丈夫去西域做現代班超，被南京婦女界譽為「俄羅斯十二月黨人的妻子」。氣得蔣介石破口大罵：「娘希匹，我是沙皇嗎？我流放盛世才了嗎？」從此，盛世才總是能從邱毓芳的美人肩上汲取力量。

盛世才的四弟，機械化旅旅長盛世騏曾在莫斯科紅軍大學進修學習，信仰馬列主義，是個真正的共產黨人，他難以接受兄長與史達林翻臉的政治權變。「打虎兄弟將，上陣父子兵」固然是千載不移的真理，可壯士自斷手足更是何等的英雄氣概？盛世才於是動了殺機。他告訴史達林：「盛世騏被殺是國民黨反動派在新疆進行反蘇反共反六大政策的陰謀活動。」他告訴蔣介石：「盛世騏被刺是共產黨在新疆的陰謀。」

盛世才的新疆地方政府是一個高效廉潔的政府，與內地的腐敗低效率形成了極大的反差。盛世才離開新疆赴農業部長任時，上繳中央政府五十萬兩黃金的國稅，並非靠攔路或入室打劫而來，而是建立在民眾安居樂業基礎上的合法稅入。可見世俗英雄的德性包括造福一方子民在內。若民生雕蔽，民怨沸騰，民變蜂起，則早在暗中覬覦神器，卻苦於找不到弔民伐罪好理由的准英雄們便會一躍而起。英雄不會做殺雞取卵、竭澤而漁的事，也不會與凡夫俗子為敵。英雄只以有可能取而代之的類英雄為對手，只以潛在的真命英雄為對手。盛世才對共產黨人尤其心狠手辣，很可能因為他了解社會主義話語，知道共產黨人是歷史唯物論圈定的真命英雄。

盛世才的生命歷程是與自由主義絕緣的，無論是個體自由倫理，還是相應的政治制度設計，從未入過他的法眼。自由主義政治制度也許不合國情，至少不合三四十年代的新疆省情。但自由主義的倫理理想應是屬於全人類的寶貴財富，它的多元主義哲學基礎就宣告了自身以及論敵的合法存在。小說作者和讀者對盛世才式英雄倫理的否定，並非基於自由主義或社會主義的抽象理義，而是由於盛世才式英雄倫理扼殺了成千上萬具有不同價值偏好的個體生命，從王公貴族到杜重遠到毛澤民。

　　馬背上的信仰者馬仲英，與馬背上的世俗英雄盛世才，這兩者的命運經緯之所以會在天山南北、戈壁大漠上糾纏、絞殺在一起，純粹是一種歷史的偶然。作為小說，馬仲英的故事與盛世才的故事被精心編織成一張敘事之網，作者並非為凸顯神性與世俗、崇高與渺小、偉岸與委瑣的對比，更非昭示現代小說中習見的新與舊、善與惡、光明與黑暗、進步與落後、革命與保守、現代與傳統的對比。我以為，《西去的騎手》只是傳達了這樣一種生命感覺——在一個神性英雄和世俗英雄都早已離我們絕塵而去的時代，我們是否有可能完全切斷偶在個體生命之流與終極信仰或崇高倫理目的性之間的聯繫？

在自身中看見神
——讀魯迅譯作《小約翰》

海德格爾的「此是」（Dasein）從一把錘子開始建構「世界」。切己的體驗告訴我：兒童是從臥室的床、椅、桌、櫃，從戶外的花、草、蟲、魚，開始建構「世界」的。魯迅從德文轉譯的《小約翰》（De Kleine Johannes），荷蘭詩人醫生拂來特力克·望·藹覃（Frederik van Eeden）於 1885 年發表的童話體小說，敘述的正是一個孩子建構「世界」的心路歷程，直至「在自身中看見神」，逕自走向「人性和他們的悲痛之所在的大都市」。

說來慚愧，少年時代的我讀屠格涅夫方知俄羅斯，讀哈代方知英吉利，讀羅曼·羅蘭方知德、法，餘下的世界各國對我來說只不過是一串空名。一部《小約翰》終於用如詩如夢、如歌如幻的敘事，在「荷蘭」這個空名裏填上了色彩和質感。

「藍的是寬大的水面，直到遠處的地平線，在太陽下，卻有一條狹的線發著光，閃出通紅的晃耀。一條長的，白的飛沫的邊鑲著海面，宛如黃鼬皮上，鑲了藍色的天鵝絨。地平線上分出一條柔和的，天和水的奇異的界線。這像是一個奇跡：直的，且是彎的，截然的，且是遊移的，分明的，且是不可捉摸的。這有如曼長而夢幻地響著的琴聲，似乎繞繚著，然而且是消歇的。

於是小約翰坐在沙阜邊上眺望——長久地不動地沈默著眺望——一直到他彷彿應該死，彷彿這宇宙的大的黃金的門莊嚴地開開了，而且彷彿他的小小的靈魂，逕飄向無窮的最初的光線去。一直到從他那圓睜的眼裏湧出的人世的淚，幕住了美麗的太陽，並且使那天和地的豪華，回向那暗淡的，顫動的黃昏裏⋯⋯」

當年的我每讀到這一段，便會放下了手中的魯迅譯文集，像小約翰般長久地不動地沈默著眺望——窗外除了也有人在其間眺望的窗戶之

外，是暗紅或深紫色的屋瓦，是灰濛濛的天空；然而我的眼眶裏依然湧出
了莫名的淚，為遙遠國度裏的海岸風景，為荷蘭的沙岡黃昏──岡阜上的
野薔薇在月光下散發著奇甜的香味，蘆葦和晚風在浮著白色睡蓮的浩大
水池畔低低絮語，山毛櫸垂在池上出神地端相自己的倒影，單足獨立的
蒼鷺沉浸在孤寂的暇想中，光怪陸離的火燒雲圍繞落日織成了一座雄偉
的拱門，夕照在水上鋪就了一條燦爛如烈焰的光路，引向遙天……

　　小約翰住在一所被大花園環繞的老房子裏，有一個好父親（小說只
在開頭提到過他母親曾將一隻母雞關在小屋裏孵蛋，以後再無蹤影），有
一隻叫普烈斯多的狗和一隻叫西蒙的貓，在學校裏有玩伴卻沒有一個稱
得上至交。童年的世界因沒有成人的空虛，故永不會寂寞；因不能與成
人分享好奇，故常覺孤獨。孩子從會說話起，就自師自通地會替周圍世
界中的物事命名，會與之作私下的熱烈交談。

　　夏日的黃昏，一個代表自然的名叫「旋兒」（因生在一朵旋花的花托
裏而得名）的精靈成了小約翰的密友。因了旋兒在他額上的輕輕一吻，
小約翰從此能聽懂蘆葦的絮語和樹木的歡息，能解讀蚊虻的舞蹈語言，
能同情火螢對罹難愛侶的永恆思戀，能了解金龜子以大嚼為最高義務的
道德哲學，能質疑螞蟻部落以相互屠族為正義事業的政治哲學……

　　旋兒奚落人類，因其長久疏遠了自然，疏遠了他們的生物界同胞，「常
常狂躁和胡鬧，凡有美麗和華貴的，便毀滅它。他們砍倒樹木，在他們
的地方造起笨重的四角房子來。他們任性踏壞花朵們，還為了他們的高
興，殺戮那凡有在他們的範圍之內的各動物。他們一同盤據著的城市裏，
是全都污穢和烏黑，空氣是混濁的，且被塵埃和煙氣毒掉了。……」小
約翰雖然愛旋兒勝過愛自己，勝過愛父親、愛普烈斯多和小房子（他向
來對西蒙敬而遠之），卻忍不住為人類的不幸而流淚。旋兒把人類的宗教
情感稱之為「一個不可解的，不能抗的衝動，引著人類向那毀壞，向那
驚起他們而他們所不識的大光的幻相那裏去。」

　　無論是小約翰的幸運或是不幸，旋兒竟引他會見了將知
（Wüsstich）──一個象徵了人類求知慾望的精靈。將知告訴小約翰：
世界上存在這樣一本書，誰若覓得它，「則生活將如晴明的秋日，上是藍

色的天而周圍是藍色的海；但沒有落葉萩萩著，沒有小枝格格著，也沒有水珠點滴著；陰影將永不變化，樹梢的金光將永不慘澹。誰曾讀過這書，則凡是於我們顯得明的，將是黑暗，凡是於我們顯得幸福的，將是憂愁。」旋兒認為將知或小約翰永遠覓不到那原本不存在的大書，如同人怎樣地四顧著想攫取，也總不能抓住或拿回自己的影子。

「不，旋兒！你卻聰明過於將知，你也聰明如同大書。你為什麼不告訴我一切的呢？就看罷！為什麼風吹樹木，致使它們必須彎而又彎呢？它們不能再，——最美的枝條折斷，成百的葉兒紛墜，縱然它們也還碧綠和新鮮。它們都這樣地疲乏，也不再能夠支撐了，但仍然從這粗野的惡意的風，永是從新的搖動和打擊。為什麼這樣的呢？風要怎樣呢？」不要說小約翰還是個尚未涉世的異邦孩子，即使是上世紀前半葉歷經劫難的中國知識精英，有誰能抵擋自許「能為萬有立根基」的大書的誘惑呢？

小約翰終於想要覓得大書而失落了旋兒的愛，返回尋常世界，卻流落在遠離父親和故園的異鄉，幸得一對好心的園丁夫婦收留了他。在蓮馨花盛開的春天，小約翰遇到了一個名叫「榮兒」（Robinetta）的女孩子，竟從頭到腳都震慄了，只因她天一般深的黑眼睛像旋兒，熟識而甜美的聲音像旋兒，飄泛的金髮像旋兒，嫩藍的衣裳像旋兒。兩小無猜的初戀令小約翰有一種奇特的昏迷的感覺，他把遁身自然時的種種奇遇和關於那本大書的秘密無保留地告訴了榮兒。在一個晴明的日子裏，榮兒許諾他見那「書中之書」，未料是一本普通的《聖經》，小約翰搖搖頭。一個穿黑衣的男人正言道：「如果你知道安徒生，孩子，你就得多有些他對於上帝的敬畏和他的話。」小約翰想起了旋兒的話：「上帝像一盞大煤油燈，成千上萬的人因此像飛蟲一般迷誤了，毀滅了。」小約翰於是被趕出屋子，並失去了榮兒的友愛。

一個名叫「穿鑿」（Klauber）的象徵了科學主義的精靈不請自來，答應引他去尋那大書，小約翰半是被逼半是自願地做了穿鑿的學生和被監護人。穿鑿告訴小約翰：人須工作，思想，尋覓，——因此，人才是一個人。我們應該尋覓，尋覓。有的人一生中尋覓著，只為要知道他們正在尋覓著什麼，這就是哲學家。然而，無論是誰，只要名叫「永終」

的死神一到，他和他的尋覓都將一去不返。永終是個長而瘦的男人，有深陷的眼睛和瘦長的手，來時一陣冷風穿透小屋，說話和藹可親，帶著疲乏地微笑。但他不願帶著小約翰，而要他做一個好人，並擔保穿鑿是一個出色的導師。

小約翰結識了穿鑿的老學生——號碼博士，後者整天被許多書籍、玻璃和銅製器皿環繞著。在博士看來，尋覓便是將動物界、植物界、礦物界，總之，將一切自然界的奧秘化約為符號，化約為數位，這便是他的天職。小約翰於是跟著號碼博士學習自然科學課程。每當學到諸如此類的例子——表面上看，蜂自采蜜花自豔，無意中卻互為對方的生存裏助一臂之力，小約翰便會從深心裏讚歎：造化的設計是多麼精妙！穿鑿卻兜頭一盆冷水：確實精妙。可惜，有多少鮮花能結出碩果，有多少種子能長成大樹？……只有符號和數位是真實的存在，其餘一切皆免談。

穿鑿的社會科學課程便是領著小約翰到大城的一切角落巡行，指出這個叫「城市」的大怪物如何新陳代謝，如何呼吸吐納，使自己生長和壯大。小約翰在一個有著濃煙滾滾的大煙突和隆隆轟鳴的機械陣列的大建築物內，看見無數人們帶著蒼白的臉，黑的手和衣服，默默地工作著。小約翰走進污穢的小巷中，藍天窄如一指，還時常被懸掛的衣褲所遮蔽；居民們爭執著，喧鬧著，嘩笑著；瘦弱的孩子爬在泥地上嬉打，年輕的姑娘摟著嬰兒哼唱。小約翰也曾拜訪寂靜的醫院，一個在病榻中躺了七年的海員，也曾見過印度的椰樹、日本的藍海和巴西的森林，每天的享受不過是一線日光和如泣的琴聲……

小約翰不由想起了和旋兒在一起的日子，想起了旋兒的話：人類為什麼要遠離自然呢？穿鑿認為那並非人類的錯。即使有人告訴一個孩子「不要玩火，會燒痛手的」，孩子並不會因此縮回手去，因為他不知道什麼叫做痛，人類的無知如同孩子。是誰造就了人類呢？他為何不預計到人類會像小孩子厭學一樣逃離自然呢？穿鑿的意思，這是一個不可逆轉的人類學事件，並非現代生態主義者所斷定的人類之錯。穿鑿的一番話像紛飛的火星，濺落在小約翰的心靈上，使他胸中萌生出巨大的悲痛，從此驅走了夜深人靜時思念旋兒之苦。

　　小約翰終於見到了他久別的故鄉和老屋，見到了已處於彌留之際的父親，親眼目睹旋踵而來的永終對他父親盡了一個死神的天職。深悔劇痛中的約翰彷彿墜入了一個漆黑的無底的虛空，當他看到穿鑿亮出冷光閃閃的小刀預備對遺體作病理解剖時，憤怒到了極點，便奮不顧身地與強悍的精靈搏鬥。穿鑿倏然消失了，只有永終還坐在床頭，贊許小約翰的反抗是「正當的」。死神說：「只有我能領你向旋兒去。獨由我能覓得那大書。」「那麼，你帶著我罷……」死神搖搖頭，「你愛人類，約翰。你自己不知道，然而你永遠愛了他們。成一個好人，那是較好的事。」永終化成一道煙靄升騰到日光裏去了。約翰俯身床沿，哭著父親。

　　不知過了多久，小約翰抬起頭來，陽光燦爛，漲滿了樹梢和草莽，充滿了藍天和晚雲。金箭般的陽光裏交織著旋兒的歌吟似的聲音。小約翰循著日光，循著歌聲，追奔而去，直至海邊。夕照鋪就了一條通向海上落日的光路，一隻水晶船兒漂浮著，船的一端立著旋兒的苗條丰姿，另一端分明是幽暗的死神。小約翰呼喚著「旋兒，旋兒」的同時，看到光路的盡頭來了一個人，靜靜地走在洶湧如烈火的水面上。

　　「你是誰呢？」約翰問，「你是人嗎？」

　　「我更進！」他說。

　　「你是耶穌，你是上帝麼？」約翰問。

　　「不要稱道那些名字，」那人說，「先前，它們是純潔而神聖如教士的法衣，貴重如養人的粒食，然而它變作傻子的呆衣飾了。不要稱道它們，因為它們的意義成為迷惑，它的崇奉成為嘲笑。誰希望認識我，他從自己拋掉那名字，而且聽著自己。」

　　「我認識你，我認識你，」約翰說。

　　「我是那個，那使你為人們哭的，雖然你不能領會你的眼淚。我是那個，那將愛注入你的胸中的，當你沒有懂得的愛的時候。我和你同在，而你不見我；我觸動你的靈魂，而你不識我。」

　　「為什麼我現在才看見你呢？」

　　「必須許多眼淚來弄亮了見我的眼睛。而且不但為你自己，你卻須為我哭那麼，我於你就出現，你也又認識我如一個老朋友了。」

「我認識我！——我又認識你了。我要在你那裏！」

那人指著在火路上漸漸漂遠的水晶船，指著旋兒和永終的形相道：那便是覓得大書的唯一之路，是你昔日神往之路。他又指著黑暗的東方道：那裏是人性和他們的悲痛之所在，那裏是我的路，我將和你同在。你選擇罷！小約翰毫不猶豫地向他伸出手去，逆著凜烈的夜風，走向黑暗中的大都市。

我幾乎通篇在複述《小約翰》的故事概梗，有時借用魯迅的譯文，有時用我自己的笨舌，忘記了傳統的書評尚賦有另一種使命——要麼發皇它的微言大義，要麼將它解構成白茫茫一片。以此衡量本文，可說是「上窮碧落下黃泉，兩處茫茫皆不見」。究其原因：一則，這篇成人童話的寓意本身非常顯豁，大家只須找來讀就是了；二則，我於神學連皮毛都摸不著，不敢妄評小說作者的神學觀與大公教的、與新教的神學觀之異同，弄不好成了異端邪說，害己害人。末了，若用一句話來概括魯迅的譯文文筆，則是「不敢恭維」，否則便是對魯迅的大不敬，因魯迅自己也承認原文是「近於兒童的簡單的語言」，卻被他硬譯成如此蹇澀，如此「冗長而且費解」的蹩腳漢語。我一直想到哪裡去找一本英譯本來重譯，乘機撿回我的英語；或者找一本德譯本，只是不知自己有無勇氣新修一門外語。

小磨盤，瘋癲和文革

去年買了一本蜜雪兒·福柯的《瘋癲與文明》（劉北成、楊遠嬰譯，北京三聯 1999 年版），從頭到尾翻了一遍，卻沒有認真讀進去。日前，讀完遲子建的小說《瘋人院的小磨盤》（載《大家》2001 年第 4 期），居然還記得福柯的片言隻語：在現代理性人的眼裏，瘋子是「理性世界的一個新來者，一個遲到者」。瘋癲代表了「一種未成年地位」，是「一種幼稚狀態」。

小說中的小磨盤十二歲了，看上去卻只有七八歲那麼大。他從小在瘋人院（官名精神病院）長大，「那些瘋子也怪，他們來了一批又一批，不管是重症還是輕症，他們從來沒有碰過小磨盤一個手指頭。有的時候他們正發著病，幾個醫生也按不住病人的時候，小磨盤一旦出現了，那真就像彩虹出現了，瘋子立刻就安靜下來了。……有兩個已經出院三年的人，他們一直沒有忘記小磨盤，春節時還惦記著給他寄件衣服或者是一袋糖果。這事瘋人院的醫生都知道，他們覺得心理很不平衡，因為精神恢復了正常的患者並不給他們寫一封感謝信，而沒有參與任何治療的小磨盤卻受到了禮遇。」小磨盤與瘋子的對話，是一個尚未涉世的孩子與瘋子的「非理性體驗」、「非理性話語」之間的平等交流。據福柯考證，瘋癲曾「憑藉想像的自由在文藝復興的地平線上顯赫一時。不久前，它還在光天化日之下——在《李爾王》和《唐吉訶德》中——踉蹌掙扎。但是還不到半個世紀，它就被關押起來，在禁閉城堡中聽命於理性、受制於道德戒律，在漫漫黑夜中度日。」伴隨著現代性的生長，理性世界與瘋人世界之間的話語交流從此中斷了。如今現代中國女作家筆下的小磨盤重續瘋癲和理性的未了緣，這是人性的復甦，還是現代的吊詭？

小磨盤喜歡田野上的風、陽光和莊稼，喜歡耕種的人、閒散的牛羊和飄揚在溝畔的蘆葦，喜歡一切未經「理性」切割、打磨的人和事物，卻不喜歡「上學」，不喜歡人人都必須接受「義務教育」這一「現代性」

事件，並因此遭遇了許多煩惱。小磨盤當然不會明白：「上學」是現代人學習如何融入理性社會的必經之路。小說結尾，僅僅因為一個渾名「張嘮叨」的師範專科講師，一個因交不起錢而出院的瘋子，他留下了一張字條，小磨盤「覺得渾身滾過一陣暖流，他本不打算再進學校的，但他想，就算為了認識紙條上的這些字，他也應該繼續上學啊。只是，他不知道還有哪一所學校敢收他。」

我以為，《瘋人院的小磨盤》是近年我讀到的最佳中篇小說。與此同時，它還引發了我重讀《瘋癲與文明》的興趣。福柯的這部著作是關於瘋癲「知識的清洗和質疑」。（羅蘭·巴特爾語）福柯認為：正是現代性結構「導致了中世紀和人文主義的瘋癲轉變為我們今天的瘋癲體驗，即把精神錯亂完全歸結為精神疾病。」「從一種體驗到另一種體驗的轉變，卻由一個沒有意象、沒有正面人物的世界在一種寧靜的透明狀態中完成的。這種寧靜的透明狀態作為一種無聲的機制，一種不加評注的行動，一種當下的知識，揭示了一個龐大靜止的結構。這個結構既非一種戲劇，也不是一種知識，而是一個使歷史陷入既得以成立又受譴責的悲劇範疇的地方。」（《瘋癲與文明》前言）

斗轉星移是一種自然現象，生老病死也是一種自然現象，對自然現象的認識史則是一種精神文明。有一種我們稱之為「科學」的精神文明，則是按照西方特有的傳統把自然現象建構為「科學知識體系」，這種建構過程本身已經成為科學史的考察對象。瘋癲體驗的複雜性恰恰在於，它處在精神文明的非理性體驗和作為自然現象的大腦機體性疾病或功能性障礙之間的晦暗不明地帶，無怪乎福柯以瘋癲體驗的歷史考察作為自己的開山之作，也是他的成名之作，並命名為《瘋癲與文明：理性時代的瘋癲史》。順便指出，並非任何與人體自身有關的「科學知識」建構史都值得作為知識學探索對象的，儘管我自信有本事寫出洋洋幾萬言的《香港腳與文明》，甚至在「香港」二字上大作文章，但我也明白結果只能是貽笑大方。

當整個世界都被拋入現代性的歷史時間巨流時，我們不得不承認中國的現代性中包含有某種「滯後性」或「前現代性」。在漢語語境中的瘋

癲體驗完全不同於福柯在西方語境中追溯的瘋癲體驗，正如中國人的文革體驗也完全不同於西方人對 1968 年巴黎「五月風暴」的體驗。

在我們的集體記憶中，從未把瘋癲看成是一種純粹的自然現象，一種純粹的大腦機體性疾病或功能性障礙。例如精神病症中常見的窺陰癖或露陰癖一旦在公眾場合發作，患者絕大多數可能被押進員警署作為流氓處理，而不是被送入精神病院作為瘋癲處理。從某種意義上說，我們的社會對待瘋子比起西方要來得「溫情脈脈」許多，不是用一種冷酷的理性把瘋子「看成他者的客體對象」（《瘋癲與文明》第 229頁），而是把瘋子看成像我們一樣負有自由選擇或非自由選擇責任的主體，因此瘋子並不享有倫理擔當和司法律令的豁免權。在文革年代和前文革年代，我們的社會同樣把瘋子看成是具有某種階級地位的分子，置身於社會主義和資本主義兩條道路、無產階級和資產階級兩個階級鬥爭旋渦的分子，因此，同樣可根據瘋子的表現，按照「敵我矛盾」和「人民內部矛盾」這兩類不同性質對象處理，而不是把他（她）打入另冊，視作另類。

我的朋友杜大荒是文革過來人，據他說，文革時期見過的瘋子占了他一生見過瘋子的九成九。這並不奇怪，福柯引帕斯卡的話說：「人類必然會瘋癲到這種地步，即不瘋癲也只是另一種形式的瘋癲。」（《瘋癲與文明》前言）一部文革史即是十億人民的瘋癲史，身臨其境的人們根本無從判斷究竟是「紅衛兵」發了瘋，還是張志新發了瘋。當然這只是一種比喻，杜大荒本意是指精神病學意義上的瘋癲，大體上可分為兩類。

一類是「革命」的瘋癲：如王小波曾提到過一位文革中期的高中生，身著藍布大褂，足蹬布底鞋，手掂紅藍鉛筆，從早到晚獨自一人面對巨幅世界地圖，為世界革命而焦慮不安。（王小波《我的精神家園》文化藝術版）又如古華小說《芙蓉鎮》中的「貧農」王秋赦在文革落幕後發了瘋，不時拉著淒厲的長腔喊道：「七八年又來一次啊啊啊……」然而現代中國的「革命」瘋癲並不像俄國聖愚（參見湯普遜《俄國文化中的聖愚》北京三聯版）那樣受到世人的推崇和眷戀，相反，講究修齊治平的國人是不相信瘋子能治國平天下的。

　　另一類是「反革命」的瘋癲：如被割斷了喉管後走上文革祭壇的張志新，生前已經精神錯亂，即「哲學家所說的異化」。（《瘋癲與文明》第203頁）福柯認為：現代西方社會對瘋癲的司法權，包括監視、審判和懲罰，統統讓渡給了醫學，「治療變成了鎮壓」。（同上第247頁）在我看來，福柯若是在漢語語境中寫作，定會重新斟酌自己的意氣用辭，肯定瘋癲置於醫學監護之下是一種人權的進步，有可能挽救無數的文革冤魂。文革中的司法界從未中斷過理性與瘋癲的對話，並且此種對話在邏輯上完全無懈可擊：即革命分子必有革命的瘋癲體驗，反革命分子必有反革命的瘋癲體驗，因此革命法律決不對反革命瘋子網開一面。於是，瘋癲由「已經到場的死亡」，由「死亡被征服的狀態」（同上第12頁），演化為真正的肉體死亡。

　　福柯說：按照《百科全書》的瘋癲定義：偏離理性「卻又堅定地相信自己在追隨著理性——這在我看來就是所謂的發瘋了。」（同上第94頁）根據這一定義，一切偏離了「文化革命」的理性，卻又堅定地相信自己在追隨真正理性的人都是瘋子，也即一切反革命分子都是瘋子。瘋癲是「非理性」，是「理性的眩惑」，也就是說，瘋子雖然也看到了東方紅、太陽升，卻等於「什麼也沒看見，因此他是看著虛空、看著黑夜、看著虛無。對他來說，陰影是感知日光的途徑。這就意味著，由於他看到的是黑夜和黑夜的虛無，因此他什麼也沒看到。但是他相信自己看到了什麼，他就把自己想像中的幻覺和各種黑夜居民視為現實。」（同上第98頁）「後現代」的福柯無意中為二十世紀六十年代的現代中國，提供了如何界定反革命瘋癲體驗的理據。

　　對有宗教傳統的西方而言，「瘋癲是上帝在其肉身中所承受的最低人性，他借此表明在人身上沒有任何非人性是不能得到救贖的；這個墮落的極點因基督的存在而受到讚美。」（同上第73頁）在現代中國，革命政黨對反革命瘋癲的救贖體現在「勞動改造」方針上。「自從人類墮落以後，人類就把勞動視為一種苦修，指望它具有贖罪的力量。」（同上第50頁）現代中國與西方世界又一次達成了共識。

　　語云：「節省每一個銅板為著戰爭和革命事業，為著我們的經濟建設，是我們的會計制度的原則。」「勞動教養」的制度設計正是貫串了這一原則，節省了圍繞司法程式必須展開的搜集罪證、起訴、審理、辯護、宣判、上訴等等一大堆費用。遺憾的是，它無緣享受原創的光榮，這一份榮耀只能歸於福柯筆下法國十七世紀的總醫院。「總醫院不是一個醫療機構。可以說，它是一個半司法機構，一個獨立的行政機構。它擁有合法的權力，能夠在法院之外裁決，審判和執行。」「一個准絕對專制主義的權力，剝奪上訴權的司法權力，一個無法抗拒的行政命令，總之總醫院是國王在員警和法院之間、在法律的邊緣建立的一種奇特權力，是第三種壓迫秩序。」（同上第 37 頁）「被禁閉的人包括道德敗壞者、揮霍家產的父輩、放蕩的不肖子孫、褻瀆神明的人、『想放縱自己』的人和自由思想者。而透過這些相似的形象，這些奇特的同謀犯，這個時代勾畫出自己對非理性體驗的輪廓。」（同上第 61 頁）

　　勞動教養所不是前蘇聯的古拉格集中營，借用福柯的話，「它還是一個道德機構，負責懲治某種道德『阻滯』，這種『阻滯』既不能受到法庭審判，也不能單純靠苦修來醫治。」（同上第 53 頁）「正是在這種背景下，工作義務就取得既是倫理實踐又是道德保障的意義。它將成為苦欲苦行、成為懲罰、成為某種心態的表徵。凡是能夠和願意工作的囚徒都將獲釋，其原因與其說是他已再度成為對社會有用之人，不如說是他再次在人類生存的偉大道德公約上簽了字。」（同上第 54 頁）

　　「文化革命」像一頁日曆一樣被翻過去了。面對新一輪歷史理性，必然會出現新形式的「非理性體驗」。因此，勞動教養所極有希望長期保留下去，不為別的，就為了它是一種高效率低成本的道德矯治機構，以救贖從思想到肉體的瘋癲，遮罩一切不合時宜的切分音。

第四輯

在城邦中成人

獨自莫憑欄，無限江山

——阿倫特政治哲學片議

一

如果用「獨自憑欄」來指喻詩人（詞為詩餘，故詞家亦詩人），用「無限江山」來指喻政治，那麼，南唐後主李煜的長短句「獨自莫憑欄，無限江山」豈不是傳達了詩人與政治之間永恆的緊張與衝突——有欄干處即有詩人，普天江山莫非王土。二十世紀最別具一格的政治哲學家漢娜·阿倫特（Hannah Arendt，1906～1975）則認為，在西方，恰恰是哲人而非詩人與政治之間發生了永恆的緊張與衝突，其標誌性事件是對蘇格拉底的審判及定罪——正如對耶穌的審判及定罪乃是發生於天國與塵世政治之間的永恆緊張與衝突之標誌性事件[1]。

阿倫特認為，「真理與意見的對峙，無疑是柏拉圖從蘇格拉底的審判中得出的、最為非蘇格拉底式的結論」[2]。在雅典人民及人民代表看來，專注於所謂「真理」的哲人，不僅無益、而且很可能有害於城邦的穩定與發展，因而必須受到審判與嚴懲。在柏拉圖看來，唯有哲人了解人類的洞穴困境，因而哲人的絕對善〔真理〕高於城邦的暫存善〔意見〕。蘇格拉底之死意味著哲人的「獨自憑欄」與城邦的「無限江山」之間，其緊張與衝突已不可調和，故哲人要麼如柏拉圖般幻想「真理的專政」[3]，要麼如亞里士多德般身處險地、立即走人。據傳，亞里士多德為此沉痛地說過一句話：「雅典人不應該對哲學犯兩次罪」[4]。

---

[1] 阿倫特，《哲學與政治》，林暉譯，載《現代性的曲折與展開》，賀照田編，吉林人民出版社 2002 年 1 月第 1 版，第 339 頁。
[2] 阿倫特，《哲學與政治》，前揭，第 341 頁。
[3] 阿倫特，《哲學與政治》，前揭，第 343 頁。
[4] 阿倫特，《哲學與政治》，前揭，第 356 頁。

　　柏拉圖從蘇格拉底的審判中得出的另一個結論是對話技藝與說服技藝的對峙[5]。政客用語言去說服民眾。哲人用語言來傳達真理。用語言說服民眾的技藝，是一種政治技藝，古希臘人又稱之為「Rhetorica」，國人譯為「修辭學」[6]。《易》云：「修辭立其誠，所以居業也」。孔穎達《周易正義》曰：「『辭』謂文教，『誠』謂誠實也。外則修理文教，內則立其誠實；內外相成，則有功業可居，故云『居業』也」。可證亞里士多德的《修辭學》是一部政治學著作而非文藝學著作。「說服」或「修辭」是一種教化，是一種以暴力為後盾的非暴力政治技藝，是《尚書·洪範》中所謂治民「三德」之一的「高明柔克」。

　　用語言傳達真理的技藝，是一種愛智的技藝（哲學的技藝），古希臘人稱之為「對話」（dialegesthai），國人譯為「辯證法」[7]。柏拉圖的對話錄即是一種哲學而非戲劇、更非時事劇。對於柏拉圖洞穴寓言中的哲人而言，走出洞穴意味著真理的敞開：太陽——絕對理念——照亮了永恆的理念世界，種種理念則是稍瞬即逝的事物和終有一死的凡人之本原。然而，哲人亦是凡人，他不得不返回洞穴世界，但他的眼睛已不能適應洞穴世界的黑暗，他的思想已不能符合洞穴世界的常識[8]。

　　問題是，哲人為什麼不說服民眾走出洞穴世界呢？阿倫特認同柏拉圖的看法，認為哲學始於驚詫，始於他「面對整個宇宙，就像他在死亡的那一刻將要再次面對」的那一瞬間[9]。作為政治最高技藝的「說服」技藝無法陳述這種具體而獨特的體驗，更何況大多數人拒絕承受這種驚詫，換言之，大多數人根本拒絕放棄成見、走出洞穴和承受真理。因此，真理只能限於哲人與自我、哲人與哲人（有時如莊子般寓於一些假想的人物）之間的對話。然而真理只要一落入語言的筌蹄，它必然顯現為政治社會中的一種「意見」，必然與多數常識性意見構成緊張與衝突。由此，再一次證明哲人別無選擇，要麼登基為王，要麼遠離政治。

[5]　阿倫特，《哲學與政治》，前揭，第 344 頁。
[6]　阿倫特，《哲學與政治》，前揭，第 345 頁。
[7]　阿倫特，《哲學與政治》，前揭，第 344 頁。
[8]　阿倫特，《哲學與政治》，前揭，第 359 頁。
[9]　阿倫特，《哲學與政治》，前揭，第 363 頁。

阿倫特認為，理想中的城邦政治不應該存在意見與真理、說服與對話的衝突，「向我敞開其自身的世界」原是同一個世界，人們之所以有不同的意見，只是因為他們在世界中佔據了不同的位置[10]。真正的蘇格拉底而非柏拉圖筆下的蘇格拉底應該是真理的助產士，他接生每一個公民意見中所擁有的真理，從而使整個城邦更接近真理，這是哲人參與城邦政治的唯一形式。因此，「對話並不是透過消除意見或觀點來得出真理，相反，是在意見本身所具有的真理性意義上來展示這些意見。那麼，哲人所扮演的角色就不是城邦的統治者，而是它的『牛虻』，他要做的不是將哲學的真理告知公民們，而是要使公民們自身更接近真理」[11]。哈貝馬斯的「公共交往」理論顯然源出阿倫特的理想城邦政治學。

阿倫特認為，理想城邦政治的實質是一種友情政治，從朋友的視角看世界，「應該知道，那為他們所共有的世界是如何、並且是以何種特殊的表達方式呈現在對方眼中的，而作為一個普通人是永遠不平等、永遠有差別的」。在真正的蘇格拉底而非柏拉圖筆下的蘇格拉底看來，「只有懂得如何與己共處的人才適於與他人相處。只有自己才是人們無法分開、無法脫離、血肉相連的人」[12]。人在與「自我」──阿倫特稱之為「良知」──的孤獨對話中，他依然置身於並影響著一個敞開的世界，使之變得更好或更壞，這也是政治。我不知道德里達的「友愛政治」論[13]是否源出阿倫特的理想城邦政治學，但我敢肯定阿倫特的理想政治難逃被德里達解構的命運。

然而，無論緣於親歷的史實還是知性的誠實，阿倫特心中的蘇格拉底依然無法避免與城邦的衝突，換言之，哲學永遠無法避免與政治特別是與極權政治的衝突。自從蘇格拉底被押上人民法庭的那一刻起，敗訴

---

[10] 阿倫特，《哲學與政治》，前揭，第 346 頁。

[11] 阿倫特，《哲學與政治》，前揭，第 347 頁。

[12] 阿倫特，《哲學與政治》，前揭，第 349-351 頁。

[13] 邁爾，《神學抑或哲學的友愛政治？》，吳增定、張憲譯，載《隱匿的對話：施米特與施特勞斯》，華夏出版社 2002 年 7 月第 1 版，第 71-96 頁。

的命運已無可逃避──他若採用對話的技藝、哲人的口吻為自己辯護，無異是用神性世界的真理來貶抑人性世界的常識，從而激怒法官和人民陪審員；他若採用說服的藝術、政治的腔調為自己辯護，則哲學的真理必然會降格為一種政治「意見」，從而淹沒在一大堆控方「意見」之中。於是，蘇格拉底寧願一死，以表白他對哲學真理的執著和對城邦政治的服從，也不願踐履「道不行，乘桴浮於海」之上策，不願──哪怕是暫時──規避哲學與政治之間的緊張和衝突。

二

　　阿倫特提出了一個極其尖銳的問題：隨身攜帶真理是政治家的必備美德，抑或隨時準備撒謊是政治家的正當手段[14]？誰若想恰當回答阿倫特的問題，誰就必須準備好回答更多的問題──何謂政治的本質？何謂真理的本質？寓身於政治領域的人是否比寓身於任何其他領域的人更相信，生存來自虛無並終將複歸虛無，從而政治領域從來就不是真理的家園？被逐出政治領域的真理豈非比不上一條喪家之犬，如何可能顯現其力量？

　　即使一個沒有真理的世界是不可想像的，人們依然質疑這樣一句拉丁格言：寧可毀滅世界，也要實現真理[15]。已被切割成一個個民族共同體的現代世界是真理得以顯現其存在的唯一舞臺，舞臺坍塌了，真理豈非同歸於盡？也許，現代民族共同體根本上是一種想像的共同體，譬如撒達姆治下的伊拉克共和國就是世人想像中的一個政治－民族共同體，想像者故意或無意中忽略了這個共同體中不僅有阿拉伯人、而且有庫爾德人，不僅有穆斯林、而且有基督徒，不僅有遜尼派、而且有什葉派，不僅有資產者、而且有無產者，不僅有共和國衛隊、而且有持不同政見者。然而，即便是這個想像中的共同體一朝被外力推翻，謊言固然無家可歸，真理不也無處安身嗎？更何況，現代歷史難道沒有向我們提示過這樣一

---

[14]　阿倫特，《真理與政治》，前揭，第 299 頁。
[15]　阿倫特，《真理與政治》，前揭，第 300-301 頁。

種可能性：即以真理的名義打碎了我們曾經生活於其中的舊世界，卻代之以一個令人更難忍受而不得不忍受的新世界？

阿倫特沒有給出上述問題的任何答案，但她提示了：「發生於真理講述者和公民之間的柏拉圖式的衝突，無論是用那句拉丁格言，還是用任何其他更為晚近的理論——這些理論或公開地或隱含地使城邦的存在遭到危險情況下的謊言或其他不正當行為合法化——，都是不能解釋的」。在最極端的情況下，如霍布斯所寫：「我毫不懷疑，『三角形的三角之和等於正方形的兩角之和』這一說法一旦與任何人的統治權、或者與擁有統治權者的利益发生衝突，要麼備受爭議，要麼慘遭鎮壓，當局者會在力所能及的情況下把所有幾何學書籍通通燒掉。」[16]

阿倫特採用萊布尼茲的二分法，將數學的、科學的和哲學的真理劃歸理性真理，以區別於事實的真理。至於「真理」的定義則不在她此刻討論「真理與政治」關係的問題域內。阿倫特認為，事實真理即事實與事件構成了政治領域的最主要的織體，卻最不為人所重視。當主權者攻擊理性真理時，譬如攻擊唯心論時，它似乎越過了自己王國的邊界，而當它透過謊言和假像歪曲和掩蓋事實真理時，它卻是在自己的土地上戰鬥。面對權力的殺戮，事實真理倖存下來的機會確實是微乎其微的；它們不僅總是處於被這個世界臨時排擠的危險境地，而且很可能永遠被排擠出這個世界。與人類心智產生的哪怕最異想天開的理論相比，事實和事件是無限脆弱的事物；它們發生在一個瞬息萬變的人事領域，一旦消失在人們的記憶中，沒有什麼理性努力可以把它們帶回到我們面前。歐幾里德的幾何學或愛因斯坦的相對論，更不要說柏拉圖的理念論，如果它們的作者由於某種原因未能將它們傳給後代，那麼它們在某一天被重新發現的機會也許同樣微乎其微，但是與一個被遺忘的，或者更可能被謊言掩蓋的重要事實被重新發現的機會相比，前者的機會可以說是無限大[17]。

---

[16] 阿倫特，《真理與政治》，前揭，第 302-303 頁。
[17] 阿倫特，《真理與政治》，前揭，第 304 頁。

　　阿倫特反對把柏拉圖視為「高貴謊言」的始作俑者。雖然柏拉圖說過：對於醫生而不是普通人而言，謊言是有用的，而統治者就是城邦的醫生[18]。從歷史上看，真理和政治的衝突起源於依戀「獨自憑欄」的哲人生活方式和關心「無限江山」的公民生活方式之間的衝突，起源於真理和意見之間的衝突。阿倫特援引麥迪森的話說：「一切政府都建立在意見之上」，如果沒有那些具有相同心智者的支持，即便是最專制的統治者或獨裁者也無法獲得權力，更不用說維持權力了。阿倫特認為，現代世界中已很難看到真理與意見衝突的痕跡，相反，真理將顯現於人與人、意見與意見的公共交往中，因此現代政治決非如其批評者所說的「點人頭數」的選票政治。

　　問題是事實真理與政治的衝突依然存在，關於歷史事實、當下事實的真理與政治的衝突依然存在。有一種意見質疑說，獨立於意見與解釋的事實是否真的存在，難道它們不是從一團亂麻似的歷史或現實中、根據一種本身並非「事實真理」的預定原則精心挑選出來，然後被嵌入某個特定語境中才能講述的故事嗎？然而，無論何種後現代歷史學都不能證明事實真理是不存在的，不能證明故意搞混事實、意見和解釋之間的劃界是合法的、隨心所欲地濃妝淡抹歷史是合法的。人們有權就毛澤東於上世紀六十年代發動文化大革命的真實動機進行爭議，但人們無權抹煞文革中大批知識人非正常死亡這一事實真理。人們也許因為政治口味不同而不喜歡上述事實真理，但要在人類歷史中徹底刪除這些事實是非常困難的，需要一種能壟斷整個人類世界的超級權力。

　　阿倫特認為，所有真理，包括理性真理和事實真理，其陳述形式都是獨斷的。有人說：歐幾里德是一個真正的暴君；幾何學真理的原則是一種真正的暴君邏輯。主張限制絕對王權的格老秀斯以相似的口吻說：即便上帝也沒有辦法讓二乘二不等於四。政治權力不僅要受源自和屬於政治領域自身力量的限制，受憲法和法律的限制，而且要受源自政治領域之外的真理的限制。令主權者惱火的是，真理比任何專制者更為專橫，

---

[18]　阿倫特，《真理與政治》，前揭，第 305 頁。

不受人歡迎的理性真理和事實真理斷然主張它們的權利，反對任何調和與妥協，而調和與妥協正是政治思考的真正標誌。

事實真理令人惱火之處還在於它的冒失性（偶然性），總是現身於人們最不想看到它的時間和地點，無情地撕破經濟決定論或文化決定論的種種迷思。儘管專制的謊言和民主的表決都無法擊敗事實真理，但事實真理的講述者比柏拉圖筆下哲人的處境更糟。阿倫特說：「一個事實真理的陳述者，即使為了陳述某一具體事實獻出自己的生命，收穫的仍將是失敗；當然，不大可能發生這種事件。陳述者的行為只能證明他的勇敢，或者證明他的頑固，卻不能證明他的陳述為真，甚至也不能證明他的誠意為真。因為，一個撒謊者，特別是政治領域中的撒謊者，在愛國主義的、或者一些其他類型的合法的集體偏見的支配下，極有可能以更大的勇氣堅持他的謊言。」[19]

---

[19] 阿倫特，《真理與政治》，前揭，第 323 頁。

施特勞斯：二十世紀的柏拉圖人

語云：偉大之哲人畢生只思考和言說一個主題。列奧·施特勞斯（Leo Strauss，1899～1973）謙稱「自己不過是個學者」，「在根本上依賴於偉大思想家的作品」，[1] 但他確實屬於那種刺蝟型哲人，終其一生僅思考和言說了同一個主題——回歸柏拉圖式的政治哲學。

在施特勞斯看來，政治哲學首先是極少數哲人自願選擇的一種生活方式，因此，它既不是政治局裏的文韜武略，也不是政治協商會上的建言獻策，甚至也不是國立大學講授的政治知識（政治學或政治思想），後者充其量是一種或精緻或粗糙的西方政治思想史講義。其次，施特勞斯說：「在各種哲學思考中，知識社會學總渴望能發掘出對不同社團、階級或者族群精神的闡釋。它未能覺察到也許所有的哲學家自己就構成了一個階層，換言之，與那些將特定哲學家和非哲學家社群聯繫起來的東西相比，那種將所有真正的哲學家結為一體的東西更為重要。」[2] 質言之，政治哲學只是古、今、東、西哲人之間的一種對話，而不是哲人在廟堂上與法定人民代表之間的對話，更不是哲人在廣場上直接向人民群眾喊話。為此，施特勞斯像大多數哲人一樣成為兼治思想史（或稱哲學史）的大家：從海德格爾開始，中經馬基雅維里、邁蒙尼德和阿爾法拉比，返至柏拉圖。

在第一次世界大戰快結束的時候，德國有個叫斯賓格勒的人寫了一本在西方人看來標題不祥的書：《西方的沒落》，學界業已公認為現代思想史上的重要事件之一。如果西方真的「日薄西山，氣息奄奄，人命危淺，朝不慮夕」，是否意味著東方可以說不呢？至少施特勞斯的看法是否

---

[1] 施特勞斯，《海德格爾式生存主義導言》，賀照田主編《西方現代性的曲折與展開》，吉林人民出版社 2002 年第 1 版，第 116 頁。

[2] 施特勞斯，《寫作與迫害的技藝》（節選），前揭，第 197 頁。

定的，他認為：西方的危機既是現代性的危機，更是政治哲學的危機，即「現代西方人再也不知道他想要什麼——他再也不相信自己能夠知道什麼是好的，什麼是壞的；什麼是對的，什麼是錯的」，「什麼是正義的或者好的或者最好的社會秩序」。[3]對於在現代化道路上迅跑的東方人特別是國人來說，因為深受一種叫做歷史主義的西方觀念薰陶，懂得一切價值判斷都是依人設境的、因地制宜的、與時俱進的，既沒有超越階級、民族、時代的善惡、曲直、是非、黑白，更沒有「自然正當的社會秩序」，科學門庭裏同樣沒有政治哲學的立錐之地。因此，在施特勞斯看來，西方的危機同樣也是東方的危機。

作為施特勞斯的思想論爭對手之一，二十世紀初的社會科學大師韋伯認為，人類具有一種與生俱來的「內在衝動」，欲將世界理解為一個「有意義的整體」或「有意義的宏大秩序」。無論宗教神學或世俗哲學都來源於追尋宇宙整體尤其是人類生活固有意義的努力。（韋伯：《經濟與社會》）從神學或哲學脫胎而來的近代自然科學和包括政治學在內的近代社會科學，都是人類解讀世界、使之充滿意義的智性努力，它們本來就是、而非應當是價值中立的。科學只能合理地確定過去或現在的事實，以及存在於它們之間的因果關係或其他關係，而絕對不能「從倫理、文化或其他觀點」對它們做出價值判斷。韋伯寫道：「判斷（終級）價值的正確性，是個信仰問題」。這當然不是說，這樣的價值判斷是沒有意義的——相反，它們「決定著我們的行動，賦予我們的生命以及意義」。（韋伯：《社會科學方法》）這一論證不僅在科學意義上、而且在終極的形而上學意義上斷言：一切意義都是主觀的而不是客觀的；沒有普世的善惡、好壞、是非、對錯，沒有客觀價值和人類共識，只有相互衝突的主觀價值判斷。質言之，這是一個無意義的世界，是對雅典和耶路撒冷的雙重背棄，既沒有政治哲學的容身之地，也沒有上帝的隱身之所；或者用韋伯的話說：這是一個祛魅的世界。[4]政治秩序問題遂降格為某種統治技術問題、制度

---

[3] 施特勞斯，《現代性的三次浪潮》，前揭，第 86 頁。

[4] 參見邁克爾·H·萊斯諾夫，《二十世紀的政治哲學家》，商務印書館 2001 年第 1 版，第 9-12、29-33 頁。

設計問題。用康德的話說，正當社會秩序的建立並不需要什麼天使之族，「這聽起來似乎難以理解，甚至對於一個魔鬼之族來說，建立國家（也就是正義的國家）的問題也是可以得到解決的，只要這些魔鬼有識力」。換言之，基本政治問題僅僅是一個「人實際能夠接受的國家之良好組織」的問題，[5]無論它屬於家長型、奇里斯瑪型、法治型或現代世俗版的基督教大公會議（general council）型。韋伯的貢獻即在於以徹底的知性真誠揭示了：科學實證主義的基礎竟是一個虛無主義的深淵。

施特勞斯思想的深刻之處在於他毫不妥協地揭示了歷史相對主義的基礎同樣是一個虛無主義的深淵。現代人如同歐幾里德幾何學公理般接受的思想前提是：首先，人類對世界和自身生活意義的理解都是「歷史性的」，是屬人（無論是個體的人或是階級的人）語境的產物；其次，後代人的看法比前代人的看法高明，現代人的看法比古代人的看法高明。那麼，人如何可能把握種種互相矛盾、互相抵牾、甚至互相衝突、卻又是「歷史合理的」生活樣式和思想呢？唯有藉助於「對諸歷史世界的普遍結構或本質結構的理解」——如黑格爾或馬克思的歷史觀。然而按照歷史主義的洞見，「對一切歷史世界之本質結構的理解」依然掣肘於「特殊的歷史語境」，依然是某一朝代某一族群的特殊話語，此人之上帝乃彼人之魔鬼，所謂的「重疊共識」或「輿論一律」如果不藉助於暴力如何可能？[6]

施特勞斯譽之為「我們時代唯一偉大的思想家」，並視之為最重要的思想論爭對手之一的海德格爾，顯然看到了歷史主義的上述內在悖論，從而引發了一場叫做「存在主義」的「徹底歷史主義」思想轉折。施特勞斯說：在西方，「（科學）實證主義的學院影響遠遠超過存在主義；存在主義的大眾影響遠遠超過實證主義」。[7]當代大陸作家余華的長篇小說《活著》可視作國人對存在主義的大眾化解讀。然而，存在主義（existentialism，或譯：生存主義）的意義遠非「活著」二字所能涵蓋的。以海德格爾的《存

5　參見施特勞斯，《現代性的三次浪潮》，前揭，第91頁。
6　施特勞斯，《作為嚴格科學的哲學與政治哲學》，賀照田主編《西方現代性的曲折與展開》，吉林人民出版社2002年第1版，第105頁。
7　施特勞斯，《作為嚴格科學的哲學與政治哲學》，前揭，第102頁。

在與時間》為代表作的存在主義認為，傳統形而上學的迷誤在於對「存在」的遺忘，而開啟「存在」的玄關之鑰在於理解人之「生存」——海德格爾稱之為「此在」。此在「被拋在世」並「沉淪」於「常人」的政治社會——「常人展開了他的真正獨裁。常人怎樣享樂，我們就怎樣享樂；常人對文學藝術怎樣閱讀怎樣判斷，我們就怎樣閱讀怎樣判斷；竟至常人怎樣從『大眾』抽身，我們也怎樣從『大眾』抽身；常人對什麼東西憤怒，我們就對什麼東西憤怒。這個常人不是任何確定的人，一切人——卻不是作為總和——倒都是這個常人。就是這個常人指定著日常生活的存在方式。」[8]此在的沉淪既非道德的墮落，也非相對於某種理想狀態的「虧欠」，而是意味著此在的「有限性」；此在是「向死的存在」，逾越死亡即是虛無；此在的有限性恰是偶在歷史性的隱蔽根據。正是這一生存論分析否定了一度流行於十九世紀的整體主義歷史觀，即西方人不再相信「歷史」是一個不以人的意志為轉移的有方向有目標的整體過程，不再相信人類為這一過程所歷經的苦難都是必要的和值得的——哪怕屍橫遍野、血流成河也在所不惜，不再相信人類必將走向「歷史的終結」——無論這一終末時刻叫做「共產主義」或「資本主義」。與此同時，生存論分析也否定了倫理學和政治哲學的可能性，唯有一種叫做「畏」（Angst）的啟示式生存體驗才能喚醒此在使之從非本真狀態、從異化狀態、從沉淪狀態，返回本真的存在。此在唯有在本真狀態中才能作出自由的決斷，而且任何當下的歷史決斷都高於憑藉某種經驗或超驗的理由對決斷所作的善惡評判。[9]

存在主義雖然是當代歷史主義最深刻的表達，但它自身同樣是受縛於特殊歷史語境的一種「合法」偏見，施特勞斯稱之為在柏拉圖的「自然洞穴」中人為挖出的第二層洞穴：難道生存論分析不是第一次世界大戰後的歐洲人特別是德國人對自身生存困境和幻滅情感的特殊領悟？不藉助於無限性，如何可能領悟人之此在的有限性，如何可能領悟人之有

---

[8]　海德格爾，《存在與時間》，三聯書店 1999 年北京第 2 版，第 147-148 頁。
[9]　施特勞斯，《海德格爾式生存主義導言》，賀照田主編《西方現代性的曲折與展開》，吉林人民出版社 2002 年第 1 版，第 133 頁。

限性知識的有限性？不藉助於哲學的死敵——基督教神學的啟示式語言，如何可能把握關於良知、罪責、死亡和畏等存在論概念？諸如此類的理論困難固然是導致海德格爾與存在主義決裂的原因，更主要的是，海氏在 1933 年那場橫掃德國的國家社會主義（Nationalsozialismus，縮寫 Nazismus 音譯「納粹」）運動中作出的決斷使自己陷入了尷尬境地，迫使他重新思考哲學與政治的關係。海德格爾寫道：「一個國家存在。它存在於何處？存在於國家員警拘捕罪犯？抑或存在於政府大廈內打字機聲響成一片，列印著國務秘書和部長們的指令？抑或國家『存在』於元首與英國外交部長的會談中？國家存在。但是，這個存在藏身何處？這個存在根本到處都藏身嗎？」（海德格爾：《形而上學導論》）海德格爾思考的結果即是後來著名的「思想轉折」：拒絕政治哲學而轉向諸神規定的「存在命運」——政治神學。

在施特勞斯看來，唯有回歸古典政治哲學，即回歸柏拉圖式的政治哲學，才能徹底擺脫虛無主義的思想陰影。古典政治哲學「關注的是社會最好的或者正義的秩序（這種社會由其本性便是最善的或正義的，不拘時地所限）」，而不是「這一個或那一個特殊社會（一個城邦、一個民族、一個帝國）的存在與福祉」。[10]故一方面，政治哲學不是「政治的哲學」，不是現存政治秩序的哲學護教學；另一方面，政治哲學並不許諾解決諸如階級衝突、種族衝突等現世問題。毋寧說，政治哲學是「一種哲學寫作，這種寫作置身於神學與政治的選擇之間，並透過辨析政治和宗教的要求走向哲學」。[11]柏拉圖式政治哲學也可稱之為「神學－政治論」，是對前現代共同體律法的哲學思考。「律法」不等於「法律」，正如「政法委」不等於「大法官」；律法是一種神學－政治秩序——這種秩序把宗教、政治和道德法則看作是共同體的生存性法理。對神學－政治秩序的探討構成了哲學與律法之間的張力，同時構成了政治哲學與其強有力的競爭者——政治神學之間無法消除的對立。[12]同是追問「何為正當的政治

---

[10]　施特勞斯，《作為嚴格科學的哲學與政治哲學》，前揭，第 102 頁。
[11]　邁爾，《隱匿的對話：施米特與施特勞斯》，華夏出版社 2002 年第 1 版，第 91 頁。
[12]　邁爾，《隱匿的對話：施米特與施特勞斯》，前揭，第 93-94 頁。

秩序」，政治哲學依憑的是「屬人的智慧」，對問題追根究底到最深最廣處；而政治神學依憑的是「信仰的服從」，將問題訴諸全能的上帝或諸神之權威。然而不同的神很可能作出不同的乃至相反的裁斷，「為此神所喜的事，便為彼神所不喜。如果不同的神喜悅不同的事，如果不同的神相互分歧，則不可能取悅諸神。若選擇最正義的神為楷模，他必須知道何謂正義。他必須知道正義的理念。因為最正義的神乃是最完美地模仿正義之理念的神。」[13]在施特勞斯看來，人要在相互衝突的諸神中作出選擇，唯有憑藉柏拉圖的理念世界，憑藉柏拉圖式的政治哲學。故稱施特勞斯為二十世紀的柏拉圖人（der Platoniker）或柏拉圖主義者，猜想他不會不高興的。但尼采的話：「基督教是民眾的柏拉圖主義」，肯定不會合施特勞斯的心意，因為「柏拉圖把上帝看成了一位仿製者，他透過仰望不變的無生命的理念從而創造了整個宇宙」[14]。

---

[13] 施特勞斯，《論〈遊敘弗倫篇〉，賀照田主編《西方現代性的曲折與展開》，吉林人民出版社 2002 年第 1 版，第 187 頁。
[14] 施特勞斯，《斯賓諾莎宗教批判》英譯本導言，前揭，第 251 頁。

蘇格拉底之死（上）

——邂逅游敘弗倫

訟事纏身的古稀哲人蘇格拉底在雅典人民法院走廊上邂逅善解神意的年輕先知游敘弗倫（Euthyphro）——劉小楓稱之為「分管宗教事務的全國人大代表」，不知源出何典。

游氏斂步含笑：「蘇老好雅興呵！何不在綠谷苑（Lyceum）消閒，卻有空到這兒來聽訟？」

蘇氏略略頷首：「我收到了一張法院傳票，公訴人叫邁雷托士（Meletus），一個披肩髮、鷹勾鼻、老鼠鬍的小夥子，你或許認識。」

游氏作搖頭狀：「沒有印象。不知他以何罪名起訴蘇老？」

蘇氏蹙額：「來勢洶洶哇！『毒害青年』可是個非同小可的罪名，這小夥子一心想剷除我這棵大毒草哩。」

游氏憤然：「誣告知名人士，豈止是蚍蜉撼樹，簡直是動搖國本。且看他如何羅織罪狀。」

蘇氏動容：「小游，曠世奇聞啊！他指控我輕謾舊神、虔敬新神。」

游氏正色：「我懂了。蘇老平時不是常說有神靈附耳指示行止嗎？他告你『顛覆神道罪』，無非因為這類罪名最容易激起民憤。我因為自己善解神意，也曾當眾預言禍福，卻屢屢遭人恥笑，甚至被誣為瘋子。他們顯然是妒忌你我的先知先覺才這樣幹的；蘇老，一定要頂住啊！」

蘇氏莞爾而笑：「小游，恥笑事小，公訴事大，殺頭可是至痛呵。」

游氏亦粲然：「蘇老，儘管寬心，你、我的案子只可能有一種結局，那就是皆大歡喜。」

蘇氏刮目：「原來你也有訟事纏身，只不知是當原告，還是當被告？」

游氏作鄭重狀：「當原告。」

蘇氏若有所思：「告誰？」

游氏朗聲：「告我父親。」

蘇氏大奇：「好傢伙！是何緣由，不妨說來聽聽？」

游氏略無難色，侃侃而言。謂游家雇工（彼亦係自由身）如何不合酗酒毆殺游府家奴；游父如何縛其四肢，投諸溝洫，如何遣使往雅典神廟請示處置之法；使者未及返，溝洫中人如何不勝縲絏之災、凍餒之苦而命赴黃泉；游父及游府至親如何怨游氏不當子訟父過，皆責其謾神；游府上下皆於神意惘然無所知而強以為知云云。

蘇氏哂然：「看在宙斯的份上，小游，你敢確保自己不會錯解神意、不會搞錯敬神的門道嗎？不怕子訟父過其實是一種謾神的罪孽嗎？」

游氏肅然：「蘇老，我是那種碌碌無為的庸夫嗎？我不僅僅是善解神意、預知禍福，而且深知『眾人皆醉吾獨醒』並不好玩。」

於是，蘇格拉底提出拜游敘弗倫為師，學習敬神之道，並且直言不諱地欲藉游敘弗倫之盾、禦邁雷托士之矛，以解脫枷在自己身上的顛覆神道罪。因此，能否說柏拉圖《王制》（Politeia，即 Republic）裏的蘇格拉底與格老孔（Glaucon）、阿得曼托斯（Adeimantus）兄弟的對話是福島（blessed island）論道，是屬神的邏各斯，而蘇格拉底與游敘弗倫的對話則是濁世自救，是屬人的行動呢？能否說前者是對如花之少年、賦「相」論之雄詞，後者是對自負之先知、辯「虔敬」之真諦呢？能否說前者是辯證的愛欲，後者是說服的技藝呢？能否說前者是哲學，後者是政治呢？能否說前者是出離洞穴的憧憬，後者是法庭申辯的預演呢？至少，施特勞斯（Leo Strauss）的答案是否定的，他認為，任何一部柏拉圖的對話都包括兩個部分：「討論、言語、logos（邏各斯）僅是一部分，另一部分是ergon（行）、行為、行動、對話中所發生的、角色在對話中所做的和所遭受的。Logos 可以結束於沈默，而行動則可以揭示言語所遮蔽者。」

蘇格拉底在人民法院走廊上邂逅游敘弗倫是一個「本生」(Ereignis)事件、或稱自在發生事件、亦稱偶在發生事件，它卻迫使讀者以蘇格拉底式哲人與雅典公民的雙重身分陷入沉思：何謂虔敬（holiness）？蘇格拉底虔敬嗎？蘇格拉底虔敬的是城邦之神嗎？困難在於，柏拉圖筆下的蘇格拉底與雅典人民並非處於對等或平等關係，「何謂虔敬」的主題與「蘇

格拉底是否虔敬」的主題也不是同一層面上的問題。蘇格拉底關心的是哲學是非問題，何謂虔敬恰恰是一個哲學是非問題。雅典人民關心的是政治正確問題，蘇格拉底是否虔敬恰恰是一個政治正確問題。麻煩的是，哲學問題偏偏與政治問題纏繞在一起，何謂虔敬的問題偏偏與蘇格拉底是否虔敬的問題纏繞在一起，兩者實在難解難分。

用哲學之劍解這個戈耳迪之結（The Gordian Knot）固然是舉手之勞——如果虔敬是一種德性，而哲人具備一切德性，那麼哲人必虔敬。蘇格拉底是公認的哲人代表，蘇格拉底必虔敬。反之亦然，如果蘇格拉底虔敬，虔敬就是一種德性；如果蘇格拉底不虔敬，虔敬就不是一種德性。問題是，雅典城邦的統治者並非蘇格拉底式的哲人，蘇格拉底的德性也並非雅典人民的法定楷模。蘇格拉底認為虔敬是一種屬人的知識（knowledge），即虔敬與否是一個倫理思想問題；雅典人民認為虔敬是一種習傳的禮法（nomos），即虔敬與否是一個政治立場問題。對前者而言，無知不是一種過錯；對後者而言，無知恰是一種罪責。首先，蘇格拉底承認自己對何謂虔敬的知識無知、卻否認自己有罪，無異肯定了自己的看法而否定了人民的看法，已經是政治不正確。其次，即使對何謂虔敬的知識無知是否是一種罪責，姑且可以存疑，但蘇格拉底的自供恰是他不虔敬的鐵證，即使他外表上祭祀如儀也無濟於事。然而一個外表上祭祀如儀的人，如何可能被人看破不虔敬呢？怨只怨蘇格拉底自己口無遮攔，以至於被聯帶指控「毒害青年」的罪名。事實上，落在蘇格拉底頭上的兩條罪名——「輕謾諸神」和「毒害青年」確實有互為因果的關係。

施特勞斯（Leo Strauss）指出，蘇格拉底對何謂虔敬的知識並非全然無知。在邂逅游敘弗倫的對話中，蘇格拉底僅僅厭惡流俗故事中的神祇——凡人類所有的慾望和陋習無不齊備的諸神，而且懷疑這些故事的真實性。但蘇格拉底似乎相信另有善良正義之神，承認自己所具有的一切好東西都是神給予的。施特勞斯為之辯解道：蘇格拉底的獨門知識確實是他不敬城邦之神的起因，但不該是獲罪的肇端；因為蘇格拉底不是一個狂熱的弘道者，比如他從未有過救渡游敘弗倫出苦海的念頭，他的啟蒙對象都是經過精心揀選的；何況，蘇格拉底在《王制》中對神道的批

評並非針對城邦人民、而是針對平民詩人的。也許有人以為，施特勞斯的辯解不甚高明；首先，施特勞斯忘記了蘇格拉底明言欲藉游敘弗倫之盾、禦邁雷托士之矛，即明言是自渡、而非渡人，如何倒成了蘇格拉底並非熱衷弘道的旁證；其次，施特勞斯忘記了平民詩人往往頭戴「人民作家」的桂冠，攻擊詩人無異就是攻擊人民、攻擊城邦。

施特勞斯顯然不會理睬凡夫俗子的想法，他繼續辯解道：人民法院的走廊雖然不是一個弘道的合適場所，蘇格拉底心底裏也不願意與游敘弗倫交談，但是出於責任、或者說出於正義，他必須一吐為快。因此，蘇格拉底的對話是一種正義的行動，或者說，透過對話，昭示了蘇格拉底的正義。退一步說，即使蘇格拉底確實不虔敬，他的正義亦昭然若揭。問題是，何謂正義？施特勞斯說，「正義等同於巧妙地照料屬人事物。由於這種巧妙照料，或牧養，屬人事物會受益或變得更好。」緊接著的問題，誰有資格「巧妙照料屬人事物」，換言之，誰有資格行使「正義」，城邦統治者抑或蘇格拉底？施特勞斯雖在別處（如在《自然權利與歷史》中）給出過隱晦答案，但在解讀《游敘弗倫》時，兀自寫道：「不管蘇格拉底對游敘弗倫的巧妙照料有幾分成功，據描寫，他的確費力使游敘弗倫變得更好——透過向自以為極端有智慧的後者展示這一事實：游氏是極端愚蠢的。」施特勞斯承認，蘇格拉底式的正義行動「審慎」與否是有疑問的，沒有一個雅典人或現代人樂意接受諸如「極端愚蠢」之類的判詞。他繼續寫道：正如一個想要喚住惡狗的人也許會被惡狗咬傷，一個想從孩子手中拿走危險玩具的父親也許會激起孩子的憤怒，試圖使雅典人變得更好的蘇格拉底也會引起人們的怨恨並招致不幸，但蘇格拉底的努力不僅對他以及他的同時代人是有益的，而且對我們現代人是有益的。

不僅雅典人民的眼睛是雪亮的，而且蘇格拉底自己也心知肚明，他並非真的對何謂虔敬的知識一無所知、也並非真的輕謾所有神明，而是在輕謾城邦之神的同時，轉身虔敬哲人之神。施特勞斯指出，《游敘弗倫》的主題是「虔敬」，但柏拉圖沒有告訴我們究竟何謂虔敬，因此，《游敘弗倫》傳遞的是真理的局部（part of truth），是部分真理（a partial truth）、也可說是部分虛妄（a parial untruth），或者說是一種不同於習常「意見」

175

（doxa）形式的「半真理」（half-truth）。以柏拉圖的道德品格作為擔保，施特勞斯確信不滿足於「半真理」的讀者，總能在柏拉圖對話集中，找到關於「敬神」的整全真理。人們也確實在柏拉圖的《蒂邁歐》（Timaeus）中找到了蘇格拉底的哲人之神——創世神德木格（Demiurge），他正是蘇格拉底理想中的「王制」正當性的終極根據。哲人之神不同於聖經之神，他並非從虛無中創造世界，而是仿照永恆不變的「相」（eidos，即 idea），採用永恆變化的火、水、氣、土創造世界。由於在一切受造物中，宇宙天體是最美的，在一切原因之中，神（God）是至善的——神認為有秩比無序好，理性比非理性好，而理性只能存在於靈魂之中，因此，宇宙天體是擁有靈魂和理性的神聖生命體，並且因為是最好的，所以是唯一的。奧林比斯山（Olympus）諸神（gods）的祖先無疑也是哲人之神的造物，卻較之神聖天體要次一等。哲人之神又親手播種人類的靈魂，讓諸神鑄造人類易朽的肉體；讓諸神做人類的統治者，引領他們趨向至善和智慧，因此，人世的罪惡與創世神了無相干。雖然哲人之神的創世記出自羅克里（Locri）人蒂邁歐之口，但蘇格拉底之贊許必如孔子之喟歎——「吾與點也」。

　　既年輕又自負的游敘弗倫顯然對蘇格拉底的哲人之神一無所知，而且照施特勞斯的說法，游敘弗倫深信自己和蘇格拉底是同一條船上的人，深信他倆都有一種高於常人的稟賦，都是神諭的傳達者，都是負有某種神聖使命的先知。由於游敘弗倫虔敬的是神秘（mystery）之神，他的精神之旅早已抵達神殿，而普通信眾的精神之旅僅僅抵達祭壇，因此，游敘弗倫與雅典人民之間的隔閡之深並不亞於蘇格拉底。區別在於，游敘弗倫的狂熱虔敬會驅使他損害屬人事物，甚至會毫不猶豫地指控自己的父母、兄弟、妻子、兒女、至親、好友，而蘇格拉底則不會，因為後者認為人性根本不可改造。問題是，游敘弗倫的狂熱僅僅遭到雅典人的恥笑，而蘇格拉底的幽暗卻遭到雅典人民的公訴，這是怎麼回事？蘇格拉底想不通，施特勞斯似乎也未全想通、或者想通了卻不願告訴我們。表面上看，蘇格拉底和游敘弗倫的境遇之所以懸殊，原因似乎在於後者的口風更緊。關鍵在於，蘇格拉底鍥而不捨地追問何謂虔敬，輕而易舉地先後摧毀了三個關於虔敬的定義，雖然無能動搖游敘弗倫的神秘信

仰，卻足以顛覆雅典人民的傳統信仰。反之，游敘弗倫「惟其荒謬，所以我信」（credo quia impossibile）式的狂熱雖然有悖雅典人民的傳統，但他的預言總的來說卻有助於整合城邦的政治秩序；《蒂邁歐》也藉諸神之口斷言：神兆是對人類愚昧的補足，並且需要代言人作出解釋。

我以為，蘇格拉底與游敘弗倫的衝突可以說是雅典與耶路撒冷衝突的預演。在游敘弗倫方面，何謂虔敬本來就不是一個可以討論的問題——虔敬是神啟的一種人類生存樣式，對虔敬的見證本質上只能歸屬於這種生存樣式。在蘇格拉底方面，何謂虔敬的問題必然轉渡為何謂虔敬哲人之神的問題，蘇格拉底與游敘弗倫的衝突也可以說是現代人由虔敬聖經之神轉向虔敬哲人之神的預演——尼采命之為「上帝死了」。於是，施特勞斯說，在某種意義上，游敘弗倫和蘇格拉底真的是同一條船上的人，前者成為後者的漫畫像，並且恰如後者一樣超越了尋常技藝和德性的維度。區別在於，蘇格拉底轉向了哲學，而游敘弗倫轉向了「某種有關神聖事物的偽知識」，或者說，後者轉向了異端的（heretical）的虔敬觀，成為異議分子（deviationist）。我以為，如果公訴人邁雷托士代表了雅典人民的正統虔敬觀的話，那麼，從邁雷托士出發，游敘弗倫必然向左轉，是典型的「左派」，蘇格拉底必然向右轉，是典型的「右派」；而非如施特勞斯所言：從邁雷托士出發，必須途經游敘弗倫，才能到達蘇格拉底。

如果虔敬的真諦即是投正義之神所好、踐正義之神所行的話，那麼，人們必須事先知道何謂正義，必須事先知道正義之「相」。然而，人們既已知道正義之「相」，又何苦只為得一虔敬的虛名去投神所好、踐神所行呢？何不用正義之「相」去替代諸神呢？因此，施特勞斯否認蘇格拉底引入了新神、而是引入了「相」，比神還要原始、還要古老的「相」。問題是，若無創世神德木格為仲介，則既沒有世界、也沒有城邦，既沒有雅典人民、也沒有蘇格拉底，所謂自在永在的「相」又有何意義呢？退一步說，蘇格拉底即使沒有直接引入新神，他也為東方一神教信仰的普世作了不可少的鋪墊，與其說基督教是人民的柏拉圖主義，不妨說一神教是人民的蘇格拉底主義。人民不需要、也不懂得什麼「相」論，人民只需要一個「相」成肉身的神、一個可在他面前頂禮膜拜、載歌載舞的神。

　　如果虔敬是多餘的、諸神是多餘的，那麼雅典人民為何還需要虔敬諸神呢？施特勞斯認為，蘇格拉底在與游敘弗倫討論有關虔敬的第三個定義時，暗示了問題的答案。虔敬貌似一種奴隸侍奉主子的技藝，其實是人民藉助神力來制服偶然性的技藝；一如將軍知道光有軍事技藝並不保證打勝仗、農夫知道光有農業技藝並不保證好收成，人民知道單憑自身的一技之長無論如何無法制服偶然性。偏偏一切人類技藝中一種最特殊的技藝——統治的技藝、或稱建制的（architectonic）技藝、或稱立法的技藝，其功敗垂成尤其依賴於偶然性，因此，尤其需要藉助諸神的力量，藉助諸神的公正、高貴和善好。換句話說，作為虔敬的報償，諸神為統治技藝提供了充沛的正當性；為此，對統治技藝而言，虔敬本身必須是正當性或稱合法性的一部分，必須是習傳禮法的一部分。施特勞斯由此斷言：雅典人民和蘇格拉底都是神智健全的（have common sense），而游敘弗倫則是神智不健全的（lacks common sense）。問題是，神智健全的雅典人民偏偏揪住了同是神智健全的蘇格拉底，偏偏放過了神智不健全的游敘弗倫，豈非太吊詭了嗎？也許施特勞斯可以歸諸於每一篇柏拉圖對話錄都是很吊詭的。

　　與游敘弗倫在雅典人民法院走廊上的對話將近尾聲時，蘇格拉底這才突然想起了自己原本像海倫丈夫墨涅拉俄斯（Menelaus）一樣，因為沒有獻上令神滿意的祭禮而陷入困境，打算抓住游敘弗倫，一如抓住善於變幻形相的波濤神普洛透斯（Proteus），逼他講出虔敬的秘密。不幸的是，墨涅拉俄斯抓住了普洛透斯，而蘇格拉底卻眼睜睜地看著游敘弗倫托辭窮忙、飄然而去。關鍵在於，蘇格拉底沒有問他的普洛透斯自己該做些什麼，而是窮追不捨地究問：何謂虔敬的「相」，一個游敘弗倫既無心回答、也無能回答的問題。無論作為後世弟子的施特勞斯如何為之辯護，事實上，是提出問題的蘇格拉底、而非一走了之的游敘弗倫超越了雅典人民的常知通識（common sense）。也許，超越不是貶抑（depreciation）、不是否定（negation）；超越是上升（ascent）、是出離（detachment）。因此，施特勞斯相信拯救蘇格拉底的唯一明智方案是：從城邦禮法中刪除哲人不虔敬之罪，但他知道這是一個不能實現的希

望。另一種方案是：把信仰或知識逐入私人領域，每一個人都有權直面自己的神——無論是啟示之神、還是哲人之神，與城邦禮法兩不相干，但這正是施特勞斯所不樂意看到的自由主義－現代性浪潮。

參考文獻：

〔1〕 柏拉圖，《游敘弗倫》，嚴群譯，《游敘弗倫、蘇格拉底的申辯、克力同》，商務印書館，1983 年版。

〔2〕 柏拉圖，《蒂邁歐篇》，謝文鬱譯，上海人民出版社 2005 年版。

〔3〕 列奧‧施特勞斯，《論游敘弗倫篇》，徐衛翔譯，《西方現代性的曲折》，吉林人民出版社。

〔4〕 劉小楓，《刺蝟的溫順》，《書屋》，2001 年第二期。

〔5〕 林國華，《關於〈刺蝟的溫順〉的信》，《書屋》，2001 年第三期。

蘇格拉底之死（中）

──法庭弘道

西元前 399 年，春暖花開，雅典面向大海

蘇格拉底佇立法庭，捲髮如雪

三個公訴人的憤怒也不再年輕

可愛的斯寇里亞（Skolia）地方詩人邁雷托（Meletus）

可憐半輩子默默無聞的修辭學教授賴肯（Lykon）

可敬的硝皮匠兼不甚可敬的政客安尼托（Anytus）

（他們的名字涉過忘川遠播中國，失落了嘶嘶的尾音）

五百零一顆德謨克拉西（democracy）的頭顱，在審判席
上簇動

沒有人勘破他們座位前後左右排序的秘密

究竟是按門第高低，還是按錢袋盈虛

惟有拿起陶片，決斷哲人生死的一瞬間

每一個人的鼻子才會像娘兒們似地發酸

　　對蘇格拉底的審判和定讞是人類思想史上的「一個轉折和旋渦」，標誌
著理知人（theoretical man）的生活方式曾經與雅典人的生活方式發生了劇
烈的衝突。後人對這一發生事件的了解，主要源自蘇格拉底的弟子──色
諾芬（Xenophon）的《回憶》（Memor）和柏拉圖（Plato）的《申辯》（Apologia）。
伯內特（John Burnet）認為，色諾芬的心智屬於退休陸軍上校之輩，難免
會有意或無意地把蘇格拉底的愛智對話轉述成鄉村紳士的負暄閒談；與此

相反，施特勞斯（Leo Strauss）則說「讓馬兒打個滾，牽回家去」之類的雋語妙不可言。於是，人們轉向柏拉圖，一方面被他的悲憤所感染——「這個就是被你們謀殺的人，看看吧，聽聽他吧」，另一方面也對他的妙筆生疑慮——這是現場報導（reportage）、還是藝術再造（re-creation）？伏拉斯托斯（Gregory Vlastos）認為，柏拉圖確實親耳聽到了蘇格拉底的生死之辯，並為之震驚，政治哲學很可能起源於柏拉圖的震驚；多年之後，痛定思痛的柏拉圖把回憶中的依「法」（nomos）申辯重構（re-creation）為思想中的正「義」（physis）訴求，並為他的同時代人所認可。除此之外，我們無權對柏拉圖的《申辯》苛求更多的真實性（veracity）。

蘇格拉底在踏上法庭的瞬間，就陷入了一個語言的困境——真正的存在論困境，因為語言是存在的家園。蘇格拉底應該選擇哪一種語言與在場者對話，確切地說，他應該選擇哪一種對話技藝與雅典城邦對話？是選擇說服（persuasion）的技藝，抑或選擇辯證（dialectic）的技藝？為此，蘇格拉底提出了一項在他看來不算過分的要求，即希望法庭不要在意他的說話方式，不管它是好是壞，只看它是否有理，因為講道理是法官的美德，而說真話是辯方的本分（《申辯》，18A）。

在古代希臘的語彙中，peithein（說服）指一種與大眾對話的特殊政治技藝，雅典為說服女神（Peithô）立廟也證明了說服技藝在城邦政治生活中享有不可替代的重要性。說服技藝也稱之為修辭（rhetoric）技藝。毋庸諱言，說服有「巧言令色鮮矣仁」（《論語‧學而》）的一面，即說服很可能是一種「高貴的謊言」。但說服更有「修辭立其誠」（《周易‧乾文言》）的一面，即說服有可能強化主流意見（doxa），使之上升為正義（right）、上升為主義（creed）、上升為理義（ideology）。《尚書‧洪範》中所謂治民「三德」之一的「高明柔克」，即是一種中土儒家的說服技藝。

與 peithein（說服）對舉的 Dialegesthai（辯證法）則指一種與精英對話的特殊理知（noetic）技藝，也徑稱為對話技藝，在蘇格拉底式哲人生活中享有不可替代的重要性。辯證法有可能引導中人以上的意見（doxa），使之上升為知識（knowledge）、上升為真理（truth）、上升為整全（the whole）。蘇格拉底的辯證法是一種否定的辯證法、一種保持哲

人出離（detachment）身位的辯證法。如果你說「A 是 Z」，那麼，蘇格拉底會引導你在 A 中找到隱含的 B、在 B 中找到隱含的 C，然後指出 C 與 Z 的矛盾之處。如果你因此而自我顛覆了「A 是 Z」的命題，並陷入迷惘和痛苦之中，那麼，蘇格拉底會告訴你，這不是他的過錯。由於蘇格拉底從未肯定過「A 中的任何部分都不是 Z」，因此，雅典城裏的貴族憤青模仿辯證法的調調，否定一切存在者的名分、乃至否定城邦的正義，更不是蘇格拉底的過錯。

　　法庭上的蘇格拉底必須當下決斷——他若採用辯證的技藝、哲人的口吻為自己辯護，無異是用哲學的知識貶抑城邦的正義，勢必冒犯全體對話者；他若採用說服的技藝、政治的腔調為自己辯護，無異是將哲學的知識降格為私人的意見，勢必不敵城邦的正義。於是，蘇格拉底選擇了第三種對話方式、一種類似於先知弘道（gospel）的對話技藝。施特勞斯把蘇格拉底的弘道稱之為「離題之言」，因為嚴格意義上的申辯分別針對「初始原告」的指控和邁雷托（Meletus）的指控。蘇格拉底為什麼要在法庭上反駁並不在場的「初始原告」？他們既無姓名、也無訴狀，既不能出面指控、也不能當庭對質，是名副其實的影子原告。根據施特勞斯的說法，色諾芬是「確定蘇格拉底學說特徵的最可靠來源」，因此，色諾芬在《回憶》中談到蘇格拉底攻擊雅典民主政體的話是可信的，所謂「初始原告」很可能是指民主黨人。蘇格拉底莫非在暗示，根據西元前404 年的大赦令（Act of Oblivion），以安尼托（Anytus）為代表的雅典民主黨人對他的指控是一場非法的「政治審判」。

　　根據柏拉圖的文本，人們寧可將蘇格拉底的申辯看作是一種對哲人生活方式的辯護，因而所謂的「初始原告」似乎是某些反對哲人生活方式的群體，他們中間有一個詩人阿里斯托芬（Aristophanes）、是喜劇《雲》的作者。被施特勞斯譽為「最偉大的心靈」的黑格爾在阿里斯托芬的喜劇中讀出了主體性（subjectivity）對城邦、家庭、道德和諸神的勝利。施特勞斯則在喜劇《雲》中讀出了青年蘇格拉底既不懂愛欲、也不懂政治，相反，《王制》（Politeia）中的蘇格拉底才真正懂得僭主（tyrant）乃「愛欲之化身」。施特勞斯認為，與其說喜劇《雲》是對蘇格拉底的指控，毋

寧說是「傳遞給蘇格拉底的一個朋友式警告、一個混合了羨慕和嫉妒的警告」。警告什麼？警告蘇格拉底及早放棄哲人的出離身位，放棄關於神性自然（physis）的學問？或者是警告蘇格拉底及早放棄政治哲學，即放棄讓哲學進入城邦，放棄追問什麼是好或壞？

我以為，喜劇《雲》中的蘇格拉底，坐在懸空的吊籃裏、衣衫襤褸的蘇格拉底，觀天測地、傳授狹義修辭（即巧言令色）術的蘇格拉底，雖無益於城邦、亦無害於城邦，根本不可能與城邦發生衝突。劇中主角斯瑞西阿德（Strepsiades）為了賴債，送兒子到蘇格拉底的思想所學修辭術，既無增、亦無損於蘇格拉底的聲譽；一如賺足昧心錢的老闆進北大讀 MBA，既無增、亦無損於北大的聲譽。瑞西阿德因為兒子的墮落而遷怒於蘇格拉底，一把火（劉小楓稱之為「秦火」）燒了思想所，純屬泄私憤的犯罪行為、而非愛城邦的革命舉措。換言之，詩人阿里斯托芬的喜劇《雲》與其說是對蘇格拉底的指控或警告，毋寧說是對蘇格拉底政治哲學的掩護。蘇格拉底之所以搞笑似地在法庭上反駁「初始原告」的影子指控、反駁劇中人斯瑞西阿德的指控，並把自命為愛國志士的邁雷托（Meletus）等人的正式指控，統統歸結為斯瑞西阿德式的指控，無疑對詩人的掩護不僅心領、而且神會。柏拉圖在最好的城邦、即哲人為王的城邦中放逐了詩人，但由於最好的城邦是不可能的，因此，哲人始終需要詩人的掩護，時至現代，甚至發生了哲學（尤其是偽哲學）的「詩性」轉向。

吊詭的是，法庭既不在乎、也未追究蘇格拉底的搞笑，儘管搞笑（play）很可能意味著彬彬有禮的敵意（politesse）。蘇格拉底知道，城邦也知道，自己「第一個將哲學從天上喚到塵世，甚至引入尋常百姓家，迫使哲學追問生與死、好與壞」（西塞羅語），那麼，他必須當庭為這種新異的哲人生活作出辯護。由於蘇格拉底式的哲人生活冒犯了城邦的政治生活，因此，他的申辯無法訴諸城邦的習傳禮法（nomos）。蘇格拉底也不能公開訴諸自然的神性（physis），以免坐實「輕慢諸神」的罪名。因此，嚴格地說，蘇格拉底的正式申辯應從引證德爾斐（Delphi）神諭的故事開始；據施特勞斯說，這是一個審判團「聞所未聞」的故事。

　　這個故事的主角凱勒豐（Chairephon）既與蘇格拉底有總角之交，又與民主黨人有生死之誼。某日，凱勒豐前往德爾斐的阿波羅神廟（Apollo's oracle）求讖，問的竟是：「有誰比蘇格拉底更有智慧？」皮提亞（Pythia）的解讖更是乾脆：「沒有。」蘇格拉底本人對德爾斐神諭半信半疑：一方面，他相信神決不可能說謊，另一方面，他確信自己並無智慧，即確信自己尚未掌握關於生與死、好與壞的知識或真理。為了證明或證偽神諭，惟一可行的辦法是找到比自己更有智慧的人。蘇格拉底苦苦訪求的結果發現，所有被訪問者，從政要到匠人，無不認為自己有智慧，他終於明白：神諭是真的，因為比起這些人來，自知其無知實在是一種智慧。蘇格拉底還給出了對神諭的深層解讀：比起神的智慧來，人的智慧微不足道，甚至毫無價值。蘇格拉底由此也意識到，自己兩袖清風、四方奔波、八面樹敵，只為不懈地省察每一個以智慧著稱的雅典人和異方人，無意之中踐履了神差遣的使命。（《申辯》，20E－23C）

　　與施特勞斯的看法相反，蘇格拉底與邁雷托（Meletus）的唇槍舌劍（24D－27E），既缺乏激情，也缺乏機鋒，相對於全篇的弘道風格而言是真正的「離題之言」。蘇格拉底迅即拋開邁雷托（Meletus），面向全體法官、亦即面向雅典城邦繼續他的申辯。蘇格拉底談到了海洋女神忒提斯（Thetis）的兒子阿喀琉斯（Achilleus），他不顧母親的警告——他若為軍中膩友派特洛克羅斯（Patroklos）復仇而殺死赫克托耳（Hektor），則命定夭亡——寧願復仇而死、不願忍辱而生。但蘇格拉底沒有提及阿喀琉斯的自我譴責，因為他與阿伽門農（Agamemnon）的不和而導致膩友的犧牲。蘇格拉底說：

　　雅典人啊，真理是：一個人的職守既然定了，不管是自願的選擇，還是在上者的差遣，他都應該堅持職守，不辭危險，不懼生死，不慮雜念，因為令譽高於苟活。雅典人啊，你們從前派來指揮我的將官差我奔赴波提狄亞（Potidea）、安菲波利（Amphipolis）和代立昂（Delium）各地，我尚且能與戰友同生死、共進退；如今，因為相信、所以懂得，這是神對我的差遣，他要我終生從事愛智之學，省察自己，也省察他

人;如果我貪生怕死、患得患失,從而擅離職守,這才荒謬,真正值得把我押到法庭,告我慢神,因我不遵神諭,怕死,無知而自命有知。(《申辯》,28D－29A)

蘇格拉底在申辯中第一次討論了「死亡」,這是冥王哈得斯(Hades)管轄的世界、一個真正的洞穴世界;人們卻懼怕這個未知的地下世界,勝過懼怕已知的人世惡行。面臨閉嘴而生、還是弘道(gospel)而死的抉擇,蘇格拉底選擇了後者,這一選擇本身即是哲學的行動(indeed)、而非純粹的言說(speech):

雅典人啊,我敬愛你們,但是我要服從神、先於服從你們;只要我一息尚存、力所能及,就不會放棄愛智生活,不會放棄勸告你們,不會放棄勸告每一個我偶然遇見的雅典人,並且以我習慣的腔調勸告:「高貴的雅典人啊,你們生活在一個最偉大、最富強、尤其以她的智慧聞名於世的城邦裏,但你們卻一門心思地聚斂錢財、追逐榮譽,既不在乎智慧和真理,也不關心靈魂的提升,難道你們不覺得羞愧嗎?」如果你們中間有人反唇相譏說:「不是這樣的」,那麼,我不會輕易放過他,我會盯著他,反覆盤問他;如果他自稱有德而實際無德,那麼,我會指責他視美玉為頑石、視羹豆為三牲。我逢人就要這樣做,不管他是年輕還是年長,不管他是雅典人還是異方人;尤其是對雅典人,因為他們是我的同胞。你們應該知道,這是神對我的差遣。我相信,我受神的差遣,實在是城邦的大幸。我四處奔波,無非為了勸諭各位,勸諭年輕者和年長者,不要只關心自己的肉體和錢財,卻忽視靈魂的提升;我告訴你們,美德並非出自錢財,相反,錢財以及一切公私福祉都是出自美德。如果說我弘揚上述道理會「毒害青年」,那麼,是上述道理「有毒」;如果斷言我弘揚的不是上述道理,那麼,斷言者是在說謊。因此,雅典人啊,我要說:你們聽信邁雷托(Meletus)的話也好、不聽他的話也罷,釋放我也好、不放我也罷,總之我行我素,雖九死猶無悔。(《申辯》,29D－30C)

蘇格拉底的弘道似乎是先知式的,他自稱是神賜給雅典城邦的禮物,神讓他來到這個城邦,就像一隻馬虻附在馬身上,而城邦就像一

185

匹又懶惰又遲鈍的肥馬，需要不斷地刺激。一個悖論是：一方面蘇格拉底不認為自己曾經參與過政治活動，不認為自己與雅典人的馬虻式對話是一種政治行為，理由是他的守護神（daimon）阻止他從政，以免招來殺身之禍；另一方面，他又回顧了他的兩次從政經歷，一次在民主政體下，另一次在寡頭政體下，他扮演的都是反對派角色，只為恪守正義。另一個悖論是：蘇格拉底弘道的核心思想是「提升你的靈魂」，而提升靈魂的惟一途徑是求知，因為「知識就是美德」；然而，蘇格拉底求證德爾斐神諭的結果卻發現，從政要到匠人，他們所謂的「知識」比無知還要糟糕，幾乎不可救藥。難怪有人說，耶穌為耶路撒冷哭泣，蘇格拉底卻不會為雅典流淚，雖然他不忘勸諭、警告、甚至責備雅典。

蘇格拉底預期法庭會判他有罪，因此選擇了以先知弘道的方式與全體法官對話、與整個城邦對話，事實上 281 票對 220 票的定讞結果也表明了蘇格拉底的申辯策略是成功的，雖然他未能避免有罪判決。施特勞斯為此扼腕歎息，隱隱責怪蘇格拉底不該選擇如此激烈的對話方式。蘇格拉底卻全然不顧 2000 年後私淑弟子們的感受，繼續搞笑似地提議，應以普呂坦內安（Prytaneion）國宴廳的免費就餐券取代刑事判決書，因為他對城邦的貢獻遠遠大於奧林匹克運動會（Olympics）上的賽車手。蘇格拉底既不願「閉嘴」，也不願「到他該去的地方」——坐牢或流放，只願支付一個銀幣（mina）作罰款，當時智者葉文諾（Evenus）的講座尚且收費五個銀幣。末了，蘇格拉底搞笑似地出價三十銀幣，那還是聽從在場朋友們的勸導，並由後者擔保籌資。（《申辯》，36C－38C）

蘇格拉底的著名論斷：「未經省察（unexamined）的生活是不值得過的生活」（《申辯》，38A）導致了第三個悖論——當他說這話時似乎肯定了每一個雅典人都具有同等的責任和能力，有權自由選擇值得過的生活，但他在更多的場合要求雅典人把這種選擇權利讓渡給半神半人（demigod）的哲人，因為只有後者才擁有關於整全的知識，只有後者才真正知道什麼是值得過的生活。伏拉斯托斯（Gregory Vlastos）

認為：除非一個人要求自己私人的道德判斷的權力，否則無法理解一個人如何達到人性的高度；如果他要求這種權力的話，他必定要接受那種隱含錯誤判斷的選擇作為一種適當的冒險；這只是他自己為了自由而必須付出的代價——問題是，城邦是否承受得起這種代價可能引發的蝴蝶效應。

蘇格拉底被判死刑之後再次發言，並且在第二次討論死亡時，提出了死後的二境界說：其一，死後萬般皆空，死者無知無識；其二，如世俗所傳，死後靈魂進入冥界，一如出國移民。第一種境界猶如無夢酣眠之夜，無論國王、還是平民，他一生度過的、數不勝數的日日夜夜，有哪一個白天、哪一個夜晚比得上這個無夢之夜的睡眠更好、更酣暢？況且死後的綿綿歲月對死者而言，無非一夜。由於如此美好的夜晚人人有份，不必爭奪，那麼，生前提升靈魂依然是值得的，生前省察生活秩序的好與壞依然是值得的。

就第二種境界而言，如果死亡意味著離家出走，辭世遠行，如果所有亡者都聚集一鄉，那麼，不僅能遇見剛直不阿的冥界法官如米諾（Minos）等人，還能遇見英名永存的作古詩人如荷馬（Homer）等人，豈非妙不可言。尤其是蘇格拉底在冥鄉再作馮婦，省察那些以智慧著稱的靈魂，他們中間有征討特洛伊（Troy）的統帥阿伽門農（Agamemnon）、有名揚四海的英雄奧德修（Odysseus）、有滾石上山的苦人西緒弗（Sisyphus）、以及許多史詩上有名的人物，豈非其樂無窮。

蘇格拉底沒有肯定哪一種死後的境界是真的，但他的靈魂必須與城邦告別卻是真的：「分手的時候到了，我去死，你們去活，誰的去路好，惟有神知道。」（《申辯》，42）蘇格拉底雖然堅持愛智生活的德性高於政治生活的德性，但他畢竟不是先知，不能引導雅典人走出城邦、不能引導他的三個兒子走出城邦（相反，他把兒子托給了城邦）、甚至不能引導他的肉身走出城邦，一如先知摩西引導以色列人走出埃及。蘇格拉底的神也不能讓雅典人民分有他的恩典，不能讓愛智生活的德性充滿城邦。

參考文獻

〔1〕 柏拉圖，《蘇格拉底的申辯》（Apologia），嚴群譯，《游敘弗倫、蘇格拉底的申辯、克力同》，商務印書館，1983 年版。

〔2〕 色諾芬，《回憶蘇格拉底》，吳永泉譯，商務印書館，1984 年版。

〔3〕 施特勞斯，《論柏拉圖的〈蘇格拉底的申辯〉和〈克力同〉》，應星譯，賀少田編，《西方現代性的曲折》，吉林人民出版社 2002 年。

〔4〕 施特勞斯，《蘇格拉底問題六講》，蕭潤等譯，劉小楓、陳少明編，《蘇格拉底問題》，華夏出版社 2005 年。

〔5〕 伏拉斯托斯，《蘇格拉底的悖論》，顧麗玲譯，劉小楓、陳少明編，《蘇格拉底問題》，華夏出版社 2005 年。

蘇格拉底之死（下）
——不朽的靈魂

一

　　蘇格拉底被雅典人民法庭判處死刑之時，恰逢雅典派往提洛島（Delos）祭祀阿波羅神（Apollo）的聖船揚帆啟航之日。相傳當初雅典王子提修斯（Theseus）自願作為七對獻給彌諾牛（Minotaur，一個半人半牛的怪物）的童男童女之一，前往克里特島（Crete），坐的就是這條船。在克里特公主阿里安德妮（Ariadne）的幫助下，提修斯殺死了彌諾牛，帶著公主和童男童女逃出了克里特的迷宮。之前，雅典人曾許願說，若提修斯安然返回，將每年派員前往提洛島祭祀阿波羅神。按照祖傳禮法（nomos），祭神期間（包括聖船往返航期在內），城邦必須潔淨，不得行刑，如遇風暴阻航，刑期可一緩再緩（《斐多》，58A-C）。正是這一個月的緩刑期，成全了柏拉圖的多幕劇「蘇格拉底之死」的第三幕「不朽的靈魂」——其中，第一場《克力同》（Criton）和第二場《斐多》（Phaidon）的發生時間相隔了兩個白晝和兩個黑夜。

　　第一場《克力同》中有名有姓的出場者只有兩個人，蘇格拉底和克力同；整場對白正如施特勞斯（Leo Strauss）所說，是蘇格拉底「在最私密情況下、在他與其他人已經被監獄大牆隔離的情況下，與老朋友之間的敘話」。其實柏拉圖還提示了第三位出場者，一個無名無姓的獄卒，克力同不僅與這位隱蔽的出場者混熟了臉，多少也給了他一點好處。（《克力同》，43A）但柏拉圖並未提示，在獄室不遠處梭巡或佇立的獄卒有無可能聽到蘇格拉底與克力同的對白；尤其未提示，萬一獄卒聽到克力同的越獄建議，應該表演為大驚失色、抑或表演為裝聾作啞。

　　據施特勞斯的觀察：蘇格拉底與克力同對白開始的時候，天還相當黑，也許像《普羅塔戈拉》（Protagoras）中的蘇格拉底與希波克拉底（Hippokrates）對白開始時的天一樣黑，並且無法確定曙光何時透入監獄大牆。柏拉圖的確沒有在《克力同》中提示，蘇格拉底應該是坐、是臥、是立、是行，也沒有提示，蘇格拉底是否應該以身體姿態或眉目表情來增強道白效果。無論柏拉圖把具體細節委諸導演的創造力、抑或委諸讀者的想像力，總之有他的道理，因為「在柏拉圖的對話中，沒有什麼是偶然的」（施特勞斯語）。但是，在所有能想到的道理中，惟獨「天相當黑」是最不可能的道理，因為無論古今，獄政當局為防範越獄起見，絕不會為了節省能源、或為了怕囚徒失眠而捨不得燃庭燎、點蠟炬的。

　　對白是從靜默中開場的，此時無聲勝有聲，靜默是一種無聲的對白。蘇格拉底向壁而臥，克力同枯坐臥榻之傍，庭燎的火光將他倆的身姿投射在牆壁上。克力同一如柏拉圖洞穴比喻中的囚徒，凝視著牆上的投影，發出若有似無的歎息。據克力同的可靠消息，祭神船當天進港，次日即是蘇格拉底的刑期。據蘇格拉底拂曉前的夢兆，他將在「今後第三天來到肥沃的弗底亞（Phthia）」，意即像史詩英雄阿喀琉斯（Achilleus）一樣兩天之後魂返故鄉（《克力同》，43C－44B）。於是，對讀者來說是第一次，對蘇格拉底來說是最後一次，聽到了克力同的越獄建議──通盤計畫的可行之處在於，它並非是明火執仗的公開劫獄，而是金錢鋪路的秘密潛逃，並且暗合雅典人輕財重友的傳統道義。（《克力同》，44C－45C）

　　蘇格拉底認為，越獄計畫具有可行性不等於它具有正當性。所謂「輕財重友」其實是一種大眾的意見，但我們不必考慮大眾的意見，因為大眾既不能行大善，也不能作大惡，既無法令人聰明，也無法令人糊塗，大眾行為無非是一種隨機的騷動。（《克力同》，44C－D）這裏的「大眾」是誰？是否指多數雅典人？這裏的「我們」又是誰？是否指少數哲人？克力同說：「隨他們去。」（《克力同》，44E）這裏的「他們」無疑指大眾，克力同顯然不想把自己歸於大眾之列。那麼，克力同應該歸於哪一類人？施特勞斯晚年致力於研究色諾芬（Xenophon）筆下的蘇格拉底，致力於研究「由色諾芬所開創的謙卑藝術之魅力」，或可勘破克力同的身位之

謎，因為克力同不僅與蘇格拉底「同年同區」，而且「也是個聽蘇格拉底講學之人……並且不是為了做雄辯家或律師，而是為了做光榮可尊敬的好人，能夠對他們的家庭、親屬、僕從、朋友以及他們的國家與同胞行事端正、無可指責」。（色諾芬，《回憶》，1.2.48）

克力同是個好人，好人即是義人。克力同之義即是保存生命、保護子女之義，即是做完美紳士（perfect gentleman）之義，也即是蘇格拉底傳授給克力同之子克利托布洛（Critobulus）的「齊家」之義（Oeconomicus）。換言之，克力同之義即是蘇格拉底之義，即是蘇格拉底的邏各斯（logos）——「應當選擇君子和大丈夫的道路」。（《克力同》，45D）吊詭的是，柏拉圖筆下的蘇格拉底反對克力同的邏各斯，亦即反對色諾芬筆下的蘇格拉底之邏各斯。柏拉圖筆下的蘇格拉底把克力同的邏各斯貶之為「多數人的意見」，而在它之上的邏各斯則是「最好的意見」、「慎思審慮者的意見」、「明辨是非邪正之人」的意見、亦即「真理本身」。（《克力同》，47A－48A）

由於克力同同意服膺柏拉圖筆下的蘇格拉底之邏各斯——「追求善好的生活遠過於活著」，並且，「善好的生活即是高貴的生活、正當的生活」（《克力同》，48B），因此，蘇格拉底和克力同的對白開始討論的惟一主題是：越獄乃正義之舉、抑或越獄乃非義之行。施特勞斯注意到世人必然面臨的一個困境：正義一旦從陽光世界降至洞穴世界、從相論妙道（eidos）轉為世說新語，必然化身為哲人的邏各斯——愛智之言（philosophia）或化身為城邦的邏各斯——禮法之言（nomos）；如果哲人的邏各斯與城邦的邏各斯不和，那麼，作為凡夫俗子該如何是好？施特勞斯認為，柏拉圖不僅暗示了上述困境，還暗示了正義的邏各斯與靈魂（soul）不朽的知識相關聯；蘇格拉底在對白中故意避免使用「靈魂」這個詞，以此暗示克力同欠缺這方面的知識。

事實上，在《克力同》的對白中，藉蘇格拉底之口上場，宣示越獄是「以錯還錯、以惡報惡」的非義之舉者，恰恰不是哲人的邏各斯、而是城邦的邏各斯——禮法之言。禮法（momos）的言說是獨白式的、不容置辯的，故能抵制各種互相矛盾、互相抵牾、互相衝突的意見（doxa）

而潔身自好。(《法篇》，957C－958A)由於立法的不是人、而是運氣，但運氣來自神的恩典(《法篇》，709A，710C)，對禮法的虔敬即是對神的虔敬，因此，柏拉圖藉克里特島的雅典無名氏之口主張，對神的虔敬之知必須寫入城邦禮法的序言，一如對歷史鐵律的虔敬之知必須寫入國朝憲法的序言。(《法篇》，907C)問題是，雅典人對蘇格拉底定讞的罪名之一不就是「慢神」嗎？可見蘇格拉底虔敬的神也即柏拉圖虔敬的神，確實不是雅典人虔敬的神。好人克力同是否因為無緣得聞異方人蒂邁歐(Timaeus)的《創世記》，不幸鑄成了事關虔敬哲人之神的知識欠缺，尤其鑄成了事關靈魂不朽的知識欠缺呢？

施特勞斯注意到禮法的獨白，既沒有宣示自己具有超人的智慧，也沒有強調自己具有神性的起源，卻要求蘇格拉底無條件地服從，其理由是不周全的。然而，憲法獨白的智慧與神性是否恰當，在於它深知克力同欠缺對哲人之神的虔敬知識，因而先後採用兩種互相獨立的修辭技藝來說服克力同？其一，禮法與大地一般古老，比蘇格拉底的祖先和城邦更古老，它的高貴、莊嚴、神聖一如大地，為神和有識者所敬重，它世世代代哺育了包括蘇格拉底在內的雅典人，哺育了他們的身心，因此蘇格拉底無權報復禮法，一如兒女無權報復父母、奴隸無權報復主人。(《克力同》，51A－C)其二，禮法是雅典成年男性與雅典城邦的自由契約，凡長期居留雅典者即視為自動與城邦立約，既守城邦約束、亦受城邦保護；居留愈久，立約愈緊；況且禮法從未禁止雅典成年男性攜帶他的妻兒與財物移居他邦，換言之，七十年間，蘇格拉底有足夠的時間解約而未解約，卻在法庭定讞之後越獄毀約，無疑是不義之舉。(《克力同》，51D－53A)

禮法不等克力同答辯「是」或「否」，繼續它的獨白——蘇格拉底的越獄之舉不僅不義、而且不智；遑論朋友們將為之毀家破財、坐牢流放，蘇格拉底本人也必惶惶若喪家之犬，有何意趣？他若遁至政法修明的忒貝(Thebes)或麥加拉(Megara)，那裏的執政者勢將視其為寇讎，愛國者勢將報其以白眼，舉國上下都勢將蘇格拉底視作毀綱敗紀的禍水。他若遁至樂崩禮壞的帖撒利(Thessaly)，要麼苟且偷生、晚景堪悲，要麼積習難改、重蹈覆轍。(《克力同》，53B－E)禮法最

後宣示，蘇格拉底蒙受的不義並非禮法的不義、而是執法之人的不義，而冥界（Hades）的稱義不僅來自冥界的禮法、而且來自它的執法者。（《克力同》，54B－D）。克力同最後表示自己完全信服了禮法的獨白、亦即完全信服了城邦的邏各斯。施特勞斯強調，蘇格拉底拒絕越獄的理由與克力同表示信服的理由並非同一個邏各斯，蘇格拉底的結論無疑是一種暗示：「好啦，克力同，就這樣罷，這正是神指引的路。」（《克力同》，54E）。蘇格拉底或者柏拉圖是否在暗示：哲人邏各斯與城邦邏各斯之間的緊張惟有在神的面前才能和解？

二

第二場《斐多》正式開演之前有一段過場戲，透過蘇格拉底的學生斐多（Phaidon）與異方人艾克格拉底（Echecrates）的對白，交待了《斐多》的出場人物，他們是：蘇格拉底、斐多、阿波羅多洛（Apollodorus）、克利托布洛（Critobulus）及其父親克力同（Criton）、赫謨根尼（Hermogenes）、艾庇肯（Epigenes）、埃斯基恩（Aeschines）、安提斯忒恩(Antisthenes)、帕伊昂（Paeania）的克特西普（Ctesippus）、曼內克森（Menexenus），以及其他一些雅典本地人；來自忒貝（Thebes）的西米亞（Simmias）、凱貝（Cebes）和斐多尼德（Phaidonides）；來自麥加拉（Megara）的歐幾里德（Eucleides）和特爾蒲賽翁（Terpsion）；蘇格拉底的妻子珊蒂佩（Xanthippe）及其懷中的小兒子。（《斐多》，59B－C）可以想像，僅僅有名有姓的上場人物就達十八人之多，加上無名無姓的雅典本地人若干、克力同的隨從若干、監刑官以及獄卒若干，舞臺調度的難度應該不會小。幸好全場的主要對話人物只有蘇格拉底、西米亞和凱貝三人，多少讓導演或讀者鬆了一口氣。柏拉圖還在過場中藉斐多之口說：「我想柏拉圖是病了」（《斐多》，59B），特別點明自己是蘇格拉底終末時刻的缺席者。柏拉圖的意圖讓後世的解經者費盡了猜詳，筆者在這裏不妨多添一種臆解：柏拉圖在寫作《斐多》時，他的心是否已經飛向了敘拉古（Syracuse）？柏拉圖在《斐多》中的缺席是否暗示了哲學之行動（in speech）終究不及行動之哲學（in deed）的誘惑來得大？

193

　　大幕拉開，天尚未拂曉，獄中庭燎通明，人聲鼎沸；剛剛卸去鐐銬的蘇格拉底側身而臥，妻子珊蒂佩坐在他身邊，膝上坐著小兒子。看到眾人魚貫而入，珊蒂佩禁不住嚎啕大哭，拉著女人特有的長腔說：「蘇格拉底啊！你和朋友們道別的辰光終究來了呀……」。蘇格拉底目示克力同說：「派人送她回家吧。」克力同的隨從們把珊蒂佩、連同她呼天搶地的哭聲一起送出了監獄大牆。蘇格拉底坐起身，曲起雙腿，邊搓揉腳腕、邊自言自語：快樂與痛苦真是一對歡喜冤家，未嘗過帶鐐的痛苦、哪知道卸鐐的快樂。（《斐多》59E－60C）柏拉圖與後世的解經者似乎都忘了曾經坐在珊蒂佩膝上的小兒子，看來應該是隨她母親一起被送回了家。確實，在古代希臘，哲人的邏各斯一向與女人無緣，但柏拉圖是否在此暗示，無論哲人、還是僭主，都必須在女人身邊才能成人、即必須在母親、妻子或情人身邊才能成人？

　　蘇格拉底與西米亞、凱貝小哥倆的對白從談論詩樂（music）和哲學起手，漸漸涉及哲人的死亡邏各斯。蘇格拉底決定把雙腿伸到地上，以便坐得舒服些（《斐多》61D），好為他的死亡邏各斯──哲學即是研習死亡──「作一番令人信服的申辯」，至少要比他在雅典法庭上的申辯更勝一籌（《斐多》63B）。同時，蘇格拉底看出克力同有話要說，便示意他先說。克力同傳達了監刑官的喋喋不休：要蘇格拉底就刑前儘量少說話，否則全身發熱，不利於鴆酒毒性的發揮，鬧不好灌第二遍、甚至第三遍，就有得罪受了。不出克力同所料，蘇格拉底回答說：「沒關係，他盡他的本分，該灌幾遍就灌幾遍罷。」（《斐多》63E）柏拉圖是否又一次暗示，哲人邏各斯與城邦邏各斯之間的爭執，在終末時刻到來之前是永不會消聲匿跡的？

　　何謂死亡？死亡就是靈魂（psyche）出離肉身（soma）。關於這一點，不僅蘇格拉底與在場者之間沒有歧義，而且哲人和大眾之間似乎也無爭執。問題是，哲人生前關心靈魂的潔淨，大眾生前關心肉身的享樂，難道哲人的活法一定比大眾的活法要好？蘇格拉底的回答是，因為絕對的正義、絕對的美和絕對的善存在著，亦即真理存在著，那是眼睛看不見、耳朵聽不見的，肉身的其他官能更是連門都摸不著的；惟有純粹的心智才能通達純粹的真理，換言之，惟有哲人才能通達真理。（《斐多》66A）

緊接著的問題是，哲人難道無能令靈魂和肉身各司其職、和諧共處嗎？蘇格拉底的回答是否定的。首先，肉身迫使哲人不得不日復一日地把時間花在謀食上；其次，種種疾病對肉身的侵襲也不時阻礙哲人探究真理；再者，肉身充滿了各種各樣的嗜好、慾望、恐懼以及各色幻想和譫妄，甚至會使哲人喪失思考能力。正是肉身及其慾望催生了戰爭、革命和動亂，迫使哲人陷入其中、無暇鑽研哲學。（《斐多》66C）因此，哲人在生前必須盡可能多接近知識、少迷戀肉身，使靈魂不受肉身牽累、保持純淨，以迎接神的恩典時刻、迎接靈魂真正出離身體的那一刻（《斐多》67A）。

至此，可以說蘇格拉底已經證成了哲人的死亡邏各斯──哲人研習靈魂出離肉身的邏各斯，豈非意味著哲人研習死亡的邏各斯嗎？真正的哲人一生愛的是智慧，並且深信只有在彼世才能找到純粹的智慧，怎麼可能臨到頭時反倒怕死呢？相反，一個臨到頭時怕死的人，不足以證明他是一個假愛智慧的偽哲人嗎？不足證明他真正愛的是肉身、愛的是錢財和名望嗎？（《斐多》68A－C）真正的德行，無論是勇敢、節制、還是正義，都必須與智慧相伴，而與肉身的「趨利避害」風馬牛不相及，後者無非是一種冒牌的「德行」（a shadow of virtue）；所謂「淨化」（purification），即是用真正的節制、正義、勇敢和智慧取代（exchange）冒牌的「德行」。（《斐多》69A－B）蘇格拉底提到了古代的靈知人，後者認為：既不虔敬、又無知識的人，死後陷入泥沼；求知與淨化兼修者，死後與神同在。蘇格拉底認為，真正的哲人之罕見，一如靈知人之喟歎──「世上進香者多，天下信神人少」。蘇格拉底說：「我畢生努力追求的，就是做一個真正的哲人；無論我的追求正確或是錯誤、成功或是失敗，蒙神的恩典，時辰一到，在另一個世界就會見分曉。」（《斐多》69C－D）

蘇格拉底並未自信他關於死亡邏各斯的申辯已經完全折服在場者。小哥倆中的凱貝率先道出了自己心中的疑團；由於蘇格拉底的死亡邏各斯奠立在「靈魂不朽」的地基上，一如革命的死亡邏各斯奠立在「重於泰山」的地基上，如果大眾的看法是真的──靈魂一旦出離肉身就會煙消雲散、不知所終，那麼蘇格拉底的邏各斯就會忽喇喇似大廈傾。蘇格拉底同意凱貝的看法，並透過三組不同的旋律──生死輪迴說、知識回

憶說和靈魂神性說，奏響了關於靈魂不朽的複調音詩，「因為哲學就是一種最偉大的音詩（music）」（《斐多》61A）。問題是，屬神的（divine）、不朽的（immortal）、靈性的（intelligible）、齊一的（uniform）、不可解體不可變易（indissoluble and unchangeable）的靈魂，如何可能被屬人的（human）、速朽的（mortal）、冥頑的（unintelligible）、歧出的（multiform）、可解體可變易的（dissoluble and changeable）肉身拖下水，成了肉身的伴侶、甚至成了肉身的奴僕？換言之，靈魂如何可能迷戀上肉身、迷戀上肉身的慾望和喜樂，以為摸得著、看得見、聞得到、能吃喝、能做愛的肉身就是一切，以為活著就是真理？這是靈魂成人前的定命所致、抑或是靈魂成人後的修為所致？柏拉圖曾在異方人蒂邁歐（Timaeus）的《創世記》中提示了創世神製造靈魂時所用材料的純潔程度原是不等的。（《蒂邁歐》，41D－42D）但在《斐多》中，蘇格拉底只是說，被肉身拖下水的靈魂會墮入輪迴的惡道（《斐多》82A－B）；惟有像哲人一樣讓自己的靈魂聽從哲學的引導，才能在有生之日擺脫肉身的囚禁，沉思智慧、神聖和不朽的東西，才能在死後抵達一個智慧、神聖和不朽的世界，或者說，與神同在。（《斐多》81A，82D，84A）

三

如果把柏拉圖的《斐多》比做一闋交響音詩，那麼其主部無疑是哲人的邏各斯、也是神的邏各斯，並展開為「真理永在」和「靈魂不朽」這兩個主題旋律的交相呼應。靈魂與肉身之爭作為副部，雖然呈現始終，但其調性是模糊的，因為神沒有明示——何以哲人的靈魂必須成人。城邦的邏各斯作為插入的低音部時隱時顯，其調性同樣是模糊的，因為神也沒有明示——何以哲人的靈魂必須在城邦中成人。蘇格拉底在申辯之後的長時間沈默，西米亞和凱貝以及少數在場者的竊竊私語好比複調音詩的過渡部。（《斐多》84C）小哥倆篤信「真理永在」，卻對「靈魂不朽」依舊疑慮重重。西米亞認為，肉身如豎琴、靈魂如和絃；既然琴毀弦斷、和聲不再，那麼，肉身死亡、靈魂滅失豈非順理成章的事？凱貝則認為，即使靈魂如裁縫、肉身如衣衫，在多次生死輪迴之後，

難道靈魂不會在穿破最後一件衣衫的同時朽壞？小哥倆之所以不願大聲地說「不」，是因為擔心蘇格拉底的情緒──讓老人帶著失敗、甚至絕望告別人世，豈非太殘忍了嗎？蘇格拉底一眼看穿了小哥倆的心思，笑著說：「在兩位看來，我的臨終寄言還及不上一隻天鵝囉？天鵝預知自己行將死去的時刻，唱得比它一生中任何時候更嘹亮、更動聽，因為它高興，為自己就要面覲所侍奉的神而高興。」（《斐多》84D－E）小哥倆在蘇格拉底的鼓勵下，先後說出了自己心中的置疑；大幕隨著雅典人和異方人的一片歡息聲而落下，同時，響起了艾克格拉底與斐多的旁白。（《斐多》88C－89A）

大幕再次升起時，蘇格拉底依然坐在臥榻上；斐多緊靠臥榻，坐在蘇格拉底右首的一張矮凳上；蘇格拉底一邊習慣性地撫弄著斐多的頭髮，一邊說要削法明志，駁倒西米亞和凱貝的反調。蘇格拉底對斐多說，最危險的敵人其實不是小哥倆的反調，而是反智主義（misologist），其危害性一如玩世不恭（misanthropist）。一個人因為交友不慎而屢屢上當受騙，久而久之，自以為世間無好人；其實玩世不恭者的病根在於對人性的無知──不懂得世上大忠大奸者少、微才小善者多。（《斐多》89D－90A）同樣，一個人因為辯術不精（no skill in dialectics）而不善判別論辯雙方觀點真偽，久而久之，自以為論辯（Dialegesthai）即詭辯，各種觀點在舌尖上打滾，就像歐利波海峽（Euripus）的潮水一般漲落不定、奔流不息；其實反智主義者的病根在於對真理的無知──不懂得論辯是真理的產婆。蘇格拉底緊接著說：

「千萬留神，別讓反智主義侵蝕我們的靈魂，以為無論什麼樣的論辯都不會有真理、完滿或穩靠可言；毋寧說，是我們自身存在著虧欠（no health），一個男子漢應有的氣概就是要努力使自己變得完滿（do our best to gain health）──對在座各位而言，今生可因此而活得踏實；對我自己而言，轉眼可因此而死得踏實。我曉得自己這會兒的風度（temper）與其說像個哲人、毋寧說像個伶牙利齒的〔達巷〕黨人（partisan）。對黨人而言，參與論辯不是為了追問真理，而是為了折服聽眾；差別僅在於，眼下我要說服的聽眾只有一個，那就是我自己，說服在座各位原在其次。

無論像哲人、還是像黨人，對我來說都是包賺不賠的。如果我說得對，那麼我就是被真理說服了，這就是最大的收穫；如果我說得不對，死後遺骨尚存、萬般皆空，那麼，我的謊言至少在此刻打發了朋友們的哀傷，並且很快隨我而逝，可說是毫無損失。西米亞和凱貝啊，這就是我要重開論戰的真實心態。因此，我要求你們多考慮真理，少考慮蘇格拉底。如果我的話接近真理，那麼請你們表示同意；如果我的話有疑問，那麼請你們全力批駁；總之，我不願用屬靈迷狂（enthousiasmos）來欺騙自己和欺騙你們，不願像狂蜂一樣臨死前還在你們身上留下毒刺。」（《斐多》90E－91C）

蘇格拉底的話暗示了《斐多》的主旋律其實是「真理永存」、而非「靈魂不朽」。蘇格拉底回顧了自己年輕時曾追隨阿那克薩戈拉（Anaxagoras）探究萬物的自因，同時也急切地想知道什麼最好、什麼最壞；但他的希望破滅了，因為那些自然哲學家既不探究人類的心智、也不探究生活的秩序，既不能解釋雅典人為何判處蘇格拉底死刑、也不能解釋蘇格拉底為何甘願束手就刑，卻大談其大氣、乙太、原水以及其他莫名其妙的東西。於是，蘇格拉底不得不重新起錨揚帆，在雅典城邦的大海中作「第二次遠航」（《斐多》99D），尋找什麼是好的人類生活秩序，那照耀他一路前行的太陽就是相（eidos）論——絕對善是存在的，一種可能的人類生活秩序之所以是好的，只因它分有（participate）了絕對善，儘管我們不一定曉得這種「分有」如何發生、透過何種路徑發生。蘇格拉底事實上暗示了任何一種可能的人類生活秩序都不是絕對善本身，從而暗示了哲人批評任何一種現存人類生活秩序的正當性。

然而，在蘇格拉底「第二次遠航」途中始終迴響著靈魂不朽的旋律——因為靈魂分有生命之相、不分有死亡之相，他說：「我的朋友，如果靈魂真的不朽，就應該關心它，不僅關心它的今生，而且關心它的來世。從現有共識來看，忽視靈魂是危險的，甚至會萬劫不復。如果死亡能擺脫一切，壞人就沾了大便宜，因為他們不僅輕鬆甩掉了他們的肉身、而且輕鬆甩掉了他們罪惡的靈魂。但是現在既然公認靈魂是不朽的，靈魂想擺脫罪責而得救就不那麼容易了，除非它努力通達最高的德行和智慧。」

（《斐多》107C）值得注意的是，蘇格拉底關於靈魂不朽的陳述仍然是一個假言判斷句，他緊接著講述的關於大地和靈魂的故事更是一個不可證明的傳說。蘇格拉底在講完了這個冗長的故事之後說：「我可沒有斷言我敘述的細節分毫不差，也沒有斷言靈魂的各類冥府寓所全是真的，有識之士也從不談這些東西。我的意思是，既然大家公認靈魂是不朽的，那就值得冒險去相信這一類故事，相信它就是真的，毫無荒謬、可笑之處。」（《斐多》114D）柏拉圖是否在暗示：《斐多》中確實迴響著靈魂不朽的旋律，但它並非是一種邏各斯（logos）的旋律、而是一種密托思（mythos）的旋律；並非是一種理知（noesis）的旋律、而是一種靈知（gnosis）的旋律；並非是一種屬人（human）的旋律、而是一種屬神（divine）的旋律。國人通常把「Mythos」一詞對譯為「神話」——不是神對人說的話、而是人關於神的敘事。國人又把「logos」（邏各斯）對譯為「道」——道可道、非常道，無論哲人之道、還是黨人之道，其實都是人關於神的敘事。

　　緊接著蘇格拉底的話，克力同問的是如何辦理後事，因為克力同認為，靈魂不朽的蘇格拉底與凡胎肉身的蘇格拉底不是同一個人，他眼下要照料的是後一個蘇格拉底。柏拉圖是否在暗示：克力同早就曉得，所謂「靈魂不朽」是一個高貴的謊言；抑或克力同早就曉得，所謂「靈魂不朽」就是肉身成聖，因而不能虧待肉身？蘇格拉底的臨終沐浴是否暗示了克力同的想法是對頭的——即使像蘇格拉底這樣一顆不朽的靈魂也需要一具肉身才能成聖？當蘇格拉底舉起鴆杯一飲而盡，一股涼氣從腳底冒起、傳到臍下時，仰面而臥的他費力揭開臉上的蓋帕、說了一生中的最後一句話：「克力同，我還欠阿斯克勒庇亞（Asclepius）一隻公雞呢！記著，別忘了還呵！」（《斐多》，118A）莫非哲人的邏各斯最終與城邦的邏各斯達成了和解，因為無論哲人的靈魂抑或僭主的靈魂都必須在城邦中才能成人。據第歐根尼·拉爾修（Diogenes Laertius，約三世紀）說，蘇格拉底離開人世不久，雅典人就後悔了——當然不是因為蘇格拉底關於公雞的遺言——在流放或處死原告的同時，給蘇格拉底塑了一座銅像以緬懷一顆不朽的靈魂；雅典人善於後悔是出了名的。

參考文獻

〔1〕 柏拉圖，《克力同》（Criton），嚴群譯，《游敘弗倫、蘇格拉底的申辯、克力同》，商務印館，1983 年版。

〔2〕 施特勞斯，《論柏拉圖的〈蘇格拉底的申辯〉和〈克力同〉》，應星譯，賀少田編，《西方現代性的曲折》，吉林人民出版社，2002 年版。

〔3〕 Plato，*Phaito*，Translated by Benjamin Jowett，*The Dialogues of Plato*，London，1953.

〔4〕 柏拉圖，《裴洞》（Phaidon），王太慶譯，《柏拉圖對話集》，商務印書館，2004 年版。

〔5〕 柏拉圖，《斐多》（Phaido），王曉朝譯，《柏拉圖全集》第一卷，人民出版社，2002 年版。

〔6〕 陳建洪，《克力同和蘇格拉底——論〈斐多〉的文學特徵及其哲學後遺症》，劉小楓、陳少明編，《柏拉圖的哲學戲劇》，上海三聯書店，2003 年版。

〔7〕 柏拉圖，《法篇》（Nomoi），王曉朝譯，《柏拉圖全集》第三卷，人民出版社，2003 年版。

〔8〕 柏拉圖，《蒂邁歐篇》，謝文郁譯，上海人民出版社 2005 年版。

夫子何為者，棲棲一代中

——《論語》臆說

一、朝聞道，夕死可焉

如果幸福（不亦樂乎）的生活是指一種值得過的生活，那麼，有無可能在天上或人間找到一個超驗的標準，以評判何謂值得過的生活呢？所幸的是，這個純粹柏拉圖式的問題從未困惑過孔門師徒，一部《論語》開篇即曰：「學而時習之，不亦說乎？有朋自遠方來，不亦樂乎？人不知而不慍，不亦君子乎？」（《學而》，1-1）孔子透過三個直言式設問句，顯白無蔽地斷言——這就是值得過的生活[1]。

---

[1] 施特勞斯在與伽達默爾關於《真理與方法》的通信中，「懷疑一種超越於『形式的』或外在經驗的普遍解釋學理論是否可能」，卻代之以自己的解釋學原則——「思想史家的任務是恰如過去思想家理解自己那樣去理解他們，或者依據他們的自我闡釋令其思想再現生機」。施特勞斯批評闡釋者試圖勝過古典文本作者的自我理解乃現代人的通病，指出其病灶在於：相信現代人的見識必然高於古代人的見識；或者換一種較為謙虛的說法，相信現代人的集體見識必然高於古典文本作者及其同時代人的集體見識。施特勞斯以解讀邁蒙尼德為例：「如欲對中世紀哲學有切當的理解，必須要考慮到，中世紀哲學可能是純粹真理。說得更明白些，在最重要的方面，中世紀哲學高於我們從任何當代哲學家那裏所能學到的一切。」（施特勞斯：《如何著手研究中世紀哲學》）

施特勞斯解讀西方古典文本時有一個隱含前設——即西方歷史上那些偉大心靈用的是同一種思想語法、一種或以「蘇格拉底」命名、或以「雅典」命名、或以「哲學」命名的思想語法。問題是，「我們應當傾聽的最偉大的心靈決不只是西方的最偉大的心靈。阻礙我們傾聽印度和中國的最偉大心靈的東西僅僅是一種令人遺憾的貧乏：我們不懂他們的語言，而且我們不可能學習所有的語言。」（施特勞斯：《什麼是自由教育》）然而，東西方古代偉大心靈難道只有一種思想語法嗎？難道施特勞斯本人未曾像兩堆乾草之間的驢子一樣在雅典和耶路撒冷的思想語法之間彷徨，最終才傾向了雅典嗎？

孔子之學不同於「比年入學，中年考校，一年視離經辨志，三年視敬業樂群，五年視博習親師，七年視論學取友，謂之小成，九年知類通達，強立而不反，謂之大成。夫然後足以化民易俗，近者說服而遠者懷之」的官學、即所謂的「大學之道」(《禮記‧學記》)。孔子之學是因「天子失官，學在四夷」(《左傳‧昭公十七年》)而時興的「有教無類」之私學，對政教典籍——史稱「六經」、即《詩》、《書》、《禮》、《樂》、《易》、《春秋》——的解釋權從此不再為國立大學所獨享。用章太炎的話說，單就孔子開中國兩千五百年私學傳統之先河，「變疇人世官之學而及平民，此其功亦迥絕千古」(參見章太炎，《諸子學略說》)。

孔子之學不單是升舍聽講、章句相授之學，而是一種「食無求飽，居無求安，敏於事而慎於言，就有道而正焉」的人生選擇(《學而》，1-14)。以「學」為志業，即是以弘孝道（家族倫理）和政道（政治倫理）為志業，故「其為人也，發憤忘食，樂以忘憂，不知老之將至云爾」(《述而》，7-19)。孔子自述：「吾十有五而志於學，三十而立，四十而不惑，五十

沿此思路繼續思考，施特勞斯如果真想傾聽「軸心時代」最偉大的心靈之一——孔子的教誨，是否不僅應當克服漢語的障礙、而且應當克服思想語法的障礙呢？換言之，施特勞斯是否應當像董仲舒那樣採用公羊學的思想語法，像程、朱那樣採用理學的思想語法，像陸、王那樣採用心學的思想語法（包括秘而不宣地吸納禪宗的思想語法），才能傾聽孔子的教誨呢？是否像任繼愈那樣採用馬克思的思想語法，像牟宗三那樣採用康德的思想語法，像張祥龍那樣採用海德格爾的思想語法，其解讀孔子的合法性就顯得很可疑呢？

也許，所謂的「思想語法」根本就是施特勞斯本人質疑的一種歷史主義（虛無主義之別名）的思想產物，一種「合法偏見」。也許，贊同施特勞斯的解釋學立場——「恰如過去思想家理解自己那樣去理解他們」，即意味著必須「遁入哲學」，必須「要有一個力所能及的充分自由的頭腦；不存任何袒護時代思想的偏見，無論是現代哲學、現代文明還是現代科學；不要令任何偏見妨礙他對古代思想家的充分信任」。(施特勞斯：《如何著手研究中世紀哲學》)在施特勞斯看來，「哲學這個詞的原始意義不過指人們關於無知的知識。」人若否認孔子思想中有人所未知的真理存在，人就不會在閱讀中尋找這未知的真理。(參見施特勞斯：《論僭主》)如果真有所謂「思想語法」的話，那麼，哲學是惟一無偏見的「思想語法」，並且不能被命名為「雅典哲學」或「西方哲學」，一如它不能被命名為「中國哲學」或「緬甸哲學」。

而知天命，六十而耳順，七十而從心所欲，不逾矩」（《為政》，2-4），可稱以「學」為志業者的人生典範。

雖然「君子矜而不爭，群而不黨」（《衛靈公》，15-22），以「學」為志業者卻必然會自發形成一個「同聲相應、同氣相求」的學人共同體。「有朋自遠方來，不亦說乎」正是指涉了一種「如切如磋、如琢如磨」的學人共同體生活之樂（《論語集解》包咸注：「同門曰朋」）。「遠方」之「遠」，不但指涉空間之遠，而且指涉時代之遠。套用孟子的話說：一鄉之學人斯友一鄉之學人，一國之學人斯友一國之學人，天下之學人斯友天下之學人。以友天下之學人為未足，又尚論古之學人（參見《孟子·萬章下》）。

孔子說：「古之學者為己，今之學者為人。」（《憲問》，14-24）惟以「為己」之學為志業，遂能「不求聞達於諸侯」（諸葛亮，《前出師表》），亦即「人（在位者）不知而不慍」。孟子雖然極力稱頌孔子是聖人之「集大成」、「金聲而玉振之也」者（參見《孟子·萬章下》），但他在遊說魏、齊、鄒、滕各國時多稱引《詩》、《書》、卻從不稱引孔子的話為王道政治論作辯護。可見，至少晚至戰國時代的廟堂，孔子依然是「沒世而名不稱焉」（《衛靈公》，15-20）。

以「學」為志業並非意味著坐而論道，故「夫子至於是邦也，必聞其政」（《學而》，1-10）。以「學」為志業也並非意味著思出其位，故孔子說：「不在其位，不謀其政」（《憲問》，14-26）。事實上，以弘道為志業，即以「郁郁乎文哉，吾從周」為志業（《八佾》，3-14），勢必與「滔滔者天下皆是」（《微子》，18－6）的禮壞樂崩時代構成緊張，故孔子說：「是亦為政，奚其為為政」（《為政》，2-21）。套用盧梭的話說：人生而自由，卻無往而不在政治中。

二、人而不仁，如禮何

憲者，法也；政者，正也。如果釋「憲政」為依照法度（規範化制度）統治民眾的政治秩序，那麼，「監於二代」的「周禮」即使輪不上中國歷史上最好的憲政、至少也算不上中國歷史上最壞的憲政。孔子說：「殷

因於夏禮，所損益，可知也；周因於殷禮，所損益，可知也。其或繼周者，雖百世，可知也。」（見《為政》2-23）又說：「夏禮，吾能言之，杞不足徵也；殷禮，吾能言之，宋不足徵也。文獻不足故也；足，則吾能徵之矣」（《八佾》3-9）。可見孔子不是一個政治保守主義者[2]。相反，

---

[2] 2004 年，國朝以《甲申文化宣言》為標識的文化保守主義呼聲鵲起。問題在於，日本人將英語「culture」逐譯為「文化」並被漢語吸納之後，幾乎人人都會談「文化」，卻少有人在開談之前明示他想說的文化究竟指稱什麼。據西方人統計，迄今為止的「文化」定義約有二百六十種之多，其中最有名的當屬英國文化人類學家泰勒（Edward Burnett Tylor）的定義：「文化或者文明就是由作為社會成員的人所獲得的，包括知識、信念、藝術、道德法則、法律、風俗以及其他能力和習慣的複雜整體。」一言以蔽之，文化就是一個族群的整體生活方式。亨廷頓認為，文明是放大了的文化，並援引布羅代爾說，文明是「一個空間，一個『文化領域』」，是「文化特徵和現象的一個集合」。但就是這個鼓吹「文明（文化）衝突論」的亨廷頓，不僅從未嚴格界定文明衝突和文化衝突的異同，而且其筆下的「文化」一詞的用法亦是隨心所欲，時常將文化與語言、宗教、價值、體制等文化要素相提並論，從而把「文化」變成一具空殼。（參見亨廷頓：《文明的衝突與秩序的重建》）
    國朝文化保守主義者在《甲申文化宣言》中寫道：「文化既涵蓋價值觀與創造力，也包括知識體系和生活方式」，看來與上述泰勒的文化定義相差無幾，何以一種稱之為「中華文化」的整體生活方式（究竟有無，姑且存疑）惟獨需要國人去保呢？何以不見有斐濟文化宣言、加納文化宣言、智利文化宣言、芬蘭文化宣言呢？莫非弱國、小國不知道自己有「文化」，就像電子不知道自己是電子、兔子也不知道自己是兔子？況且，任何一種整體生活方式雖然是動態的、亦即有前生後世，但首先應該是當下的，而保衛和守護當下的整體生活方式、當下的「文化」理應是一種武化組織即國防軍的份內之事，若非外敵入侵，何須全民動員呢？也許，國朝文化保守主義者心中想保的並非是當下的「文化」，而是一種名之為「傳統文化」的「文化」。然而「傳統」難道不是存活于當下「文化」之中、存活於當下整體生活方式之中的「傳統」，而是列文森稱之為「博物館化」的「傳統」、一種類似於古生物化石的「傳統」，故需要國人去保嗎？
    於是，有人說國朝文化保守主義者心中想保的不是「傳統文化」，而是「文化傳統」，因此有必要考察一下何謂「文化傳統」。據考證，「文化」（culture）一詞源出拉丁文「cultura」，本義是對土壤及其作物的培育，對土壤的照料，按其本性對土壤品質的提升。在派生的意義上，「文化」也意味著按心靈的本性培育心靈，照料並提升心靈的天然稟賦。換言之，「文化」即是教化，「文化」即是對人類天性的精心化育（參見施特勞斯：《什麼是自由教育》、《〈政治的概念〉評注》）。德語中的「Bildung」不僅指一般所謂的文化，有如英語

中的 culture，更重要的指一種精神的造就或陶冶，亦即指「教化」；其對應的英文詞是 formation，即國人熟知的漢譯「格式化」。（參見伽達默爾：《真理與方法》）漢語「文化」一詞最早見於劉向《說苑·指武篇》：「聖人之治天下，先文德而後武力。凡武之興，為不服也；文化不改，然後加誅。」可見「文化」原是一種治道，「文化」不服則繼之以武力。「文化」即是《尚書·洪范》中所謂治民「三德」之一的「高明柔克」；柔克不服，則繼之以「沉潛剛克」。

「文化」一旦掙脫了傳統的教化本義，一如伽達默爾把「教化」定義為「人類發展自己的天賦和能力的特有方式」，教化者和被教化者同時隱身不見了。於是，「文化」搖身一變而成為一個超越族群、超越階級、超越政治、超越地域、超越時代的自在自為的精神實體。至於「文化」能否超越現代民族國家的疆界，完全視不同語境而定：如果你需要強調「文化交流」時，它便是可超越的；如果你需要強調「文化衝突」時，它便是不可超越的。在湯因比這樣宏大的西方歷史學家和亨廷頓這樣不甚宏大的西方政治學家筆下，「文化（文明）」成了一種不言自明的分析單位，原不足為奇。弔詭的是，鼓吹「復古更化」的新新儒家蔣慶（以區別牟宗三、杜維明一輩的新儒家），卻在那裏數典忘祖地奢談「王道文化」和「霸道文化」（霸道何來文化，簡直是不通家法），「君子文化」和「小人文化」（同樣不通）。

掙脫了教化本義的「文化」在社會學家那裏則點化成為任何人群的共同行為模式，於是人人大談飲食文化、性愛文化、官場文化、民俗文化、城市文化、農村文化、老年文化、青年文化、異域文化、本土文化、企業文化、校園文化……，有多少種行為模式就有多少種文化，但無論哪一種「文化」都在遠遠地躲避教化，或自以為成功地躲避了教化。最不幸的是所謂的「大眾文化」，它獨身擔荷了現代社會幾乎所有的榮耀和幾乎所有的罪惡，從而無論海德格爾、施米特這樣的右派還是霍克海默、阿多諾這樣的左派，都將「大眾文化」視為其批判火力的靶心。連施特勞斯也不吝筆墨地寫道：「大眾文化是這樣一種文化，它被沒有任何智識和道德努力的最低劣的能力所佔據，且是極為廉價地佔據。但即便是大眾文化且恰恰是大眾文化，需要所謂新觀念的事物的不斷支持，這些新觀念是那些所謂有創意的人的產品；連歌曲廣告都會失去吸引力，如果它們不隨時更新的話。」（施特勞斯：《什麼是自由教育》）也許施特勞斯不懂漢語，沒有讀過孟夫子的話：「予不屑之教誨也者，是亦教誨之而已矣」。（《孟子·告子下》）「大眾文化」其實是一種教化，在每一條廣告語、每一首流行曲、每一齣肥皂劇、每一本漫畫書的背面都大書四個字：「勿談政治」。

如此說來，國朝文化保守主義者心中想保的「文化傳統」莫非即是教化傳統？莫非即是《周易·賁卦》所說的「觀人文而化成天下」？只是文化保守主義者因為急火攻心，忘記了：「六經」原是古代天子秘藏的政治典籍，是用來教化精英、而非用來教化民眾的，更非村學究用來課童的；即便是精英子弟也須「入則孝，出則弟，謹而信，泛愛眾，而親仁。行有餘力，則以學文」（《論語·學而》）。

孔子認為，政治制度的損益是無可避免的，夏禮和殷禮的文獻化或骨董化更是無可避免的，乃「雖百世可知」的政治現象。故孔子雖夢見過周公制禮作樂，卻從未夢見過「黃帝、堯、舜垂衣裳而天下治」（《周易‧繫辭下》）。孔子當然也不是一個歷史進步論者，因為沒有任何先兆可以提示孔子及其同時代人：周禮的空殼化是一種歷史進步。恰恰相反，倒是有種種跡象表明：未來的三百年很可能是一個「爭地以戰，殺人盈野，爭城以戰，殺人盈城」的戰國亂世（《孟子‧離婁上》）。

孔子時代，一方面，仍然是一個「不學禮，無以立」的時代：覘國之興衰以禮，決軍之勝敗以禮，定人之吉凶以禮，聘問則預求其禮，會朝則宿戒其禮；另一方面，卻是一個「為禮不敬，臨喪不哀」的時代：陪臣執命，政在大夫，祿去公室，民食於他，八佾舞於季氏之庭，雍徹於三家之堂（參見柳詒徵：《中國文化史》）。於是，孔子遂有「禮云禮云，玉帛云乎哉？樂云樂云，鐘鼓云乎哉」（《陽貨》，17-11）的感歎，遂有「人而不仁，如禮何；人而不仁，如樂何」的振聾發聵之問。

「仁」原是一種血親倫理──「孝弟也者，其為仁之本與」（《學而》，1-2）。由於分封制下，貴族共和，同姓為兄弟，異姓為甥舅，血親倫理自然而然地遞升為邦國、卿家的政治倫理。孔子則進一步將「仁」提煉為禮樂憲政的信念倫理和在位者的責任倫理。學生原憲問道：「克、伐、怨、欲不行焉，可以為仁矣？」孔子回答：「可以為難矣，仁則吾不知也。」（《憲問》，14-2）孔子認為，人能克制「好勝、自大、怨恨、貪婪」之類慾望固然難能可貴，卻依然不能稱「仁」。可見，孔子之「仁」並非後世心性儒學所謂的個人道德修養，而是一種「造次必於是，顛沛必於是」的政治責任倫理（《里仁》，4-5）。

孔子認為，「仁」並非子貢所說的「博施於民而能濟眾」，故說：「何事於仁，必也聖乎！堯、舜其猶病諸。夫仁者，己欲立而立人，己欲達而達人。」（《雍也》，6-30）換言之，「仁」是一種「己欲立而立人，己欲達而達人」的共和精神，而非普施廣濟的福利措施，後者是一種聖明如堯、舜都辦不到的政治空想。孔子又進一步將「仁」疏為「出門如見

大賓，使民如承大祭。己所不欲，勿施於人。在邦無怨，在家無怨。」（《顏淵》，12-2）這是孔子理想中的共和政治，其核心倫理即是一個「恕」字。當子貢問：「有一言而可以終身行之者乎？」孔子說：「其恕乎。己所不欲，勿施於人。」（《衛靈公》，15-24）「恕」的內涵決不是「跳出三界外，不在五行中」的孫悟空式自由主義。因此，當子貢說：「我不欲人之加諸我也，吾亦欲無加諸人。」孔子不客氣地批評說：「賜也，非爾所及也。」（《公冶長》，5-12）

　　孔子認為，作為一種憲政倫理的「仁」和作為一種憲政制度的「禮」是一枚硬幣的正反面。故顏淵問仁，孔子答曰：「克己復禮為仁。一日克己復禮，天下歸仁焉。為仁由己，而由人乎哉？」顏淵曰：「請問其目。」子曰：「非禮勿視，非禮勿聽，非禮勿言，非禮勿動。」（《顏淵》，12-1）認為政道之「仁」毋須外化為政制之「禮」，在位者只要「修己」即可「安百姓」，顯然是一種政治空想。故孔子說：「修己以安百姓，堯舜其猶病諸。」（《憲問》，14-42）孔子在《憲問》篇熱烈稱許：「桓公九合諸侯，不以兵車，管仲之力也；如其仁，如其仁」。在《八佾》篇卻嚴厲批評：「邦君樹塞門，管氏亦樹塞門。邦君為兩君之好，有反坫，管氏亦有反坫。管氏而知禮，孰不知禮？」孔子的用意在於強調：即使像管子這樣的有為政治家，其違背憲政制度的舉止亦不應視為小節而姑息之，從而動搖邦國的根本。（《左傳‧莊公二十三年》：「禮，國之干也。」）

　　孔子反對以行政取代憲政（或曰「行政吸納政治」），故曰：「道之以政，齊之以刑，民免而無恥；道之以德，齊之以禮，有恥且格。」（《為政》：2-3）以行政取代憲政，民眾雖循規蹈矩、卻無政治認同感，即所謂「民有遁心」；以憲政規範行政，民眾不但有政治認同感、而且自覺遵章守法，即所謂「民有格心」（參見《禮記‧緇衣》）。因此，當子路問：「衛君待子而為政，子將奚先？」子曰：「必也正名乎」；「名不正，則言不順；言不順，則事不成；事不成，則禮樂不興；禮樂不興，則刑罰不中；刑罰不中，則民無所措手足。」（《子路》，13-3）孔子主張「正名」，即是為了避免憲政行政化而導致另一種形式的周禮空殼化。

三、得中行而與之

孔子說:「為政以德」(《為政》,2-1)又說:「中庸之為德也,其至矣乎!民鮮久矣。」(《雍也》,6-29)換言之,政治技藝的本質即是中庸之道。中者,和也;庸者常也。「中」相對於「異(兩)端」而言,且因「異端」之在而在,故謂之「和」。孔子認為,任何時代,政治異端即左派和右派的存在是一種政治常態,但作為執政者如果「執一」即走極端路線必然後患無窮,故說:「攻乎異端,斯害也已」(《為政》,2-16)。孔子又說:「不得中行而與之,必也狂狷乎;狂者進取,狷者有所不為也。」(《子路》,13-21)狂者(激進主義)和狷者(犬儒主義)之所以不足取,皆因其不符合「允執其中」的原則。

孔子認為,任何時代,富貧不均、眾寡不平也是一種政治常態,但作為執政者有責任用中庸之道加以調節,故說:「丘也聞有國有家者,不患寡而患不均,不患貧而患不安。蓋均無貧,和無寡,安無傾」(《季氏》,16-1)。孔子時代,並無政治、經濟各自畫地為牢之說,因此,均輸貧、和濟寡、安扶傾,都是執政者應具備的政治技藝。否則,富則易驕易亂,貧則易怨易盜,政治一旦由常態轉入非常態,恐怕孔門弟子只能跟著桀溺一類的「避世之士」走了(參見《微子》,18-6)。

有子說:「禮之用,和為貴。先王之道,斯為美;小大由之。有所不行,知和而和,不以禮節之,亦不可行也。」(《學而》,1-12)周禮是一種憲政,其正當性來自先王的政道,而不是「一朝天子一朝法」的治道。雖然立憲之初,「小大」各個環節都考慮周全了,但在實際政治中仍有可能「不行」。故執政者必須以「和為貴」。關鍵在於,「和」既不是無所忌憚的非禮(違憲),更不是隨心所欲的變禮(修憲),而必須以禮(憲法)節制「和」,無過無不及,否則「亦不可行也」。

「和」即是「時」。孔子說:「不降其志,不辱其身,伯夷、叔齊與!謂柳下惠、少連,降志辱身矣,言中倫,行中慮,其斯而已矣。謂虞仲、夷逸,隱居放言,身中清,廢中權。我則異於是,無可無不可。」

（《微子》，18-8）不與時進退，一味地入世或一味地出世，即所謂「執中無權，猶執一也」（《孟子‧盡心上》），皆不為孔子所取。相反，「可以仕則仕，可以止則止；可以久則久，可以速則速」（《孟子‧公孫丑上》），即所謂「無可無不可」，這才是「時中」意義上的「和」。

「和」即是「義」。義者，宜也。孔子說：「君子之於天下也，無適（敵）也，無莫（慕）也，義之與比。」（《里仁》，4-10）西諺云：沒有永遠的敵友，只有永遠的利益。孔子雖然認同執政者不應以「執一」的標準劃分敵友（無敵無慕），卻強調要「見利思義」（《憲問》，14-12）。孟子也說：「大人者，言不必信，行不必果，惟義（宜）所在。」（《孟子‧離婁下》）不問義與非義，一味地強調政令如山，充其量「硜硜然小人哉」（《子路》，13-20）。

孔子說：「鄉愿，德之賊也。」（《陽貨》，17-13）「鄉愿」外貌渾似中庸君子而內在實是反中庸小人，其分野在於「君子和而不同，小人同而不和。」（《子路》，13-23）君子中庸——「能好人，能惡人」（《里仁》，4-3）；小人反中庸（恰似「價值無涉」的折中主義）——「同乎流俗，合乎污世」。中庸是「喻於義」的政治技藝，反中庸是「喻於利」的生存技藝。中庸和而有節（即「和而不流」），反中庸「知和而和」（即「和而流」，參見《禮記‧中庸》）。可見「鄉愿」和「異端」是「魯、衛之政，兄弟也」（《子路》，13-7）相比之下，「鄉愿」對禮樂憲政的危害更烈。

四、其身正，不令而行

曾子說：「慎終，追遠，民德歸厚矣。」（《學而》，1-9）任何時代，理想政治的標識之一即是「民德歸厚」。而現實政治的寫照，則是「吾未見好德如好色者也。」（《子罕》，9-18）。孟子雖以性善論為其王道政治論張本，卻並未排除人性趨惡的可能性，故強調要「求其放心」，即對人心加以約束。制禮作樂（立憲）的隱密目的其實就是為了約束人心，遏止人性趨惡。區別在於，古代憲政重在遏止被統治者之惡，現代憲政重在遏止統治者之惡。

　　政治即是人治，即是具有某種德性或某種信念倫理的人格權威之統治。孔子說：「其身正，不令而行；其身不正，雖令不從。」又說：「上好禮，則民莫敢不敬；上好義，則民莫敢不服；上好信，則民莫敢不用情。」（《子路》，13-4，6）換言之，統治者的德性本身即是一種合法性資源。反之，失德即是喪失此種合法性資源——「如有周公之才之美，使驕且吝，其餘不足觀也已。」（《泰伯》，8-11）時至現代，失德者必失選票，其理一也。

　　孔子說：「聖人，吾不得而見之矣；得見君子者，斯可矣。」（《述而》，7-26）理想中的人治並非是聖人政治，而是君子政治。「君子」與「小人」的道德差序格局是無可避免的，是一種不因時代和族群而遷移的政治生態。因此，盼望君子在位則是任何時代、任何族群的一種正當政治理想。所謂「君子之德風，小人之德草，草上之風，必偃」，其前提條件即是君子在位。（《顏淵》，12-19）君子政治不等於貴冑政治，故孔子說：「雍也可使南面」（《雍也》，6-1），認為自己學生之一的冉雍，其德性就足以擔任治國之諸侯。

　　然而「君子而不仁者有矣夫」（《憲問》，14-6），可見德性不虧僅是君子在位的必要條件而非充要條件。故孔子強調：「君子博學於文，約之以禮，亦可以弗畔矣夫。」（《雍也》，6-27）君子若不以「仁」為政治責任倫理，若不以「禮」為執政約束條件，即是對禮樂憲政的背叛。孔子說：「恭而無禮則勞，慎而無禮則葸，勇而無禮則亂，直而無禮則絞。」（《泰伯》，8-2）一旦脫離了禮樂憲政的約束，在位君子的種種私德就會走向反面，就有可能成為邦國的公害。

　　孔子說：「可與共學，未可與適道，可與適道，未可與立，可與立，未可與權。」（《子罕》，9-30）以學為志業者，未必適合從政；適合從政者，未必認同憲政；認同憲政者，未必領會政治技藝乃中庸之道。當子張問：「何如斯可以從政矣？」孔子回答：「尊五美，摒四惡，斯可以從政矣。」所謂「尊五美」、「摒四惡」者，皆中庸之道也（《堯曰》，20-2）。

五、道之將行也與，命也

孔子說：「不知命無以為君子也。」（《堯曰》，20-3）所謂「知命」，即是認識到：人生是一種有限的存在，財富和權力無非是人生的一種偶在屬性，故說「飯疏食飲水，曲肱而枕之，樂亦在其中矣。不義而富且貴，於我如浮雲。」（《述而》，7－16）人對自身有限性的認知同樣是有限的，故說：「知之為知之，不知為不知，是知也。」（《為政》：2-17）人對不可知者保持沈默，本身即是一種知性的誠實。故針對季路問「事鬼神」和人之「死」，孔子回答：「未能事人，焉能事鬼？」；「未知生，焉知死？」（《先進》，11-11）

孔子不是先知，他無法預言未來究竟是一個「道之將行也與」抑或「道之將廢也與」的時代（《憲問》，14-36），既未自號為「素王」，更未自許「為後世受命之君制明王之法」（參見鄭玄：《六藝論》）。身居「天下無道，禮樂征伐自諸侯出」的時代（《季氏》，16-2），孔子毅然作出「知其不可而為之」的決斷，一如荷蕢者作出了「深則厲，淺則揭」的相反決斷（《憲問》，14-38，39）。孔子深知，其決斷隱含了一個前設——禮樂憲政的先驗正當性；抽掉這一先驗前設，則世上將沒有一個終審法庭能評判上述兩種決斷的對與錯。故孔子說：「道不同，不相為謀。」（《衛靈公》，15-40）

孔子說：「大哉堯之為君也！巍巍乎，唯天為大，唯堯則之。蕩蕩乎，民無能名焉。巍巍乎其成功也，煥乎其有文章。」（《泰伯》，8-19）一方面，「獲罪於天，無所禱也」（《八佾》，3-13）禮樂憲政的先驗正當性顯然來自上天；另一方面，「天何言哉，四時行焉，百物生焉」（《陽貨》，17-19），若非有堯這樣的聖人為仲介，禮樂憲政不可能「煥乎其有文章」。

孔子認為，在「逝者如斯夫，不舍晝夜」（《子罕》，9-17）的歷史長河中，堯聖「立文垂制」是一個不可重複的發生事件，故孔子從不以聖人自居——「若聖與仁，則吾豈敢？抑為之不厭，誨人不倦，則可謂云爾已矣」（《述而》，7-34）孔子似乎預感到幾百年後會有一個在位者以

聖人自居——「奉天承運」、後補者以聖人自居——「替天行道」的漫長時世，故對「天人之際」諱莫如深，遂令子貢喟歎：「夫子之文章，可得而聞也；夫子之言性與天道，不可得而聞也。」（《公冶長》，5-13）

遺編一讀想風標
——《孟子》臆說

一、仁義和私利

　　春秋以降，王綱解紐，禮崩樂壞，諸侯僭命，大夫擅權，凌夷至孟子時代，已是「爭地以戰，殺人盈野，爭城以戰，殺人盈城」之戰國亂世[1]。由於「德」與「位」的疏離早已是一個不爭的事實，「望之不似人君」的在位者比比皆是，子襲父爵的合法性並不能掩飾君主政治正當性的空缺。更何況田氏取齊、六卿分晉、合縱連橫、並大兼小之類故事的一再發生，事實上已顛覆了源自周室班爵定祿的封建政治合法性，因此，重塑君主政治的正當性是刻不容緩的事。孟子認為，君主治國，卿、大夫治家，士、庶人安身立命的正當性，亦即整個封建共同體的政治倫理，一言以蔽之，惟有以「仁義」為本。由於萬乘之國與千乘之家、千乘之國與百乘之家之間，不僅存在親親、敬長的宗族關係，不僅存在貴貴、尊爵的君臣關係，而且存在「不奪不饜」的利益衝突關係[2]。若君主曰「何以利吾國」，卿、大夫曰「何以利吾家」，士、庶人曰「何以利吾身」，「上下交征利」成了封建政治的正當性法理[3]，亦即「先利後義」、「非義之義」[4]、「簞

---

[1]　《孟子・離婁上》：「爭地以戰，殺人盈野；爭城以戰，殺人盈城，此所謂率土地而食人肉，罪不容於死」。

[2]　《孟子・梁惠王上》：「苟為後義而先利，不奪不饜」。漢趙歧注：「誠令大臣皆後仁義而先自利，則不篡奪君位不足自饜飽其欲矣」。

[3]　《孟子・梁惠王上》：「上下交征利而國危矣。」宋朱熹注：「征，取也。上取乎下，下取乎上，故曰交征」。

[4]　《孟子・離婁下》：「非禮之禮，非義之義，大人弗為」。

食豆羹之義」[5]成了整個封建共同體的政治倫理，則「臣弒君者有之，子弒父者有之」[6]，國破家亡、四體不保是旦夕之間的事。

因此，孟子再三強調，「王何必曰利，亦有仁義而已矣」，「未有仁而遺其親者也，未有義而後其君者也」[7]。仁義作為一種封建政治倫理，既約束了治人者，也約束了治於人者。「天子不仁不保四海，諸侯不仁不保社稷，卿、大夫不仁不保宗廟，士、庶人不仁不保四體」[8]。封建政治倫理本身是一種既涵宗族身分，亦涵君臣默契的軟約束──「君之視臣如手足，則臣視君如腹心；君之視臣如犬馬，則臣視君如國人；君之視臣如土芥，則臣視君如寇讎」[9]。但在孟子時代，封建政治架構中的「貴戚之卿」尚在，對君主而言，則又是一種剛性約束──「君有大過則諫，反覆之而不聽則易位」[10]。故孟子有「為政不難，不得罪於巨室」的勸誡[11]，可見其論政也非全然「迂遠而闊於事情」。[12]

---

[5]　《孟子·盡心上》：「仲子，不義與之齊國而弗受，人皆信之，是舍簞食豆羹之義也」。

[6]　《孟子·滕文公下》：「世衰道微，邪說暴行有作，臣弒其君者有之，子弒其父者有之，孔子懼，作《春秋》」。

[7]　《孟子·梁惠王上》：「王何必曰利？亦有仁義而已矣。……未有仁而遺其親者也，未有義而後其君者也。王亦曰仁義而已矣，何必曰利？」

[8]　《孟子·離婁上》。漢趙歧注：「四體，身之四肢」。

[9]　《孟子·離婁下》。漢趙歧注：「芥，草芥也」。宋朱熹注：「國人，猶言路人，言無怨無德也」。

[10]　《孟子·萬章下》。漢趙歧注：「孟子曰，貴戚之卿反覆諫君；君不聽，則欲易君之位，更立親戚之貴者」。

[11]　《孟子·離婁上》。漢趙歧注：「巨室，大家也。謂賢卿、大夫之家，人所則效者，言不離者。但不使巨室罪之，則善也」。

[12]　《史記·孟子荀卿列傳》：「〔孟子〕適梁，梁惠王不果所言，則見以為迂遠而闊於事情。當是之時，秦用商君，富國強兵；魏、楚用吳起，戰勝弱敵；齊威王、宣王用孫子、田忌之徒，而諸侯東面朝齊。天下方務于合縱連衡，以攻伐為賢，而孟軻乃述唐、虞、三代之德，是以所如者不合」。

二、養民和教民

孟子認為，封建政治倫理轉化為封建君主的責任倫理，即是對民眾的牧養和教化，故他將君主比之為「人牧」，喻之為「父母」，並痛斥「今夫天下之人牧未有不嗜殺人者也」[13]，痛斥「為民父母，行政不免於率獸而食人」[14]。孟子認為，除了「士」這一特殊階層能「無恆產而有恒心」外，普通民眾則是「有恆產者有恒心，無恆產者無恒心」。人一旦失去恒心，亦即失去善惡、是非之心，就會「放辟邪侈，無不為已」，從而觸犯法網[15]。因此，君主政治的本質在於「制民之產」，在於「驅而之善」，即孔子所說的「富之」、「教之」[16]。反之，身為君主而不識民眾之本性，不行仁政，無異於陷民於羅網，不教而誅之。

所謂「制民之產」，並非指君主去規制民眾私產，而是指君主「取於民有制」，「必使仰足以事父母，俯足以畜妻子，樂歲終身飽，凶年免於死亡」[17]。孟子認為，「夏後世五十而貢，殷人七十而助，周人百畝而徹」，其實施行的都是什一稅。其中，以「幾年一定，基數不變」的「貢」法最糟；「貢」法之下，農民一旦遭遇荒年只能借高利貸完稅，難免「老稚轉乎溝壑」的命運。惟以「方里而井，井九百畝，其中為公

---

[13] 《孟子·梁惠王上》。漢趙歧注「人牧」謂「牧民之君」。

[14] 《孟子·梁惠王上》：「庖有肥肉，廄有肥馬，民有饑色，野有餓莩，此率獸而食人也。獸相食且人惡之，為民父母，行政不免於率獸而食人，惡在其為民父母也？」

[15] 《孟子·梁惠王上》：「無恆產而有恒心者，惟士為能。若民，則無恆產因無恒心。苟無恒心，放辟邪侈，無不為已。及陷於罪，然後從而刑之，是罔民也」。

《孟子·滕文公上》：「民之為道也，有恆產者有恒心，無恆產者無恒心」。

[16] 《論語·子路》：「子適衛，冉有僕。子曰：『庶矣哉！』冉有曰：『既庶矣，又何加焉？』曰：『富之。』曰：『既富矣，又何加焉？』曰：『教之』」。

[17] 《孟子·梁惠王上》：「是故明君制民之產，必使仰足以事父母，俯足以畜妻子，樂歲終身飽，凶年免於死亡，然後驅而之善，故民從之也輕。」

《孟子·滕文公上》：「是故賢君必恭儉禮下，取於民有制。陽虎曰：『為富不仁，為仁不富矣。』」。

田，八家皆私百畝，同養公田」的「助」法最好；「助」法之下，以勞務代稅賦，無關豐歉[18]。

所謂「驅而之善」，並非君主親口宣教，化民易俗，而是透過各級鄉村學校教民向善。《禮記・學記》謂「古之教者，家有塾、黨有庠、術有序、國有學」[19]。孟子認為，「庠者養也，校者教也，序者射也。夏曰庠，殷曰序，周曰校，學則三代共之，皆所以明人倫也」[20]。換言之，民眾只有懂得了「父子有親，君臣有義，夫婦有別，長幼有序，朋友有信」的做人道理[21]，才能自覺地「入以事其父兄，出以事其長上」[22]，才能達之於「人人親其親，長其長而天下平」的理想境界[23]。孟子懂得政治的奧秘之一即是「善教得民心」[24]。故後世毛澤東曰：「重要的問題在於教育農民」（毛澤東《論人民民主專政》）。大哉言矣。

三、勞心和勞力

孟子認為，「或勞心、或勞力，勞心者治人，勞力者治於人；治於人者食人，治人者食於人，天下之通義也」[25]。其等價命題則是，「無君子

---

[18] 《孟子・滕文公上》：「《詩》云：『雨我公田，遂及我私。』惟助為有公田。由此觀之，雖周亦助也」。

[19] 漢鄭玄注：「『術』為『遂』聲之誤也。古者仕焉而已者，歸教於閭裏，朝夕坐於門，門側之堂謂之『塾』。《周禮》五百家為『黨』，萬二千五百家為『遂』；黨屬於鄉，遂在遠郊之外」。

[20] 《孟子・滕文公上》。漢趙歧注：「三代同名，皆謂之『學』」。

[21] 《孟子・滕文公上》：「人之有道也，飽食、暖衣、逸居而無教，則近於禽獸。聖人有憂之，使契為司徒，教以人倫，父子有親，君臣有義，夫婦有別，長幼有序，朋友有信」。

[22] 《孟子・梁惠王上》：「王如施仁政於民，省刑罰、薄稅斂，深耕易耨；壯者以暇日修其孝悌忠信，入以事其父兄，出以事其長上，可使制梃以撻秦、楚之堅甲利兵矣」。

[23] 《孟子・離婁上》：「道在邇而求諸遠，事在易而求諸難。人人親其親、長其長而天下平」。

[24] 《孟子・盡心上》：「善政民畏之，善教民愛之；善政得民財，善教得民心」。

[25] 《孟子・滕文公上》：「然則治天下獨可耕且為與？有大人之事，有小人之事。且一人之身而百工為之備，如必自為而後用之，是率天下而路也。故曰或勞心、

莫治野人，無野人莫養君子」[26]。尤其是後一表述，因它將社會劃分成「君子」和「野人」階級，更易激發後世以「野人」階級代表自居者的道德義憤，從而招致更為嚴屬的社會批判。其實，孟子在與神農學派許由的論戰中，純粹從功能論視角出發，為社會分工和君權政治的合理性作辯護，絲毫沒有貶抑「野人」、「小人」、「勞力者」的意思。事實上，「巍巍乎，有天下而不與焉」的舜[27]，曾「飯糗茹草」、「發於畎畝之中」，換言之，治人者亦可出身於勞力者階級[28]。

許由主張，君主應與民眾「並耕而食，饔飧而治」，而不應由民眾的稅賦來供養，否則就是「厲民」、即盤剝民眾。孟子反詰道，許子雖然種粟自食，但穿的衣服，戴的帽子，用的農具、器皿，無一不是「以粟易之」，難道能說是相互盤剝嗎？百工尚且不可與農夫兼職，何以獨獨「治人者」應該與農夫兼職呢？治人者只因提供了一種可與農夫、百工交換的公共產品，故理應免除勞力，更不應背上「尸位素餐」的惡名。孟子以唐、虞、夏後氏時代聖王政治為例，證明君主治天下之艱難困苦，遠遠超過了一名農夫耕種百畝之田的辛勞[29]。

或勞力，勞心者治人，勞力者治於人；治於人者食人，治人者食於人，天下之通義也」。

[26] 《孟子·滕文公上》：「夫滕地褊小，將為君子焉，將為野人焉。無君子莫治野人，無野人莫養君子」。

[27] 《孟子·滕文公上》：「孔子曰：『君哉舜也！巍巍乎，有天下而不與焉。』堯舜之治天下，豈無所用其心哉？亦不用於耕耳」。

[28] 《孟子·告子下》：「舜發於畎畝之中，傅說舉於版築之間，膠鬲舉於魚鹽之中，管夷吾舉于士，孫叔敖舉于海，百里奚舉於市」。

　　《孟子·盡心下》：「舜之飯糗茹草也，若將終身焉；及其為天子也，被袗衣，鼓琴，二女果，若固有之」。

[29] 《孟子·滕文公上》：「當堯之時，天下猶未平，洪水橫流，氾濫於天下，草木暢茂，禽獸繁殖，五穀不登，禽獸偪人，獸蹄鳥跡之道交於中國。堯獨憂之，舉舜而敷治焉。舜使益掌火，益烈山澤而焚之，禽獸逃匿。禹疏九河，瀹濟漯而注諸海，決汝漢、排淮泗而注之江，然後中國可得而食也」。《孟子》此章可視為儒家之《創世紀》。

四、仁心和仁政

孟子認為，「人皆有不忍人之心」，不忍人之心又稱為「惻隱之心」、「仁心」、「良心」[30]。孟子說：「惻隱之心，人皆有之；羞惡之心，人皆有之；恭敬之心，人皆有之，是非之心，人皆有之」[31]。又說：「惻隱之心，仁之端也；羞惡之心，義之端也；辭讓之心，禮之端也；是非之心，智之端也。人之有是四端也，猶其有四體也」[32]。換言之，「人皆有不忍人之心」是「行不忍人之政」──即行「仁政」的人類學根本前設。倘若無「人性之善也，猶水之就下」的獨斷論前設[33]，則在位之君因無善根，故不可能推恩及民，以保社稷；牧養之民因無善根，故不可能被澤教化，以明人倫。人心雖善，卻是「操則存，舍則亡，出入無時，莫知其鄉」[34]，換言之，性善論並不排除道德差序格局的存在。所謂「先知覺後知，先覺覺後覺」[35]，所謂「中也養不中，才也養不才」[36]，即是對人類道德差序格局的現象描寫。

---

[30] 《孟子·公孫醜上》：「所以謂人皆有不忍人之心者，今人乍見孺子將入于井，皆有怵惕惻隱之心」。

　　《孟子·離婁上》：「今有仁心仁聞而民不被其澤，不可法於後世者，不行先王之道也」。

　　《孟子·告子上》：「其所以放其良心者，亦猶斧斤之於木也，旦旦而伐之，可以為美乎？」

[31] 《孟子·告子上》：「仁、義、禮、智非由外鑠我也，我固有之也，弗思耳矣。故欲求則得之，舍則放之，或相倍蓰而無算者，不能盡其才者也」。

[32] 《孟子·公孫醜上》。漢趙歧注：「端者，首也。人皆有仁、義、禮、智四首，可引用之」。

[33] 《孟子·告子上》：「水信無分東西，無分於上下乎？人性之善也，猶水之就下也。人無有不善，水無有不下」。

[34] 《孟子·告子上》：「孔子曰『操則存，舍則亡，出入無時，莫知其鄉』，惟心之謂與！」

[35] 《孟子·萬章上》：「天之生此民也，使先知覺後知，使先覺覺後覺也。予〔伊尹〕，天民之先覺者也，予將以斯道覺斯也。非予覺之，而誰也？」

[36] 《孟子·離婁下》：「中也養不中，才也養不才，故人樂有賢父兄也。如中也棄不中，才也棄不才，則賢、不肖之相去其間不能以寸」。漢趙歧注：「中者，

　　因此，行仁政的關鍵在於仁人在位，「唯仁者宜在高位，不仁而在高位是播其惡於眾也」[37]，「唯君仁莫不仁，君義莫不義，君正莫不正，一正君而國定矣」[38]。然而，「徒善不足以為政，徒法不能以自行」，即使賢若堯舜，「不以仁政不能平治天下」[39]。孟子將仁政細化為經國濟世的五大舉措[40]，首先，「尊賢使能，俊傑在位，則天下之士皆悅，而願立於其朝矣」；其二，「市廛而不征，法而不廛，則天下之商皆悅，而願藏於其市矣」[41]；其三，「關譏而不征，則天下之旅皆悅，而願出其路矣」[42]；其四，「耕者助而不稅，則天下之農皆悅，而願耕於其野矣」[43]；其五「廛無夫里之布，則天下之民皆悅，而願為之氓矣」[44]。孟子懂得政治的另一奧秘即是「善政得民財」，但他認為「善政不如善教之得民也」[45]。

履中和之氣所生，有俊才者」。

[37] 《孟子‧離婁上》：「故曰，為高必因丘陵，為下必因川澤，為政不因先王之道可謂智乎？是以惟仁者宜在高位，不仁而在高位是播其惡於眾也」。

[38] 《孟子‧離婁上》：「人不足與適也，政不足與間也，唯大人為能格君心之非。君仁莫不仁，君義莫不義，君正莫不正，一正君而國定矣」。

[39] 《孟子‧離婁上》。漢趙歧注：「但有善心而不行之，不足以為政；但有善法度而不施之，法度亦不能獨自行也」。

[40] 《孟子‧公孫醜上》：「信能行此五者，則鄰國之民仰之若父母矣，率其子弟攻其父母，自有生民以來未有能濟者也。如此則無敵於天下，無敵於天下者天吏也，然而不王者未之有也」。

[41] 漢趙歧注：「廛，市宅也。古者無征，衰世征之」，「法而不廛者，當以什一之法征其地耳，不當征其廛宅也」。漢鄭玄《周禮‧地官‧廛人》注：「其有貨物久滯於廛而不售者，官以法為居取之，故曰『法而不廛』」。

[42] 漢趙歧注：「言古之設關，但譏禁異言，識異服耳，不徵稅出入者也」。

[43] 宋朱熹注：「但使出力以助耕公田，而不稅其私田也」。

[44] 漢趙歧注：「里，居也；布，錢也；夫，一夫也。《周禮‧載師》曰『宅不毛者有里布，田不耕者有屋粟，凡民無職事者，出夫家之征』」，「氓者，謂其民也」。

[45] 《孟子‧盡心上》：「仁言不如仁聲之入人深也，善政不如善教之得民也」。

五、天命和成聖

孟子認為，政權不能像財產一樣私相授受，天子之位的禪讓和世襲都是天命，「天與賢則與賢，天與子則與子」[46]。由於上天沒有人格身位，不能開口說話，僅「以行與事示之」[47]，且「天視自我民視，天聽自我民聽」，上天與被牧養、待教化的民眾之間存有一種神秘的聯繫，因此，必須由上天與民眾同時授權，繼位者才能泰然受之，否則就是篡位。所謂上天授權即是「使之主祭而百神享之」；所謂民眾授權即是「使之主事而事治、百姓安之」。堯向上天推薦舜、而非推薦兒子丹朱繼位，最終上天和民眾認可了舜的統治。禹同樣向上天推薦益、而非推薦兒子啟繼位，最終上天和民眾卻認可了啟的統治。雖然舜輔政時間長、施澤於民久，益則不及；丹朱不肖，啟則賢，但現象即本質，差異即天命，「莫之為而為者天也，莫之致而至者命也」[48]。

孟子認為，聖人有位無位是命，君子成聖與否卻是性。君子有終身之憂──「舜人也，我亦人也，舜為法於天下，可傳於後世，我由未免為鄉人也」，「憂之如何？如舜而已矣」，即效法舜、做聖人[49]。孟子稱孔子為「聖之時者」，認為孔子是聖人之集大成者[50]，「自有生民以來未有孔子也」，自道「所願則學孔子也」[51]，換言之，孟子所欲即是做聖人。聖人可以是天子，可以是匹夫，其共相在於，「得百里之地而君之，皆能以朝諸侯，有天下」[52]；其差異在於，天子「得志澤加於民」、「兼善天下」，

---

[46] 《孟子‧萬章上》：「萬章問曰：『人有言至於禹而德衰，不傳於賢而傳於子。有諸？』孟子曰：『否，不然也。天與賢則與賢，天與子則與子』」。

[47] 《論語‧陽貨》：「天何言哉？四時行焉，百物生焉，天何言哉？」

[48] 漢趙歧注：「莫，無也。人無所欲為而橫為之者，天使為也；人無欲致此事而此事自至者，是其命而已矣，故曰命也」。

[49] 《孟子‧離婁下》：「是故君子有終身之憂，無一朝之患也」。

[50] 《孟子‧萬章下》：「孔子，聖之時者也。孔子之謂集大成，集大成也者，金聲而玉振之也」。

[51] 《孟子‧公孫醜上》：「皆古聖人也，吾未能有行焉，乃所願則學孔子也」。

[52] 《孟子‧公孫醜上》。漢趙歧注：「孟子曰此三人君國，皆能使鄰國尊敬其德而朝之」。

匹夫「不得志修身見於世」、「獨善其身」[53]。因此，自先秦以降，真正的儒學從來就是「進以禮，退以義，得之不得曰有命」[54]的政治儒學；真正的儒家無不自信「去聖人之世若此其未遠也，近聖人之居若此其甚也」，「夫天未欲平治天下也，如欲平治天下，當今之世捨我其誰也」[55]。

《論語‧雍也》：「子曰：『雍也，可使南面』」。西漢劉向注：「南面者，天子也」。東漢鄭玄注：「言任諸侯之治」。清王引之云：「雍之可使南面，謂可使為卿、大夫也」。當代李厚澤《論語今讀》記曰：「無話可說」。參見黃俊傑《論東亞儒家經典詮釋傳統中的兩種張力》，載《經典與解釋的張力》，上海三聯 2003 年版。

[53] 《孟子‧盡心上》。漢趙歧注：「古之人得志君國，則德澤加於民；人不得志，謂賢者不遭遇也。見，立也；獨治其身，以立於世間不失其操也」。

[54] 《孟子‧萬章上》。儒學本質上是保守之學，而非革命之學。所謂「湯武革命」，儒家視作唐、虞、三代神聖史之聖跡，類似於《聖經》故事中的神跡，或者說，天「以行與事示之而已」。孟子肯定齊宣王「辟土地，朝秦楚，莅中國而撫四夷」之大欲的正當性，無疑是肯定齊宣王取代周室而王天下的正當性，但並不許之為「革命」。後世今文家對「湯武革命」的釋義，顯然遠離了孔孟儒學的主旨。

[55] 《孟子‧盡心下》，《孟子‧公孫醜下》。無位之聖人與有位之君主之間的緊張關係是必然的，聖人「踐形」即是政治。換言之，心性儒學即是政治儒學，而非如當代新新儒家（有別於熊十力、牟宗三等新儒家）蔣慶所強調的，只有能推出一套「體現儒家理想的政治法律制度(文物典章制度)」的儒學才是政治儒學。孟子曰：「位卑而言高，罪也；立乎人之本朝而道不行，恥也」，蔣子其庶幾乎。

後　記

　　這本讀書思想筆記題名《欄杆拍遍》，是因為當初邊讀書邊寫下這些文字時，那感覺多少有點哥倫布發現新大陸般的驚喜，急欲與人分享。後來，書讀得多了，這才知道所謂的「新大陸」其實早就在思想的世界地圖上標畫得一清二楚。因此，本書不過是站在思想巨人肩上搖旗吶喊，真正屬於自己的東西，是在文字背後的傷生憂世之情。思想無形無影，它必須依託傳播載體才能夠存在，就像靈魂必須依託肉體才能夠顯身。幸虧有了互聯網這一空前大發明，一個普通人的思考才不至於淪為卡拉OK 式的自娛自樂。只是套用張愛玲的話說，網上世界「是沒有系統的，像七八個話匣子同時開唱，各唱各的，打成一片混沌。在那不可解的喧囂中偶然也有清澄的，使人心酸眼亮的一刹那，聽得出音樂的調子，但立刻又被重重黑暗擁上來，淹沒了那點瞭解。」

　　科林伍德（R. G. Collingwood）說：「一切歷史都是思想史」。這話大有道理，試看秦皇焚書的坑灰，漢武藏嬌的金屋，如今在哪里呢？唯有儒、法兩家的思想源遠流長，迄今綿延不絕。一個普通人的思考相對於「思想史」這個大宇宙來說，充其量也就是背景輻射或背景雜訊，也有人叫做「思想史上的失蹤者」（朱學勤語）。多謝友人羽戈、眉睫古道熱腸，代為聯繫秀威出版公司。多謝主編蔡登山先生與秀威出版公司大力擢助，使拙稿面目一新。末了，感謝內子詠絮承擔了全部家務，放任筆者讀「無用」之書、遣有涯之生。

楊國成於 2010 年 6 月 12 日

國家圖書館出版品預行編目

欄杆拍遍——楊國成讀書思想隨筆 / 楊國成著. --
　一版. -- 臺北市：秀威資訊科技, 2010.08
　　面；　公分. -- (語言文學類；PG0407)
　BOD 版
　ISBN 978-986-221-534-0(平裝)

　1.讀書　2.文集

019.07　　　　　　　　　　　　　　　99012161

 語言文學類　PG0407

欄杆拍遍
——楊國成讀書思想隨筆

作　　　者 / 楊國成
主　　　編 / 蔡登山
發 行 人 / 宋政坤
執行編輯 / 林世玲
圖文排版 / 鄭伊庭
封面設計 / 陳佩蓉
數位轉譯 / 徐真玉　沈裕閔
圖書銷售 / 林怡君
法律顧問 / 毛國樑　律師
出版印製 / 秀威資訊科技股份有限公司
　　　　　　台北市內湖區瑞光路 583 巷 25 號 1 樓
　　　　　　電話：02-2657-9211　　　傳真：02-2657-9106
　　　　　　E-mail：service@showwe.com.tw
經 銷 商 / 紅螞蟻圖書有限公司
　　　　　　台北市內湖區舊宗路二段 121 巷 28、32 號 4 樓
　　　　　　電話：02-2795-3656　　　傳真：02-2795-4100
　　　　　　http://www.e-redant.com

2010 年 8 月 BOD 一版
定價：270 元

讀　者　回　函　卡

感謝您購買本書，為提升服務品質，煩請填寫以下問卷，收到您的寶貴意見後，我們會仔細收藏記錄並回贈紀念品，謝謝！

1. 您購買的書名：＿＿＿＿＿＿＿＿＿＿＿＿＿＿＿＿＿＿

2. 您從何得知本書的消息？

　　□網路書店　□部落格　□資料庫搜尋　□書訊　□電子報　□書店

　　□平面媒體　□ 朋友推薦　□網站推薦　□其他＿＿＿＿＿＿

3. 您對本書的評價：(請填代號　1.非常滿意 2.滿意 3.尚可 4.再改進)

　　封面設計＿＿　版面編排＿＿　內容＿＿　文/譯筆＿＿　價格＿＿

4. 讀完書後您覺得：

　　□很有收獲　□有收獲　□收獲不多　□沒收獲

5. 您會推薦本書給朋友嗎？

　　□會　□不會，為什麼？＿＿＿＿＿＿＿＿＿＿＿＿＿＿＿＿

6. 其他寶貴的意見：＿＿＿＿＿＿＿＿＿＿＿＿＿＿＿＿＿＿

＿＿＿＿＿＿＿＿＿＿＿＿＿＿＿＿＿＿＿＿＿＿＿＿＿＿＿＿

＿＿＿＿＿＿＿＿＿＿＿＿＿＿＿＿＿＿＿＿＿＿＿＿＿＿＿＿

＿＿＿＿＿＿＿＿＿＿＿＿＿＿＿＿＿＿＿＿＿＿＿＿＿＿＿＿

讀者基本資料

姓名：＿＿＿＿＿＿＿＿＿　年齡：＿＿＿　性別：□女 □男

聯絡電話：＿＿＿＿＿＿＿　E-mail：＿＿＿＿＿＿＿＿＿＿

地址：＿＿＿＿＿＿＿＿＿＿＿＿＿＿＿＿＿＿＿＿＿＿＿＿

學歷：□高中(含)以下　　□高中　□專科學校　□大學

　　　□研究所(含)以上 □其他＿＿＿＿＿＿＿＿

職業：□製造業 □金融業 □資訊業 □軍警 □傳播業 □自由業

　　　□服務業 □公務員 □教職　□學生 □其他＿＿＿＿＿

To：114

台北市內湖區瑞光路 583 巷 25 號 1 樓

秀威資訊科技股份有限公司　　　收

寄件人姓名：

寄件人地址：□□□

(請沿線對摺寄回,謝謝!)

秀威與 BOD

BOD（Books On Demand）是數位出版的大趨勢，秀威資訊率先運用 POD 數位印刷設備來生產書籍，並提供作者全程數位出版服務，致使書籍產銷零庫存，知識傳承不絕版，目前已開闢以下書系：

一、BOD 學術著作—專業論述的閱讀延伸
二、BOD 個人著作—分享生命的心路歷程
三、BOD 旅遊著作—個人深度旅遊文學創作
四、BOD 大陸學者—大陸專業學者學術出版
五、POD 獨家經銷—數位產製的代發行書籍

BOD 秀威網路書店：www.showwe.com.tw
政府出版品網路書店：www.govbooks.com.tw

永不絕版的故事・自己寫・永不休止的音符・自己唱